날개를 편 한글

날개를 편 한글

초판 인쇄 2019년 9월 20일
초판 발행 2019년 9월 25일

지은이 알브레히트 후베 **| 펴낸이** 박찬익 **| 편집장** 황인옥
펴낸곳 ㈜박이정 **주소** 서울시 동대문구 천호대로 16가길 4
전화 02)922-1192~3 **팩스** 02)928-4683 **홈페이지** www.pjbook.com
이메일 pijbook@naver.com **| 등록** 2014년 8월 22일 제305-2014-000028호

ISBN 979-11-5848-442-2 (93710)

이 연구는 2019년도 한국학중앙연구원 해외한국학지원사업의
지원에 의하여 수행되었음(AKS 2019-T03).

This Publication was supported by the Korean Studies Grant program of the
Academy of Korean Studies(AKS 2019-T03).

圖 之 掌 指 韻 切

날개를 편 한글

羽
水物

徵
火民

角
木民

商
金臣

宮
土君

알브레히트 후베

Albrecht Huwe 지음

國之語音異乎中國

(주)박이정

내 사랑하는 아내
소영에게
이 책을 바칩니다.

28이라는 숫자는 특별한 숫자입니다. 이 숫자는 수학에서뿐만 아니라, 인간의 해부학과 생리학, 천문학, 그리고 특히 한글 자모에서도 중요합니다. 한글의 자모가 본래 28개로 이뤄져 있었다는 것은 단순히 우연일까요?

세종대왕은 《훈민정음訓民正音》의 〈예의例義〉라는 서문에서 자모의 수뿐만 아니라 그 순서도 정했습니다. 과연 이 순서 또한 임의로 정한 것일까요?

이 물음에 대한 답은 《훈민정음》, 그리고 정보기술에서의 한글에 관한 의미를 조명하고 있는 이 책에서도 찾을 수 있습니다.

세종대왕은 훈민정음이라는 문자와, 같은 이름의 저서를 백성들에게 진정 왕답게 선물했습니다. 이 선물의 위대함은 거듭 감탄과 경이로움을 자아냅니다.

지난 2018년 4월 남북의 정상들은 판문점에서 《훈민정음》의 큰 그림을 배경으로 대화를 나누었습니다. 이 모습을 본 필자는 매우 기뻤고 즉흥적으로 적합하다고 생각했습니다. 이 배경은 분단된 나라의 성공적인 대화를 위한 매우 적절하고 희망찬 상징입니다. 즉, 한글은 남과 북의 서로 달라진 문화 및 언어의 발전상황에도 불구하고 공통 문화의 매우 강한 유대紐帶의 역할을 하고 있습니다. 통일된 독일은 왕 또는 황제로부터 이렇게 귀중한 가치를 지닌 선물을 받는 행운을 갖지 못했습니다.

세종대왕의 선물은 한국인이 아직 잘 인지하지 못하고 있는 기회를 주고 있습니다. 550여 년 전에 나온 《훈민정음》과 정보기술의 연결로 현재 한국인은 디지털 시대에 다양한 학술영역에서 광대한 발전가능성을 찾아 낼 수 있습니다. 한국의 세종대왕은 의심의 여지가 없이 디지털의 아버지로 인정받아야 합니다!

이 책은 2010년 독일에서 출판된 독일어로 쓰인 '한글과 컴퓨터: 한국 문자의 비밀을 찾아서 Han'gǔl und Computer: Den Geheimnissen der koreanischen Schrift auf der Spur'라는 책의 번역본입니다. (독일어로 쓰인 책에 대한 자세한 정보는 그 책에서 찾을 수 있습니다.) 이 책에는 '화면표시방법' 장章이 생략되었고 한글의 공리 및 음양 원리에 의한 자판배열에 관한 보충설명을 추가하였습니다. 이외 부분은 앞서 언급한 독일어 도서의 내용을 그대로 담고 있습니다.

'화면표시방법' 장을 생략한 이유는 여기서 그래픽 카드와 화면의 수단으로 한 한글의 표시에 대한 기술적인 측면만을 다루고 있어 《훈민정음》과 아무 관계가 없는 내용이기 때문입니다.

독일어로 쓰인 책과 본 한국어 번역본 모두 한글, 성리학의 음양오행 우주론 및 정보기술 세 영역의 교집합에 중점을 둡니다. 이것은 새로운 단초로 여겨지기 때문에 거의 10년 전에 나온 책을 번역하는 것이 가치가 있다고 생각합니다.

음수사원飮水思源의 뜻에서 맨 먼저 가장 진심 어린 감사를 전하고자 하는 사람은 제 아내 김소영씨입니다. 독일어판과 한국어판을 쓰는 동안, 삶의 적지 않은 문제들이 생긴 오랜 시간 동안 필자를 신뢰하며 온 마음으로 응원해 주었고, 여러가지 연구 문제를 풀려고 하는 필자는 늘 세심한 청자인 그녀의 인내 덕분에 좋은 결과를 낼 수 있었습니다.

초벌번역본에 대해서는 특히 강부원 번역석사님과 김원희 번역석사님 덕분입니다. 임희경 번역석사님, 전부영 번역석사님 그리고 김지희 독문 석사님 또한 책의 다양한 부분과 인사말 및 머리말을 한국어로 번역해주었습니다. 이 자리를 빌려 어려운 내용을 번역하는 큰 도전을 성실하고 믿음직스럽게 끝까지 완수해준 모두에게 존경을 표합니다.

신부용 교수님, 장석구 교수님, 임희경 석사님께서는 초벌번역본에서 이해하기 힘든 내용을 고치는데 귀중한 시간을 내어주시고 애를 많이 쓰셨습니다. 많은 부분을 수정하는데 조언을 해주신 것에 대해 대단히 감사 드립니다.

덕성여자대학교는 필자가 도서관에서 머물며 오랜 시간 동안 교정 작업 하는 것을 허락해 주었습니다. 편안히 효율적으로 작업에 몰두할 수 있었고, 이 시간들은 쉽게 잊혀지지 않을 것입니다. 덕성여자대학교에도 매우 감사

드립니다.

친절한 축사와 격려사를 전해주신 강신항 교수님, 김슬옹 박사님, 볼프강 구빈 교수님, 반재원 원장님, 시정곤 교수님, 유필화 교수님, 그리고 마지막으로, 그렇지만 앞에 말씀드린 분들과 마찬가지로 중요한 크리스터프 펄만 원장님께 큰 경의를 표합니다. 또한 성명순 시인님께도 진심 어린 감사를 전합니다. 《훈민정음》의 정신으로 쓴, 인상적인 〈나래 편 한글〉이라는 축시는 이 책의 제목을 제공해 주었습니다.

박이정 출판사의 박찬익 사장님을 한글을 사랑하는 친구로 만나게 된 것은 필자에게 큰 기쁨입니다. 사장님을 비롯하여 모든 출판사 직원들이 항상 친절하게 도와주신 것에 대해 매우 감사드립니다. 출판사는 제작을 위해 노력과 비용을 아끼지 않았습니다. 덕분에 탄생한 이 아름다운 책이 필자는 매우 자랑스럽습니다.

한국학중앙연구원이 이 프로젝트를 관대하게 지원해준 것은 매우 중요합니다. 그 점에 대하여도 진심으로 감사드립니다.

끝으로 한국 독자들에게 이 책에 대한 우호적인 수용과 한국어가 모국어가 아닌 필자의 매끄럽지 못한 표현에 대해 양해하여 주십사 정중히 부탁드립니다.

북한산 덕성여자대학교 도서관에서
알브레히트 후베, 2019년 추석에

차례

한국은 정보기술 분야에 세계적으로 앞서가는 나라로 잘 알려져 있습니다. 그리고 한글도 세계적으로 유일한 합리적인 문자로 세계적으로 인정받고 있습니다. 하지만 정보기술에서의 한글은 모든 장점을 잃어버린, 예를 들면 라틴어 문자보다 매우 비합리적인 문자로 취급되고 있습니다. 이 안타까운 사실은 일단 일상의 한글 사용에는 현재에 와서는 눈에 띌 정도로 나타나지 않지만 정보 기술과 관련된 기능 원칙들을 살펴보면 전반적인 모순들이 나타납니다. 본 책이 이 모순들을 밝혀 주면서 그에 대한 정확한 해결 대책을 제시합니다.

독일 Bonn대학교에서 교편을 잡고 있던 알브레히트 후베 교수의 연구로 이 모순과 얽힌 문제들이 근본적으로 해결되었고 한글이 정보기술 분야에서도 그의 뛰어난 특징을 되찾을 수 있게 되었습니다. 그러기 위한 방법으로 한글의 원전인 〈훈민정음〉을 통해서 문제에 대한 답을 찾아낸 것입니다. 〈훈민정음〉과 정보기술을 연관 시키는 것은 새로운 접근 방법이라고 해도 과언이 아닙니다. 그 방법이 가능하다는 것은 바로 후베 교수의 연구로 확인되었습니다. 동시에 〈훈민정음〉의 뛰어난 학술적인 가치가 다시금 강조되었습니다.

본 책이 한글에 대한 연구에 앞으로 큰 기여가 되기를 바라면서 출판을 진심으로 축하 드립니다.

성균관대학교 국어국문과 명예교수
강 신 항

강 신 항

30여년 전 이나 데터 Ina Deter라는 독일여자가수는 '이 나라는 새로운 남자가 필요해' 라는 노래를 불렀습니다. 저에게 이 노래는 오늘날까지도 큰 의미를 지니며 많은 감동을 줍니다. 왜냐하면 어떤 나라나 학문도 반드시 '새로운 남자'를 필요로 하기 때문입니다. 물론 '새로운 여자'도 필요합니다.

최근의 포스트콜로니얼리즘과 정치적인 올바름에 관한 많은 이론들에 의해 인문학은 오히려 훼손되고 있습니다. 오늘날의 많은 연구들이 한낱 낡은 사고방식에 지나지 않으며, 지루하고 진부하기 때문입니다. 그러나 새로운 아이디어, 즉 '새로운 남자'에게는 이러한 현실이 전혀 어울리지 않습니다.

이런 새로운 남자 중 한 명이 후베 박사님입니다. 그는 선구적인 아이디어를 개발했습니다. 그 아이디어가 너무나 앞서가는 것이어서 주변 학계로부터 이해 받지 못할 때도 많습니다. 본인은 그가 독일어권에서 가장 뛰어난 한국학자라고 자신 있게 말할 수 있습니다. 이 점에 대해서는 독일 뿐 아니라, 그의 제 2의 고향인 한국도 자랑스럽게 여길 수 있을 것입니다. 그에게 있어서 한국어는 제 2의 모국어입니다.

본인은 교육과 학술회의 참석 목적으로 한국을 세 번 방문한 적이 있습니다. 폐허에서 일어나 지금의 부흥한 모습을 이룩한 한국이라는 나라에 큰 감명을 받았으며 그 감동은 계속 이어지고 있습니다. 학문에 있어서도 역시 이러한 경우를 종종 접하게 됩니다. 우리 학자들은 사상의 폐허 속에서 힘겨운 투쟁을 계속하며, 마침내 필생의 과업을 이루어 냅니다. 이에 대한 상징적 예로 볼 수 있는 후베 박사님께 큰 감사를 드리고자 합니다.

2019년 7월 2일 베이징에서
독일 Bonn 대학교 중국학 / 동양학 명예교수 / 시인
볼프강 구빈 Wolfgang Kubin

알브레히트 후쎄(Albrecht Huwe) 교수님을 처음 만난 것은 2017년 5월 중순 강길부 국회의원님과 국립국어원, 국립한글박물관이 주최하고 문체부와 교육부가 후원한 국회의원회관에서 열린 〈한글 어떻게 가르치고 활용할 것인가?〉라는 발표회장에서였다. (필자 주 – 독일어 Huwe의 w는 영어의v=쎄― 발음과 가깝다)

내가 〈훈민정음 창제원리와 기능성 한글의 필요성〉이라는 주제발표를 하는 동안 한 외국인이 줄곧 진지한 표정으로 고개를 끄덕이며 듣고 있었다. 점심시간에 강 의원님을 비롯한 여남 명이 함께 식사를 하는 자리에서 자연스럽게 앞으로의 한글의 세계화정책에 대한 이야기가 나왔다. 잠자코 밥을 먹고 있는 나에게 강 의원님이 반소장의 생각은 어떠냐고 물어 봤다. 그래서 나는 웃으면서 '제가 아무리 이야기해도 국어정책 시행처는 국립국어원이 아니겠느냐'라고 답했다. 그랬더니 어떤 분이 반소장님이 우리와 일을 할려면 몇 가지 양보를 해야한다면서 "반소장님의 발표대로 옛 글자와 합용병서를 살려 세계 각국의 언어를 다 표현하는 것은 한글을 국제 발음 기호화 하는 것이므로 한글의 품격을 떨어뜨리는 일이라고 생각한다."라는 말을 하였다.

순간 나는 귀를 의심하였다. 그는 또 한글이 천문도의 원리에 따라 만들어졌다는 것은 맞지 않는 말이라고 하였다. 내가 답변을 하려는데 식사를 하던 그 외국인이 먼저 양쪽 손가락 마디가 모두 28개로 되어 있는 것도 자연의 이치라면서 "한글 28자와 28수 천문도와는 분명히 연관이 있을 것으로 생각한다"라고 반박을 하고 나섰다. 외국인의 뜻밖의 반론에 그만 분위기가 조용해졌다.

나는 우리나라 국어학자보다 더 동양적인 사고방식을 가지고 한글과 천문을 이해하고 있는 그 분에게 속으로 감탄하였다. 또 한편으로는 그분에게 이런 분위기가 부끄러운 생각이 들었다. 오후 발표를 마치고 나오면서 이야기를 나누어 보니 독일 본대학교 한국어 번역학과 교수를 지냈으며 서울대 교환교수로 와 있다는 사실을 알게 되었다.

지금까지 몇몇 외국인 학자들이 훈민정음에 대한 발표를 하면 국내 언론에 대서특필되고 세계적인 석학의 대단한 성과로 홍보해 왔는데 막상 그 보도 내용을 읽어보노라면 훈민정음의 껍데기만 알고 있는 것이 아닌가 하는 생각을 하곤 하였다. 물론 그분들의 한글연구에 대한 열정에는 감사와 격려를 보내야 할 일이다.

나는 평소에 훈민정음까지도 외국학자의 입을 통해야만 인정받는가? 라는 회의감을 가지고 있었다. 그러나 후쎄 교수님은 남다르다. 교수님의 이번 저서는 참으로 의미하는 바가 크다고 생각한다. 국내 학자들이 놓치고 있는 부분을 말하고 있기 때문이다. 외국이나 한국의 여느 국어학자 보다 더 깊이 있게 한글과 동양철학, 한글과 동양천문도와의 관계를 이해하고 있으며 그 근원을 꿰뚫는 직관력이 특출한 분이다. 이번에 허쌔 교수님이 펴내는 〈날개를 편 한글〉이라는 저서에는 단연코 심혈을 기울인 깊이 있고 진보된 내용을 담고 있다고 확신한다. 진심으로 축하드리면서 국내 학자들의 성원을 바란다.

단기 4352(2019). 3,
훈민정음연구소장
반 재 원

축사

이 책에서 독자들은 한글의 우수성과 과학성을 훈민정음의 철학적, 우주론적 원리에서 찾고자 하는 후베 교수님의 열정을 오롯이 느낄 수 있을 것이다. 특히 음양오행과 성리학적 이론을 바탕으로 만든 한글이 오늘날 정보처리나 음성인식 기술과 같은 컴퓨터 공학에서도 그 빛을 발할 수 있다는 점을 확인할 수 있다. 후베 교수님은 30여년 전 우리나라에 컴퓨터가 막 보급되던 시절 청계천 세운상가를 뒤지면서 한글 코드, 한글 카드를 만들기 위해 공학도와 협업을 진행했던 한글공학의 선구자이자 이론과 현장을 다 아우르는 보기 드문 학자이다. 이러한 열정과 노력이 밑거름이 되어 『날개를 편 한글 (훈민정음과 IT)』이라는 책이 탄생하게 된 것이다.

따라서 이 『날개를 편 한글』이라는 책에는 15세기 훈민정음의 철학적 원리는 물론이고 21세기 디지털 시대에 한글공학의 최첨단 아이디어에 이르기까지 한글의 어제 오늘, 그리고 미래가 모두 담겨 있다. 이러한 방대하고 심도 있는 저서를 외국학자가 세상에 내놓을 수 있다는 것이 더욱 놀라울 뿐이다. 이것은 무엇보다도 후베 교수님의 한국어와 한글에 대한 지대한 관심과 열정에 기인한다. 이 책은 21세기 4차 산업혁명과 디지털 시대에 한글의 좌표와 한글의 역할을 다시금 확인할 수 있는 이정표가 될 것이다. 한글 연구에 평생을 바친 후배 교수님의 열정과 노력에 다시 한번 경의를 표한다.

KAIST 인문사회과학부 교수
시 정 곤

축사

알브레히트 후베 박사님은 우리 한국사회 전체가 크게 고마워해야 하는 독일의 훌륭한 한국학 학자입니다. 그는 오랫동안 독일 본 (Bonn)대학에서 한국학 석사과정을 맡아 가르치면서 많은 한국학 전문가를 길러내셨으며, 은퇴하신 후에도 서울대학교와 덕성여자대학교에서 후학을 양성하고 계십니다. 뿐만 아니라 KAIST, 성균관대학교, 독일문화원 등 우리나라의 유수 기관에서 유창한 우리말로 강연하시면서 자신의 깊은 노하우와 지혜를 젊은 학생/학자들에게 아낌없이 나누어주신 바 있습니다.

저는 1990년대 후반에 독일에서 영광스럽게도 후베 박사님을 알게 되었고, 그 후 지금까지 박사님과 긴밀한 교류를 해오고 있습니다. 박사님 덕분에 저의 졸저 '부처에게서 배우는 경영의 지혜'가 2000년에 독일에서 출판되었고, 저는 그것에 대해 아직까지 큰 감사의 마음을 품고 있습니다.

이번에 후베 박사님께서 우리말로 출간하시는 책은 자신의 교수자격논문 (Habilitation)에 바탕을 둔 평생의 역작입니다. 박사님은 먼저 당신께서 훈민정음 해례본을 깊이 연구한 결과 훈민정음이 음양오행설의 원리에 의거하여 창제되었다는 것을 밝힙니다. 그리고 현재의 컴퓨터 한글자판은 이러한 훈민정음의 창제원리에 바탕을 두고 있지 않기 때문에 한글의 잠재력을 극히 일부 밖에 살리지 못하고 있다고 갈파하십니다. 그리하여 어마어마한 역량을 가진 한글이 작은 우리에 갇혀 있다고 몹시 안타까워 하십니다. 이어서 음양오행설에 근거한, 따라서 훈민정음의 창제원리를 완벽히 반영한 새로운 한글자판을 제시하십니다. 저는 후배 박사님의 주장에 전적으로 동의하며, 이 혁신적인 자판은 우리의 가장 뛰어난 문화자산인 한글을 우리에서 꺼내 훨훨 날게 할 수 있는 가능성이 있다고 확신합니다. 우리가 조금 더 노력하면 이것은 한국문화산업의 획기적인 창달, 더 나아가서는 IT산업의 또 한 번의 도약으로 이어질 수도 있습니다.

이 책은 어디까지나 학술서적이므로 일반 독자들이 술술 읽어가기는 쉽지 않을 수 있습니다. 그러나 우리 겨레가 물려받은 소중한 문화유산을 아끼고 사랑하는 마음으로 읽어가면 오히려 더 큰 기쁨을 느끼실 지도 모릅니다. 부디 이 귀한 책을 많은 독자들이 애독하여 후배 박사님의 통찰과 슬기가 우리 사회에 널리 퍼지기를 간절히 바라마지 않습니다.

성균관대학교 명예교수
유 필 화

　　　　한글을 처음으로 깨닫게 된 순간부터 나는 한글에 매료되었습니다. 많은 문자 체계중의 하나의 시스템, 보통 사람들이 문자들을 접할 때 우연히 더듬다가 마주치는 것이 아니고, 그보다도 이 체계를 막 알아가려고 헤매기 시작하는 그 순간을, 즉 사람의 주위를 맴돌면서 소리의 형체를 얻게 되고 또한 완전하게 한 체계로 드러내는 그 때를 나는 말하고 싶습니다. 내가 2002년에 처음으로 한국에 왔을 때가 그 때였습니다.

새로 부임한 사무실에서 문미선 교수님과 처음 인사를 나눴을 때, 곧바로 한글에 대해 얘기를 하게 되었습니다. 취임 축하로 나를 초대한 식당에서 한글의 글자를 힘들게 하나씩 떠듬떠듬 읽어 보려는 나를 문 교수님이 잘 본 것 같습니다. 한글로 된 메뉴를 읽었던 이유는 아마도 바로 무엇을 먹게 되는지 궁금증에서, 아니면 앞으로 1년 동안 나를 감싸줄 문화에 대한 관심에서 나온 것 같습니다.

"대체로 하루 만에 배울 수 있습니다"라고 문 교수님은 당시에 얘기를 해 주셨습니다. 그녀의 목소리에는 용기를 북돋아 주려는 것 외에도 자랑 하고 싶은 마음 같은 것도 담겨 있었습니다. 그리고 정말로 내가 늦은 저녁임에도 불구하고 문자의 삐침, 획, 반체와 원의 체계에 몰두하게 되었고, 소리와 형태의 기본 체계를 배웠습니다. 물론 발음하는 요령, 철학적 깊이 그리고 구조상의 독창성까지는 파악하지는 못했었지만 이해의 씨앗은 싹트기 시작했습니다.

나를 둘러싸고 있는 그 언어 세계를 점차적으로 알아 가는 기쁨은 그 서투름에서, 또한 "모든 것에는 노래가 깃들어 있지요" 라는 시구와 같이 세상이 열리는 행복스러움 속에서 어린 애의 것과 같았습니다. 그리고 더구나 나의 학생들! 그들의 출석부를 보았을 때 내 눈에 들어오는 한 폭의 그림은 매혹 그 자체였습니다. 서로 다른 젊은이들 약 20명이 내 앞에 앉아 있었지만 교무행정부서로부터 받은 종이 위에서는 아름다운 균일함을 보았습니다. 그들 각자가 가지고 있는 음절의 3화음을. 그것은 조화와 질서를 갖추고 있는, 먼지에 쌓인 아시아의 오래된 상투적인 것이 아니라 곧바로 느껴지는 활기찬 것이었습니다.

한글로 쓰인 내 이름을 보고 싶다고 거기서 얘기를 했고, 한국인의 이름과 같이 내 것도 비슷하게 품위 있는 그림으로 비춰지면 좋겠다는 희망을 가졌었지만, 통상적인 우아함과는 거리가 멀고 심지어 문자체계를 비웃는 것처럼 보이는 음절의 괴물을 보고 나서 나는 어느 정도의 실망감을 감출 수가 없었습니다. 그것은 마치 실패작과 같았고 일치하는 면이 없어 보였습니다. 처음으로 자소와 음소가 서로 조화를 이루게 된다는 이의 보편적인 접근이 내 이름의 표기를 위한 미적인 해답은 제공해 줄 수 없다는 것이 어떻게 가능했던 것일까요? 글쎄요, 내 이름이 완전히 서양의 기독교적 사상에 기인해서 한국어 체계에는 부분적으로 들어맞지 않아서 그런 것일 수도 있다는 생각을 해 봅니다만 그럼에도! 한글의 독창성! 한글이 갖고 있는 그것은 이와 같은 비교적 간단한 문제에 있어 미적이고 체계적인 측면에서 볼 때 포기를 하기에는 너무나 위대한 것이었습니다. 그리고 '크리스터프'가 이미 거의 포기를...

개별적인 언어들과 민족 집단이 그들 언어의 순전한 구전성을 극복하기 위해 한글 체계에 의지했다고 계속해서 들었어도 그 이후 여러 달과 해가 지나면서 나는 세상에서 한국어의 가능한 확장성을 더 이상 주시하지 않았습니다. 그리고 있을 때에 알브레히트 후베Albrecht Huwe 교수님을 만나게 되었습니다.

후베 교수님이 한글 오토마타는 이 독창적인 체계에 그 한계 − 돌이켜 생각해 보면 검열이라고 해도 될 것 같은데 − 를 두고 있다는 얘기를 들려 주셨을 때, 수년간 나를 불편하게 했던 의문점에 대한 해답을 갑작스럽게 찾게 되었습니다. 부자연스러운 속박에서 문자를 벗어나게 하는 새로운 시스템, 즉 한글 오토마타 2.0이 필요해졌습니다. 기술적으로 이것은 누워서 떡 먹듯이 간단한 사항이지만 문화적으로는 버거운 일입니다. 세종대왕이 이룩한 기발한 착상이 갖는 보편성을 확고히 전하기 위해 서울에서 후베 교수님과 함께 보냈던 시간들은 커다란 기쁨이었습니다.

이것이 어떤 영향을 미칠 것인지 예측하기는 어렵습니다. 한국에게는 이것이 세계 공동체로 향하는 보다 더 넓은 중요한 발걸음이 될 수도 있을 것입니다. 한국이 2002년 FIFA 월드컵을 개최하게 되었을 때나 2010년 경제협력개발기구(*OECD*)의 개발원조위원회에 가입하며 원조를 받는 국가에서 원조를 주는 최초의 국가로 전환되었을 때, 또한 최고의 제품으로 세계적인 기술발전 국가들과 어깨를 나란히 하고 산업 분야에서는 수많은 특허로 선진국들을 앞서 나갔을 때 얼마나 행복해 하였는지 우리는 보았습니다.

위태롭게 만드는 국수주의는 당연히 피해야겠지만, 만능적 기능을 내재한 한글은 한 국가에만 속할 것이 아니라 곰팡내 나는 국수주의에 대한 해독제로 세계 공동체에 영향을 끼칠 학문의 초현대적인 오퍼가 될 것입니다. 이런 상황에서 38선으로 갈라진 곪은 상처는 또한 어리석은 시대착오적 현상으로 보여지고, 이에 대한 극복의 노력은 이데올로기적 투쟁이 아니라 문화적인 자명한 이치인 것 같습니다.

전 DAAD 주한독일고등교육진흥원장
크리스터프 펼만, 2018년 12월

나래 편 한글

성 명 순

이 세상 밝히는 봄의 소리
백성의 말씀으로
천지조화 기운을 끌어 모았네.

말 마디마다
민족의 얼
음양의 도
제 뜻 펼칠 훈민정음 스물여덟

동면에서 깨어난 돌 틈
물 흐르는 소리
온몸으로 번져오는 말뭉치
우주를 품은
신령스러운 우리의 글

과학을 뛰어넘어
유네스코 세계기록에 오르니
우뚝 솟아오른 한국 문자
푸른 글자들
세세만년 온 누리에 펼치리라.

I

한글과
정보 처리

본 논문의 문제 제기와 목표

1. 주제의 주요 개념 정리

한글 일반적으로 한글은[001] 세종대왕世宗大王이 (1397~1450, 재위 1418~ 1450) 창제한 애초 28글자로 된 알파벳 문자이다 (II 3.1 비교).[002] 그러나 한국의 정보처리학에서는 한글에 대한 협의의 정의와 광의의 정의를 서로 달리하고 있다. 전자의 경우는 일반적인 의미와 별다른 차이 없이 알파벳 문자 자체만을 의미한다. 그러나 후자의 경우는 그 의미가 확대 해석되어, 한글이란 개념 속에 구결과 이두와 같은 리버스 Rebus 문자 체계와 아울러 한자도 포함시킨다 (II 2 비교).

> 본 논문에는 핵심 개념인 한글은
> 오로지 한글 알파벳 문자만을 의미한다.

훈민정음 《훈민정음訓民正音》은 조선 1446년에 편찬된 책의 이름이며 한글의 원전이다. 이 책에는 성리학의 세계관에 입각한 한글의 철학 · 우주론적 배경이 자세히 설명되어 있으며 응용 예문들도 수록되어 있다 (자세한 내용은 II 3.1.4 비교).

성리학 Neokonfuzianismus 철학 · 우주론적인 이 원리는 중국 송나라 (960~1279) 때에 소위 신新유교적, 즉 유교 · 불교 · 도교적인 요소들이 유교

---

001 한글에 대한 또 다른 명칭은 본 논문 II 3.1.6과 비교.
　　　본 논문에서의 참조 문헌 방식에 대해 I.5 비교.
002 《표준국어대사전》 1999: III, 6742 중 〈한글〉참조.

의 틀 안에서 집대성되어 나타난 세계관에[003] 그 토대를 두고 있다 (II 3.1, 특히 3.2.2 비교). 그리고 이러한 세계관은 1300년에 한국으로 전파되었다.[004]

자동 정보처리 이 낱말은 "전자식 정보처리 시스템 내의 자동화된 처리 과정"을[005] 의미하는데, 일반적으로 "전자식 정보 처리"와 동일하게 사용된다.

2. 문제 제기

《중앙백과사전》에는 한글의 현주소가 간단하면서도 문제의 핵심을 잘 요약해서 다음과 같이 서술되어 있다.

> 1933년 조선어학회에서 제정한 한글맞춤법통일안에[006] 따르면 한글의 체계는 자음 14자, 모음 10자 [현재] 합계 24자의 字母로 이루어졌고, 1字 1音素에 충실한 과학적인 음소 문자로 널리 알려져 있다. 이러한 한글의 평가에도 불구하고 기계화의 한계, 한자 사용 등의 문제점도 지적 되고 있다.[007]

---

003 BAUER 1974: 331ff. 참조.

004 특히 윤사순 1991 참조.

005 *Brockhaus Die Enzyklopädie Digital* 2002 (Datenverarbeitung [정보처리]).

006 《한글맞춤법통일안》이나 한글학회에 대해서는 II 3.1.5와 3.3.3을 비교.

007 《중앙백과사전》1998: 2046 (한글).

이 인용문에서 본 논문과 관련된 세 가지의 핵심 사항을 뽑아 보면 다음과 같다.

- 1933년 한글 맞춤법 통일안과의 관련성
- 과학적 기반
- 기계화의 한계성

컴퓨터 기술이 빠른 속도로 발전하고 있지만 한글을 컴퓨터에서 활용 시에 생기는 문제점들이 겉으로 드러나지 않고 일반 사용자의 눈에 띄지만 않아 컴퓨터 내부에 원칙적으로 해결되지 않은 상태로 남아 있으면서 여러 측면에서 지장을 초래한다 (II 3.3.4.1, II.4 비교). 따라서 본 논문은 한글의 전자 정보 처리에 대한 문제점을 근본적으로 해결하고 한글의 정보 처리를 최적화 하기 위한 새로운 방안을 제시하는데 그 목표를 둔다.

이 목표에 도달하기 위해 우선 한글에 대한 현재까지의 연구 업적을 비판적인 시각에서 살펴 볼 필요가 있다.

2.1 한글의 연구 실태, 즉 한글의 이론적 바탕에 대하여

한글에 대한 지금까지의 연구 실태는[008] 대대적인 행정 개혁이 시행된 19세기 말엽을 기준으로 크게 두 단계로[009] 나누어 볼 수 있다 (II 3.1.5 비교). 갑오경장으로 알려진 이 개혁은 개화기의[010] 시작이 되며, 이 때에 서구의 경험과학, 특히 자연과학과 그 이론들에 대한 문호가 개방되었던 것이다. 이관수李觀洙와 더불어 두 시기를 구분할 수 있는 기준은 각 시기의 근간에 깔린 철학 사상이다. 즉, 개화기를 기준으로 볼 때, 그 이전에는 동아시아 문화권에서 전승되어 왔던 전통적 세계관이 비교적 두드러지게 나타났는데, 이 시기를 전환점으로 해서 이 전통적 세계관은 서구의 학문 전통에 따른 인식론에 점차 그 자리를 내 주게 되었다.

　1940년에는 1446년에 반포된 《훈민정음》과 그 속에 포함되어 있는 한글 창제의 핵심 부분인 〈해례본解例本〉이 재발견되어 오늘날 한글 연구에

008　문헌 목록을 포함한, 자세한 논저로 이현희 2003 참조.
　　　불행하게도 아직 한글과 《훈민정음》에 관한 총체적인 문헌목록이 작성되지 못했다. 따 라서 현재 접할 수 있는 문헌목록은 조금 과장해서 여러 편린들을 모아둔 것 같은 인상 을 주며, 부분적으로 눈에 띄는 결함을 내포하고 있다. 이 문헌 목록은 다음과 같다. 김민수 1997: 311 – 349 [중국, 일본, 유럽의 문헌들도 포함]; 김민수 1991a [북한쪽 문헌만 포함, 자세하나 사항 색인이 없어 사용하는데 어려움이 따름]; 신창순 1990: 213 – 229; 한재준 2000: 300 – 338 [자형학에 중점], 마찬가지로: 연구 논저목록 1998: 480 – 503; 오/최/박 1995: 76f., 109 – 111, 159 – 161 [장에 따라 필요한 목록이 소개되며, 한글과 정보처리학에 중점을 둠].

009　첫 단계에 대하여 강신항이 쓴 논문(몇명의 저자 중심으로)외에 매우 광범한 이상혁이 쓴 연구 논문을 참조.
　　　강신항 1967; 이상혁 2004.

010　이 당시의 주목할 만한 연구 활동에 대한 조사는 강신항 1992 를 참조.

박차를 가하는 계기가 되었다. 현재 한글 연구에는 두 가지 주요 접근 방법이 있는데, 그 하나는 역사·언어학적 접근이고 다른 하나는 실용적 접근 방법이다.

전자의 경우는 한자어로 쓰인 원전을 오늘날의 한국어로 옮기는 작업 (IV 1.1 비교) 그리고 강신항姜信沆의 훌륭한 연구서인[011] 중국 성리학 원전들이《훈민정음》〈해례본〉에 끼친 영향과[012]《수정증보 훈민정음연구》등을 그 실례로 꼽을 수 있다.[013]

후자의 경우에는 다양한 학술 분야가 있는데 그 중에서도 언어학에 기초를 둔 문헌이 가장 많은 편이다. 돋보이는 연구서를 꼽자면 한태동韓泰東의《世宗代의 音聲學》을[014] 들 수 있다. 이 책에서 저자는 한글 체계의 논리성을 현대 음성학적 방법으로 재확인하였다. 또 저자는 책의 부제인 〈音聲 音韻 音樂의 集大成〉에서[015] 보는 바와 같이 중국의 전통적 음성·음운학적 측면도 간과하지 않고 다루었다.

한글을 수학 또는 기하학에[016] 입각하기도 한, 광의의 응용과학 부문에서 행한 연구 결과들은 애초 한글의 이론적인 토대, 즉 한글의 내부 원칙들에

---

011 이근수 1997a: 383 와 동의함.

012 강신항 1963 참조.

013 강신항 2003 참조.

014 한태동 2003 참조.

015 한태동 1998: 겉표지 (이 부제는 1998년의 발행판에 나타나지만 2003년 발행판에는 나타나지 않는다).

016 예를 들어 정휘성 1994; 정휘성 1989 참조. .

대한 사실을 실질적으로 간과하고 있다. 겨우 앞에서 짧게 인용한 사전 내용 처럼 음소와 자소의 1대1의 정확성이나 음을 나타내는 발음 기관의 모양을 따르는 글자 (자소)의 형성이나 '과학적인' 특징으로 언급될 뿐이다.[017] 하지만 이 과학성이 어디에 근거를 두고 있는가 하는 점은 문제로 삼지 않고 있다. 이런 태도에 Geoffrey SAMPSON이 쓴 다음 문장이 대표적이다.

> Hunmin chŏngŭm introduces astrological concepts also in connection with the consonant letters, but I do not discuss this since it is not relevant to the function of the script.[018]

이처럼 확고한 단언이 한글의 우수성을 찬양하고 이로 인해 한국 학계에서 존경 받는 외국학자의 입에서 나왔다는 것은 그저 놀라울 따름이다 (II 1 비교). 왜냐하면, 한글의 문자 종류학 분류에 심혈을 기울인 그도 한글이 지니는 또 다른 특성, 즉 왜 한글이 로마자처럼 1차원적으로 나열되어 표기되지 않고 2차원적인 음절 다발로[019] 표기되고 있는가 하는 물음에 대한 답을 주지 못하기 때문이다. 추측컨데, 이 질문에 대한 답은 다른 어떤 문헌에서도 찾을 수가 없을 것이다. 그러나 본 논문에서

---

017 예를 들어 박영철 2006 참조.

018 SAMPSON 1985: 130.

019 '음절 다발'이라는 개념은 필자가 아는 한 아직 어느 문헌에서도 사용되지 않았다. 이 개념은 한글이 음절자적인 단위로 묶여 문자로 표기되는 특성을 가장 잘 나타낸다. 더구나 문헌에서 자주 가假음절자 또는 음절자 (음절 기호)라는 단어들을 보게 되는데, 음절자 (음절 기호)는 그 뜻이 특히 모호한데, 그 이유는 완전히 틀린 것은 아니지만 그렇다고 정확히 옳은 의미도 아닌 것이다. 자세한 내용은 II.1 비교.

증명된 바와 같이 그 해답은 바로《훈민정음》의 철학·우주론적 원리에서 찾을 수 있다.

또한 한글과 정보처리학의 접목을 시도하는 새로운 학술 분야인 한글공학工學,[020] 즉 한글의 기술적인 면을 다루는 응용과학에서 한글에 대한 과학적, 이론적인 근거가 존재한다는 생각조차 이상한 것으로 여겨지면서, 이 문제는 학술적 담화에 대상이 아예 되지 않다. 이런 맥락에서 한글이 음절자 형식으로 표기됨으로 인해 자동 정보 처리 시에 실제로 적지 않은 문제점들이 야기되는 데, 이로 인해 한글은 애당초 로마자를 위해 만든 컴퓨터에서의 정보처리에는 전혀 적합하지 않다고 설명되곤 한다.[021]

혹시 위 주장들은 편협하다고 비난 받기에 앞서, 당면한 문제를 단순하게 넘기지 않고 한국 내의 연구 현실을 비판적으로 바라보고자 하는 학자들의 목소리에도 주목할 필요가 있다. '이와 대조적으로 우리는 막상 한글의 뿌리인 고전, 특히《훈민정음 해례본》이 어떻게 구성되었는가에 관한 원전에 충실한 연구가 지금까지 별로 없는 실정이다.'[022]

한글에 대한 (위 논문의 경우에 특히 한글 자형학에 관한) 연구가 저조한 수준에 있다는 이유를 위 인용문의 저자는 한글이 현대적인 관점에서만 연구되고 있

---

020 같은 제목의 저서인 오/최/박 1995; 그리고 북한에서 출판된 권종성 1994; 해당 주제에 대한 영어로 쓰인 논문은 매우 적은 편인데 CHUNG 1991; KIM KYONGSOK 1991; LEE KIYONG 1994 등을 참조할 수 있다.

021 이/정 1991: 32; 변정용 1996: 7 (3.2 장) 참조.

022 최/이/박 1996: 36f.

다는 데서 찾고 있다.[023]

오늘날 한글 연구 행태에 대한 비판을 다르게 표현하면 "한글이 본래 과학성을 지닌 문자라면, 기술과 응용적 측면에서도 그 과학성이 나타나야 한다"는[024] 것이다.

이와 같은 요구가 아직 구체화 되지는 못했지만 일단 올바른 방향을 제시하고 있다. 이 요구를 보다 구체적으로 나타내려면 '과학성'의 의미를 분명히 밝혀야 할 것이다.

이에 대한 해답으로 강신항의 저서에서 찾아 볼 수 있는 인식에[025] 의해 다음과 같은 본 논문의 기본 조건으로 삼겠다.

한글의 '과학성' 또는 한글의 학술 · 이론적 바탕은 《훈민정음 해례본》에 설명되어 있고, 철학 · 우주론적 원리인 성리학에서 찾을 수 있다. 나아가서, 앞에 언급된 철학 · 우주론적 원리는 한글이 현재 정보처리에서 야기하는 문제점들을 해결해 주는 단초를 마련해 준다.

한글 연구에 있어서 이와 같은 접근 방법은 결과적으로 새로운 길이리라

---

023 최/이/박 1996: 37 참조.

024 강창석 1996: 33; 안병희 1997: 92에서도 동일한 결론을 찾을 수 있다.

025 강신항 2006 참조.

믿는다. 앞서 언급한 SAMPSON의 글에 따르면 이 접근 방법은 모호하거나 틀린 길일 수도 있다. 그러나, 이기문李基文에[026] 의하면 이 길은 비정통적인 성격을 가지며 오히려 외부의 틀에 얽매이지 않은 질문들을 던질 수 있는 외국인이 비교적 쉽게 내디딜 수 있는 새로운 길로 여겨진다.[027]

이 같은 단초의 정당성과 앞으로의 방법론적인 진행에 대해 논하기 전에 본 논문의 토대를 마련키 위해 《훈민정음》의 역사적 문헌자료로서의 적정성에 대해서 살펴보고자 한다.

2.2 문헌자료로서 《훈민정음》의 적정성

《훈민정음》과 그 핵심인 〈해례본〉이 (I 2.1 비교) 재발견된 이후 사회학자이자 역사학자인 이상백李相伯(1904~1966)은 1957년에 《훈민정음》을 편찬한 목적은 단지 사후에 유교 관리들의 호평을 얻기 위한 것이라고 주장했다.[028] 앞에서 언급한 SAMPSON이 쓴 인용문이 보여주듯이 서양에서도 이 주장에 동조하는 이가 있다. 이 주장이 옳다면 《훈민정음》은 말 그대로 가치가 없고 학술적으로도 그 의미가 떨어진다.

---

026 이기문 1996: 15 참조.

027 이런 배경에서 성리학적 원리를 따른 한글 자모의 순서에 대한 저자의 연구서를 언급할 수 있는대 본 논문에서도 이 주제를 계속 다루고 발전시킨다. 그리고 한국에서 이 아이디어의 독창성은 이미 받아들여지고 있다.
   HUWE 2000a (한국어 버전: HUWE 2000); 변정용 2002: 996–999 참조.

028 이상백 1957 참조.

경험에 근거한 진리의 추구라는 측면에서 이 비평은 결코 쉽게 지나칠 수 있는 문제가 아니다. 그러나 다음과 같은 생각으로 이 비평을 되새겨 보면 그 신빙성이 떨어져 보인다.

총체적인 연관성을 보다 잘 이해하기 위해서는 다음에 '집현전, 정음청과 성리학자 최만리' 장에서 언급될 3가지 주요 연대에 대해서 미리 알아볼 필요가 있다.

- 1444년 1월: 세종대왕의 새로운 문자 창제 선언
- 1444년 3월: 성리학자 최만리 (?~1445)의 새로운 문자 사용에 대한 반대 상소
- 1446년 10월: 《훈민정음》이 나옴

우선 두 기간을 서로 잘 구분해야 한다.[029] 후자가 전자에 우선한다는 정황은 한글 창제 공표에 대한 《왕조실록》에 기재된 내용뿐만 아니라 세종대왕 일대기에서 보이는 바와 같이, 그가 철학, 언어학에 관한 문제들로 고심하는 부분에서 찾을 수 있다.[030] 그래서 《훈민정음》을 만들고 그 이후에 성리학으로 그 과학성을 덧입혔다는 '후천성'은 신빙성을 잃고 있다.

더구나 《훈민정음》이 성리학이 융성하던 시대적 배경 속에 창제되었다는

---

029 이기문 1997: 14 – 19 참조.

030 이기문 1997: 19f.; 이숭영 1981a: 39 – 52 참조.

점과 특히 당시 성리학은 조선에서 국가 이념으로 자리잡았던 사실을 감안할 때 이런 '사후성'에 대한 주장은 그 의미가 더욱 희박해 진다.[031]

이미 한국에서는 사후의 주장에 대한 논쟁은 앞에서 설명한 이유들로 종결되었다. 이현희는 이와 관련해서 다음과 같이 정리하고 있다.

> 특히 性理學的 내지 易學的 배경과 관련하여, 기왕에는 『훈민정음』의 〈制字解〉에 펼쳐진 易學 이론을, 그 설명이 심오한 것으로 보이도록 하기 위해 부가된 요소라고 본 견해 (이상백, 1957; 김완진, 1983/1984)도 있었지만 유정기(1968/1970), 이정호(1972/1975)이래 많은 논의들은 그것을 당시 학문의 본질적 일면으로 파악하고 있다.[032]

지금까지의 논의에서 다음과 같은 측면이 제대로 고려되지 않은 것으로 보인다. 즉, 세종대왕 자신이 문자를 창제하였다고 반포한 사실과 《훈민정음》은 자신의 이름으로 인가 받은 책이라는 사실이다.[033] 이 상소가 《훈민정음》 기안의 계기가 되었으니 세종대왕은 훈민정음(문자) 사업이 자신의 이름

---

031 성리학적 세계관이 당시의 일상에 얼마만큼 영향을 끼쳤는지는 현재 복원이 거의 마무리 되어가는 경복궁내 위치한 특정 건축물에서도 나타난다. 경복궁은 1392년 조선 건국과 더불어 건축이 계획되어 1395년에 완공되었다. 경복궁 내에는 왕의 침전寢殿이었던 강녕전康寧殿이라는 전각이 있다. 이 강녕전은 전체적으로 9개의 방으로 구성되어 있으며, 가운데 방은 나머지 8개 방으로 둘러 싸여 있다. 그 가운데 방은 왕이 잠을 청하던 곳이다. 가운데 방에서 동쪽 편, 즉 왕이 머리를 두고 잠을 자는 방향에 있는 방은 비어 있었다. 나머지 방들은 왕의 최 측근들이 사용하였다.
방의 배치를 보면 우주를 본 딴 명당明堂과 일치한다. (명당에 대하여 III 1.6.2 참조).

032 이현희 2003: 596 참조.

033 이기문 1997: 14 - 19참조.

과 뗄 수 없을 정도로 긴밀히 묶여 있었기에 이 사업을 성공적으로 끝내는 데에 더욱더 모든 노력을 기울였을 것이다. 이 맥락에서는 한글 문자에 대한 학술적 기반을 《훈민정음》에 정묘하게 연구하고 적어 놓은 것은 오히려 연구의 높은 수준을 보장하는 것으로 보아야한다.

즉, 《훈민정음》은 오히려 최만리가 그의 상소에서 우려한 논지에 대한 직접적인 해답으로 보아도 틀리지 않다. 훈민정음이라는 문자는 중국과 한국 문화의 공통적인 뿌리를 파괴하는 창조물이 아니라 이 뿌리에서 나온 결과물인 것이다.

이런 맥락에서 총체 분야에 대한 전문가인 Gary LEDYARD의 의견을 언급하지 않을 수 없다.

> The tendency in modern Korean accounts of the invention of the alphabet is to ignore or at least to put to one side the philosophical background […]. But in my view the philosophical framework is interesting and important, both because it reflects the way of thinking of the Korean scholars and because they themselves placed so much importance of it. Further, even if the philosophical rationalization is ex post facto, and I believe it is, it affords an interesting example of how Neo-Confucian thought was brought to bear on a specific scientific problem.[034]

---

034   LEDYARD 1998: 196 참조.

역사적인 문헌으로서 《훈민정음》을 경험론에 바탕한 학문적 자료로서의 가치로 따져본다면, 지금까지의 설명을 근거로 해서 긍정적으로 평가할 수 있다. '후천성'이나 '정통성'을 떠나서 550년간의 한글의 사용을 통해서도 이 책의 위대성이 재확인되는 것이다.

따라서 《훈민정음》은 아무 제한 없이 이용할 수 있는 문헌으로 보아도 전혀 문제 되지 않는다는 결론이다.

2.3 본 논문의 단초 및 그 타당성

컴퓨터가 내부에서 어떻게 작동하는지를 보면, 한글의 복잡한 처리에 대해서 오늘날 다음과 같은 부정적인 이미지를 가지게 된다. 펜티엄 III와 같은 프로세서는 1제곱 센티미터가 안 되는 면적에 2,810만 개의 트랜지스터를 장착하고 있는 것이다.[035] 이산수학離散數學이 추구하는 것은 또한 극소의 공간 속에 내재하는 각각 개별 단위 간의 연산 간격을 최적화 시켜 데이터의 흐름을 빠르게 한다는 것이다. 이와 같이 한 층 더 소형화 되고, 통합되는[036] 방향으로 나가는 견지에서 볼 때, 매우 방대해진 폰트 부피(III 3.7 비교)를 내포하고 있는 현재 한글은 시대에 뒤떨어진, 연산자원을 불필요하게 많이 차지하는, 속도를 늦추는 브레이크와 같다는 인상을 준다.

---

035 CL: 540 (Pentium) [원문에는 쉼표가 생략되어 있음!]

036 이점에 대해서 Most 1987 – 89 참조.

자동정보처리에서 야기되는 한글의 문제점을 《훈민정음》에서 기록된 철학·우주론적인 성리학 이론에 근거하여 해결하려는 시도에 대해 비판하는 자들은 다른 분야에서 볼 수 있는 다음과 같은 예를 비교해 보았으면 한다.

여기서 본 논문의 대상인 한글이 아니라 옛 유산인 로마네스크 양식으로 지은 성당에 대해 잠시 얘기해 보도록 하겠다. 이 성당은 다른 현대식 성당과 마찬가지로 기본적으로는 예배당으로서의 역할을 하고 있다. 예배당 역할만을 생각한다면, 그것이 로마네스크 양식 성당 건축물인지 아닌지는 전혀 관심의 대상이 되지 않는다. 그러나 이 성당을 세속적인 건물로 평가한다든지 이해하려고 하면, 로마네스크의 건축 스타일뿐만 아니라 건축가가 담은 뜻, 건축시기와 그 당시의 세계관을 통해서 그 건물의 의미를 알아보게 된다. 결과적으로 성당 건물의 일부가 복원되어야 할 상황이라면 당시 세계관뿐만 아니라 그 당시의 건축법, 건축기술 그리고 건축재료 등에 대한 지식과 관심 역시 완성도를 높이기 위해 필요한 것이다.

위에 언급한 새로운 연구방향에 대한 타당성을 불러 일으키는 간략한 유추는 단초가 된다. 즉 지금까지의 컴퓨터세대는 숫자 (단어) 0과 1을 이용한 이진법에 기초하는데, 바로 이 두 숫자는 성리학 우주론宇宙論의 양대 근원적인 힘인 음양陰陽과 비교될 수 있으며,[037] 이는 이미 여러번 강조되었듯이 《훈민정음》 창제의 근원이 된다. 아울러 2의 거듭제곱은 정보 처리에서뿐만

---

037 이런 생각애 이르기까지 Fritjof CAPRA가 (1939년 생) 지은 *Das Tao der Physik* (물리학의 도)
에서 간접적으로 영향을 받았음을 밝혀둔다.
CAPRA 1997 참조.

아니라 성리학의 우주론에서도 큰 의미를 지닌다. 정보 처리에서는 2-, 4-, 8-, 16-, 32-, 64-Bit와 같은 연산 단위가 쓰이며, 성리학 우주론에서는 《역경易經》에서 나타난 바와 같이 2 가지 효爻(음효陰爻, 양효陽爻)를 바탕으로 3 효씩 묶어 괘卦를 (2^3) 만들고 이를 다시 6 효씩 묶는 방식으로 (즉 괘를 두 개씩 묶어서, 중괘重卦) 64 괘를 (2^6) 만드는데, 이는 바로 앞의 정보 처리 분야에서 설명한 2의 1 승에서 6 승까지의 수 Zustände와 비교될 수 있다 (II 3.2 비교). 앞서 언급한 비교에서 보듯이 한글이 컴퓨터에 맞지 않다고 단정 짓는 것은 더 이상 설득력이 없어 보인다. 오히려 그 반대라고 함이 옳은 견해인데, 이는 향후 증명할 필요가 있겠다.

또 다른 하나의 단초는 수학에서 찾아 낼 수 있는 추이적 관계推移的關係 Transitivität에서 유추한 기반이다. 즉,

$$a = b \wedge b = c \Rightarrow a = c^{038}$$

구체적으로 표현하면, 오행의 배열을 다섯 손가락에 대응시키고 오행을 한글 글자에 대응시킬 수 있다면 다섯 손가락도 한글 글자와 대응시킬 수 있는 것이다.

그럼에도 불구하고 앞에서 언급한 비판자에게는 한글에 내재한 철학·우주론적 원리를 자형학, 자판과 부호화에 적용하는 것이 무의미하게 느껴질

---

038 REINHARDT/SOEDER 1991: 22f. 참조.

수 있을 것이다. 그렇지만 적어도 인간과 기계가 직접 접촉하는 자판을 볼 때 한의학과 유사한 점을 비교적 수월하게 발견할 수 있다. 그 이유는 동양 철학은 전통적으로 '대·소우주 차원의 근본적 가치규범'을[039] 인간 의학에도 동일하게 접목시키고 있기 때문이다. 다시 말해 이러한 동양 전통 세계관의 가치규범이 이 한의학의 근원이 된다.[040] 따라서 한글도 분명히 동일한 가치규범을 기반으로 하기 때문에 결과적으로 성리학의 전체론적인 세계관 하에 문자와 연관된 여러 분야, 자판, 자형학 등등으로 넓혀서 적용할 수 있다. 이와 같은 방식으로 전문학계에서 요구되는 삼박자인 문자, 기술과 응용이 조화롭게 실현될 수 있는 것이다 (I 2.1 비교).

이 모든 문제는 공리公理, 공리적 체계 그리고 공리적 방법 측면에 투영시켜 볼 수 있다. 즉, 성리학의 철학·우주론적인 원리는 한글에 있어서의 공리이며, 이러한 공리는 마찬가지로 서양에서 오랫동안 자리잡은 한의학에도 적용되는 것이다.[041] 공리적 방법에 따르면, 공리체계는 인간 경험의 여러 분야에서 그 가치를 잃지 않고 각각 새롭게 이해될 수 있기 때문에, 본 논문에서도 한글과 관련해서 인간과 기계가 서로 접하게 되는 포괄적 영역에서 앞서 언급한 공리를 적용코자 한다.

---

039 작은 따옴표로 표시된 구절은 직접 인용문이 아니라 PORKERT의 저서가 담고 있는 장후들의 제목을 발췌해서 재구성한 것이다.
PORKERT 1991 : 8, 49, 88, 150 참조.

040 "주역에서 보이는 중괘 즉 6효형상六爻形狀은 DNA 모형에 적용되었다." 유전 정보를 담은 DNA의 64개 염기 서열과 구조적, 숫적으로 완전히 일치함을 보여준다.
FIEDELER 2003 : 82 참조.

041 추가로 WEYL 2000 : 34ff. 참조.

3. 논문의 구성과 전개

지금까지의 설명에 따라 자동 정보 처리에서의 한글을 다루는 본 논문은 크게 세 가지 주제를 포함하고 있다.

- 철학 · 우주론적 원리
- 자동 정보 처리 과정에서 나타나는 구체적 문제점들과 그 원인
- 앞에서 언급한 원리의 적용을 통한 해결 방안

하지만 다양한 측면을 내포한 각 주제들이 복합적으로 얽혀 있는 관계로 오히려 이 세 주제들은 제 II과 III 부部에서 다루겠다. 본 논문의 제목에 이미 표현된 바와 같이 II과 III 부의 제목은 다음과 같다.

- 한글과 그 이론적 토대 (II 비교)
- 한글과 다양한 자동 정보 처리 분야에서 한글의 실용화 (III 비교)

특히 본 논문의 제 III 부에서는 새로운 문제해결 방안이 소개되며, 이를 위해 기본적으로는 다음과 같은 방법론에 입각해서 내용을 전개하려 한다. (하지만 각 단락에서 특별히 요구 되는 내용에 따라서 이 방법론은 다소 다르게 나타날 수도 있다.)

제 II 부의 앞부분에 자리하고 있는 도입을 위한 몇 개의 단락은 다양한

목적으로 쓰였다. 먼저 논문의 전개에 필요한 개념들과 실정에 대한 토대를 마련한다 (II 1 비교). 이 단계가 필요한 이유는 우선 문자, 알파벳, 글자, 자소 등등과 같은 문자종류학적으로 중요한 개념들이 한국과 독일 문헌에서 가끔식 아주 상이하게 쓰이고 있기 때문이며,[042] 그 외에도 한글을 총체적인 문자분류 체계 속 어느 부문에 귀속시켜야 할지에 대한 논의가 아직도 진행 중이기 때문이다. 본 논문에서는 문자를 구성하는 여러 차원에 관한 고찰을 통해 위 문자분류체계 속 한글의 지위에 대한 연구에 새로운 기여를 하는 동시에 본 논문을 위한 중요한 이론적 토대도 마련하고자 한다. 한글의 경우에 자소, 글자, 음절 다발로 합친 글자들에 관한 차원들 외에 철학 · 우주론적 차원에서도 엄격한 구분이 필요하다. 이어지는 다음 두 도입 단락에서는 한글과 관련된 역사적 맥락들을 짚어 보는 측면에서 특히 문자로서의 한글과 그와 관련된 일반적 역사를 살펴 보기로 한다 (II 2와 3.1 비교). 또한 《훈민정음》의 출전에 관한 서지학적인 상황도 언급될 것이다.

제 II와 제 III 부에서 중요한 것은 음양오행 및 기타 성리학적 세계관의 중심 개념들을 명확하게 설명하는 데 있다. 이를 위해 한글 창제에 바탕이 된 해당 중국 원전들을 살펴보기로 한다.[043] 또 동시에 《훈민정음》에서 언급

---

042 이 부분은 술어론이나 전문번역이론의 광범위하고도 기본적인 분야에서 다룰 수 있겠다. 많은 관련 문헌들이 있으나 여기서는 FELBER/BUDIN 1989만 언급하고자 한다.

043 앞에서 언급한 역사 · 언어학적 시각으로 쓰인 《훈민정음》에 관한 현대 저작의 대부분이 중국 원전의 영향 그리고 원전과의 유사 · 일치점을 다루는데, 총체적으로 아주 짜임새 있게 구성되어 있다는 인상을 준다. 그 중에서 짜임새가 더욱 돋보이는 저작들을 꼽자면 다음과 같다. 신상순 1990; 이정호 1990; 문효근 1993; 이근수 1997: 7–147; 이성구 1998; 강신항 2003; 강규선 2001[전체적으로 많은 정보를 담고 있으나 누락 등과 같은 오류가 보인다].

되는 동일한 개념들을 찾아내서 중국 원전들의 개념들과 비교해 본다. 이러한 비교의 목적은 한글이 구성될 때 바탕에 깔린 철학·주론적 원리를 보다 정확하게 이해하기 위함이다.

이렇게 얻은 지식은 지금까지 이어져 내려온 여러 문제점을 안고 있는, 한글 자모 순서를 다음 단계에서 재점검하고, 정확하고 1대1로 대응하는 (가역성이 있는) 순서 Sequenz를 찾아내는 데에 적용될 것이다. 이렇게 해서 한글의 부호화와 프로그래밍 부문에 직접적이고 근본적인 효과를 가져오게 될 것이다 (아래의 내용과 비교).

이어서 음절 차원을 다루게 된다 (II 3.4 비교). 여기서도 특정한 규칙들이 있으며 그에 따라 자소들이 조합되어 음절 다발이 만들어진다. 그 규칙의 근원은 역시 철학·우주론적 원리에서 찾을 수 있다. 한글 철자법에서 나타나는 혼란은 적어도 부분적으로는 바로 이 규칙성을 간과하는 데서 기인한다고 볼 수 있다. 이 장의 끝부분에서는 한글 음절 다발의 총수를 계산한다.

다음 장은 제 II 부를 마무리하고 제 III 부로 넘어 가는 가교적 역할을 수행하는 장이다 (II 4 비교). 이 장에서는 사람이 직접 수기할 경우에는 엄청난 수의 음절 다발을 제한 없이 만들 수 있는 반면, 식자기植字機와 오늘날 입출력 장치를 내장하고 있는 컴퓨터 등의 기계·전자적 방법을 이용할 때는 한글의 표현 가능성이 현저히 줄어듦을 보여준다. 이와 같은 기계·장치 이용 시의 결함을 보완하기 위해 오늘날까지 다양한 기술적 해결책이 나왔으나 입력, 내부 연산, 출력에 이르는 정보 처리 과정의 모든 단계에서 발생하는 문제점들은 오히려 더욱 복잡해졌다. 그 한 예로 이미 언급한 대로 지나치게 방대해진 폰트파일을 들 수 있겠다.

제 III 부에서는 컴퓨터의 워드 기능을 뒷받침하는 몇몇 분야에 있어서, 철학 · 우주론적 원리가 어떻게 적용되는가에 대하여 논한다. 그 분야는 정보 처리 순서대로 된 것인데 정보입력 (자판), 내부 정보 처리 (특히 부호화 방법), 출력이나 화면에 나타냄을 의미한다. 한글의 자형학이 앞서 언급한 모든 세 분야와 밀접한 관계가 있으므로 우선적으로 다루고자 한다.

4.《훈민정음》의 독일어 번역

한문으로 작성된 《훈민정음》 원전의 총 64개 단락은 우선 목적이론 Sko-postheorie에[044] 입각해서 번역한다. 이 목적이론에 따르면, 번역의 목적 Translationsskopos은 전문학술텍스트 Fachtext로 분류되는 원어(출발) 텍스트 Ausgangstext의 정보를 독어로 된 목적어 텍스트를 읽는 독자에게 최대한 정확하게 전달코자 하는데, 구체적으로 한글에 내재된 학문성을 분명하게 나타내고자 하는 것이다. 원전原典의 전반적인 구성, 언어, 문체 등을 살펴볼 때 원어 텍스트도 역시 사실에 기반 둔 정보 전달을 목적으로 씌어졌다는 것을 분명히 알 수 있다. 따라서 원어 텍스트와 번역 텍스트간에 동일한 텍스트 기능이 존재하므로 이는 번역 과정에 보다 수월함

---

044 REISS/VERMEER 1991；DIZDAR 1999 기타 참조.

을 가져올 것이다.

이 번역문은 학술 논문에 사용하기 때문에 원문과 함께 할 때만 논증자료로서의 기능을 할 수 있다 (원어와 역어로 작성된 인용문 목록, V 2.1 비교). 그래서 이른바 문예학적 번역 philologische Übersetzung 즉 원어 텍스트를 독해하는 길잡이 역할을 함과 동시에 위 번역의 목적은 이미 달성되었다고 볼 수도 있을 것이다.

이 문예학적인 번역은 또한 타 문화권의 550년 전 글의 분위기를 동시에 전달하는 번역의 부수적인 목적과도 배치됨이 없다. 그러나 무엇보다 현재 중부 유럽 역어譯語권 독자들의 문화적 특수상황에서 야기될 수 있는 오해는 지양해야 한다. 즉, 현재 유럽에서 많은 분야에서 일상생활의 지침으로 풍수나 오행설이 상업화되어 유행하고 있는 상황에서 《훈민정음》의 경우 원어 텍스트가 이런 시대적인 차이로 인해 쉽게 '비전秘傳적인' 문헌으로 비칠 가능성이 있다. 원어 텍스트는 당연히 이런 종류의 문헌과는 전혀 관련이 없는 것이다. 따라서 앞에서 말한 번역 목적에 근거하여 기능적인 (다른 말로 도구적인) 번역 방법을 적용하고자 한다. 이 방법에 따르면, "역어 텍스트는 역어권 문화 · 언어 공동체 내에서 실행되는 새로운 의사소통 행위의 도구가 된다. 이 때 역어 텍스트는 내용적으로나 형식적으로 원본에 기초하고 있지만 경우에 따라서 다소 차이를 나타낼 수 있다. 여기서 결정적인 기준이 되는 것은 [텍스트의] 기능이다".[045]

---

045 KAUTZ 2002: 60.

기능 즉 도구적 번역을 위한 또 하나의 지침에 주목해야 하는데, 이는 독일의 대문호 괴테가 말했듯이 역어 독자를 원어 텍스트 쪽으로 떠미는 것이 아니라 반대로 원어 텍스트를 역어 독자 앞으로 옮겨 놓는 것을 의미한다.[046] 이러한 원칙을 실현하는 데 어려움을 주는 것은 원어 텍스트 내에 있는 소위 전제 지식 Präsupposition, 즉 함축적인 사회문화적 배경 지식과[047] 역어 텍스트에 있는 용어의 부재 Lücke, 즉 역어 내에 원어에 대응하는 개념 자체가 존재하지 않는 경우 (1대0의 대응)이다.[048] 하지만 본 논문에서는 이런 문제점들이 생각만큼 그렇게 두드러지게 나타나지는 않는다. 왜냐하면 역어 텍스트가 독립적으로 출판될 것이 아니라 본 논문과 맥락을 같이 하고 있고, 또 전반적으로 필요한 부가 설명이 제시되어 있기 때문이다. 게다가 또 하나의 긍정적인 면은 원문이 한문에 능하고 성리학적 세계관에 대한 지식을 갖춘 학자들을 위해 쓰여졌고, 번역문도 예를 들면 동양학 전문가들에게 맞춰서 편집되었다는 것이다.

그외에는 다음과 같은 어려움이 나타난다. 전문 용어의 정확한 사용 측면에서 오늘날의 용어 사용이 《훈민정음》에 쓰여진 용어들의 사용과 일치하지 않는다는 점이다. 예를 들어 《훈민정음》 내에서는 음과 글자 또는 글자와 음절자 사

---

046 KUBIN 2001: 101f 참조.

047 KAUTZ 2002: 70.

048 KOLLER 2001: 232 – 236 참조.

이에 아무런 차이점을 발견할 수 없을 때가 자주 있다.[049] 다시 말해 번역자로서 1대 다多의 대응이[050] 생기는 경우를 접하게 된다는 것이다. 이 때 내용 이해를 위해 꼭 필요한 경우에는 대부분 추가적인 의미들을 괄호 속에 기입해 두었다.

난해한 부분을 이해하는 데 큰 도움이 된 것은 원전을 현대 한국어로 옮겨 놓은 번역본들인데,[051] 흥미로운 것은 이 번역본들 사이에도 큰 차이점이 있다는 것이다. 물론 이를 통해서도 당시의 원본과 현대 한국어 사이에 얼마나 큰 언어·문화적 괴리가 있는지를 되짚어 볼 수 있다. 박지홍朴智弘은 《훈민정음》을 현대 한국어로 번역하는 데 발생되는 근본 문제들을 다루는 몇 안 되는 학자 중의 한 사람이다.[052]

5. 형식적 세부 사항

참고 문헌 표시 출천의 표시는 해당 텍스트 부분의 바로 뒤에 위치한다. 출천 표시는 일반적으로 통용되는 양식을 따르되, 전통 양식으로 제본된 동

---

049 서양 언어학에서도 19세기 말엽에야 비로소 음과 글자를 분리하지 않은 것에 대한 비판이 제기 되었다.
KORTH 1985: 4ff. 참조; 그 외 II 1.4. 각주 084과 비교.

050 KOLLER 2001: 230f. 참조.

051 예를 들어 이근수 1997: 33 – 147; 박종국 1976; 조규태 2000; 박지홍 1990; 이정호1972: 27 – 62 참조.

052 박지홍 1987: 148 – 172.

아시아의 서적들은 다음과 같은 점에 주의해야 한다: 권卷 (약자는 ch. 중국 또는 kw. 한국 도서인 경우), 쪽수, 앞면/뒷면 (a 또는 b), 단.

본 논문의 참고 문헌으로 사용된 《대극도太極圖》의 텍스트는 예외적으로 현대 서양의 제본 양식에 따라 쪽수가 매겨진다. 해당 텍스트 부분을 빨리 찾기 위해서 전통적인 참고 문헌 표시법을 부분적으로 사용한다. 즉, 해당 행行의 수를 구체적으로 표기하는데, 예를 들면 2.1로 표기된 것은 2쪽 1행을 의미한다.

한 권으로 제본되었으나 세 부분으로 나뉘어 엮어진 《훈민정음》의 경우에는 (II 3.3.3 비교), 각 부분의 제목이 쪽수 앞에 위치하는데, 예를 들면 (해례본 10a.1)처럼 쓰되 쪽수를 세는 출발점은 《훈민정음》〈예의〉 첫쪽이다.

독일 산업 규격 DIN에 대해서는 Beuth사에서 출판한 산업 규격집의 해당 페이지를 괄호 속에 일련의 번호로 표시하였다.

그 출처가 《훈민정음》인 인용문은 본 논문 전체에서 연속적으로 번호가 매겨지며, 부록에서 동일한 일련 번호로 해당 원문을 그대로 찾을 수 있다.

다음의 (II 3.1.1 비교)와 같은 표시는 항상 본 논문 내의 해당 부분을 지시하는데, 로마 숫자는 논문의 부部를, 아라비아 숫자는 장章을 나타낸다. 하지만 참고 문헌에 나타나는 로마 숫자는 권卷(수數)을 의미한다.

각주에 나타나는 f.와 ff. 페이지 숫자 뒤에 나타나는 f.(예 10f.)는 해당되는 페이지와 그 다음 페이지, 그리고 ff.는 해당되는 페이지와 그 다음 몇 페이지를 가리킨다.

도표나 도해는 별다른 표시가 없는 경우 필자가 작성한 것이다.

상표 시중에서 볼 수 있는 상표는 의도적으로 언급을 피한다. 즉 컴퓨터 프로그램명과 같은 특정 상품명을 본 논문에서 언급하지 않지만 이 상품명을 사용해도 된다는 뜻은 없다.

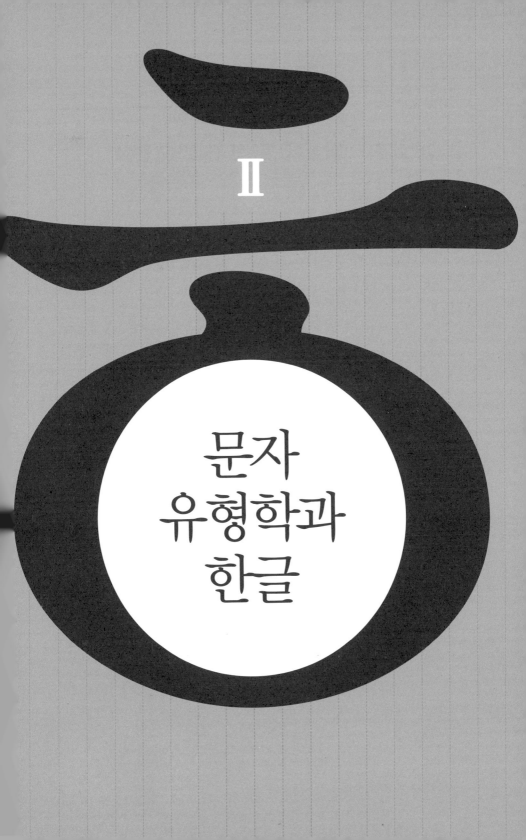

Ⅱ

문자
유형학과
한글

1. 문자 유형학적인 개념들

1.1 기호와 문자: 언어 상호간 명확한 개념정의의 필요성

중국어, 일본어 그리고 한국어의 문자 체계를 비교하면 세 가지의 상이한 문자종류를 발견할 수 있다. 예를 들어 독일어의 'Mensch'는 중국어에서는 단어문자 Logogramm인 '人' (ren)으로, 일본어로는 'ひと' (hi.to)라는 두 음절자 Syllabogramm로, 한국어에서는 다섯 개의 글자 Buchstabe, 즉 〈ㅅ〉, 〈ㅏ〉, 〈ㄹ〉, 〈ㅏ〉, 〈ㅁ〉으로 표현되는데, 여기서 한국어의 특이한 점은 음절 다발 syllabografisches Cluster식으로,[053] 바로 〈사람〉 (sa.ram)으로 조합해 표기된다는 것이다.

일반적으로 이해하는데는 별다른 어려움을 주지 않는 위 도입부분 속에서 문자종류 Schrifttyp, 단어문자 Logogramm 또는 음절자 Syllabogramm와 같은 개념들이 나타나는데 이 개념을 전문 학술 용어 상에서 정확히 구

---

053 음절 다발(개념 정의는 아래와 비교)의 구성 규칙에 대해서 II 3.4 참조.
글뤼크 GLÜCK가 MLS에서 만든 가假음절자 Pseudosyllabogramm이라는 개념은 한글의 이차원적인 자소 배열과 관련된 것으로서 음절자적인 다발이라는 개념과 비슷한 것으로 보인다. 이와 반대하여 음절자 Syllabogramm이나 음절기호 Silbenzeichen는 한글과 그의 특징을 묘사하는데에 근본적으로 틀린 것으로 알 수 있다. 하지만 현재 정보학에는 한 한글 다발을 일본 음절자처럼 음절로 다루게 되면서 겉으로만 다발로 그럴싸하게 보이게 할 뿐이다 (완성형 III 1.5.1 참조). 이러한 상황을 표시하기 위해 본 논문에서는 다음과 같은 개념들을 구분한다.
• 《훈민정음》에 의한 음절 다발 구성 규칙을 지키면서 이루어진 (손으로 쓴) 결과는 음절자적인 다발, 짧게 음절 다발이나 한글 다발을 칭한다.
• 위 음절 다발 구성 규칙을 아예 모르면서 이루어진 (현재까지 컴퓨터로 쓴) 결과는 인용 부호 사이에 놓인 '음절자'를 칭한다.
MLS: 621 참조.

별하여 쓰기란 쉽지 않다.[054] 이러한 어려움은 특히 한글을 대상으로 하고, 한국 문헌들을 참고해야 하는 본 논문에도 현저하게 나타난다.[055] 따라서 언어 상호 간의 용어 사용이 적절해야 하며, 또한 부가적으로 한국의 정치, 문화적인 분단이라는 측면에서 보다 더한 조심성이 요구된다.

이러한 실태는 중심 개념인 기호 Zeichen (영어의 sign이 아닌 character)라는 단어를, 특히 문자 Schrift와 컴퓨터라는 문맥에 명확하게 하고자 한다.[056] 독일어에는 기호 Zeichen는 글자(아래 비교), 숫자, 구두점 Syngraphem 그리고 소위 제어制御기호 Steuerzeichen (한국어에 주로 제어문자라고 함)[057] 등과 같이 다양하게 이해된다.[058] 후자인 제어기호는 내부적인 기호이며 전자의 경우는 인쇄되어 나오는, 즉 겉으로 보이는 외부적인 기호이다.

이러한 독일어권의 기호는 사실상 한국어에서 전적으로 문자文字로 표현된다. 이 외에 문자는 Schrift (script)라는 개념으로도 쓰인다.[059] 후자의 경우에 글자라는 동의어가 있는데 이는 부가적으로 Buchstabe (alphabetic character)라는 의미도 담고 있다.[060] 북한에서는 이와 반대로 Zeichen (character)이 글

---

054 여기서 GLÜCK 1987 : 57ff. 등에 자세한 내용을 참조.

055 한글에 대한 광범위한 개념들과 그 정의들은 박병천 1997: 10–45 참조.

056 포괄적인 개념 정의는 Eco 1977 참조.

057 보통 제어기호 아니고 제어문자라고 하지만 문자는 글과 직접 관련된 의사소통에 쓰여진 뜻이 포함되어 있으므로 제어기호는 더욱 적합한 표현이리라 믿는다.

058 CL: 794 (Zeichen); CE: VI, 2845f. (Zeichen) 참조.

059 《컴퓨터용어사전》1993: 144 (character) 참조.

060 이익섭 1991 참조.

자로 표현되며, 문자는 Buchstabe (alphabetic character)와 별 차이 없이 사용된다.[061] 여기서 파생되어 나오는 Zeichenkette (string)는 남한에서는 스트링이나 문자열文字列로, 북한에서는 글자렬로 표현된다.

남·북한에서 문자와 글자가 서로 상이한 의미로 사용되는 점에 대해서는 그 낱말의 의미를 역으로 해석하면 비교적 쉽게 해결된다. 하지만 같은 낱말밭에 속한 부호와 기호라는 두 개념의 이해는 더욱 어렵다. 이 두 개념은 한국에서 조차 그 사용이 분명하지 않다. 한 전문용어사전에서는 부호는 코드 Code 그리고 숫자 앞의 기호 Vorzeichen (sign, 즉 +, −)로, 반면에 기호는 문자 Symbol로 정의되어 있다.[062] 다른 사전에서는 부호는 코드 Code로, 반면에 기호는 Symbol과 더불어 숫자 앞의 기호로 정의되어 있는데다가 곧 이어 기호를 부호로 설명하므로 더욱 혼란이 가중된다.[063] 최근에 출판된 일반 사전에는 이 두 개념들이 아예 아무 의미적 차이 없이 같은 말로 나타나 있다.[064]

이런 점에서 본 논문을 위해 가능한 한 확실한 개념적 토대가 마련되어야만 한다. 그래서 다음 단락에서는 특히 컴퓨터에 사용되는 문자 Schrift와 관련된 핵심 개념들을 독일어와 한국어로 정확하게 해 둘 필요가 있다.[065] 아울러 부록에서 한 개념에 대한 남한과 북한의 상이한 낱말 표현들을 한

---

061 허/김/최 1996: 231, 235 참조.

062 《컴퓨터용어사전》1993: 160, 886 (부호), 941 (기호) 참조.

063 《우리말 전산 용어 사전》1995: 113f. (부호), 34 (기호) 참조.

064 《연세 한국어 사전》1998: 275 (기호), 903 (부호) 참조.

065 필자는 이 점에서 주로 MLS에 있는 해당사항에 대한 설명을 근거로 둔다.

자리에 모아 기록한 전문용어 목록을 참고하기 바란다 (IV 2.2 비교).

해당 개념들에 대한 개관은 Schrift란, 즉 한국어의 문자라는 낱말로 계속 다뤄진다. 문자는 언어를 그래픽 graphisch으로 표현한 형태이며, 언제나 물리적 성질을 띄는 매개체가 필요하다. 즉 쓰여지는 물질과 그것이 담긴 용기인데, 예를 들면 잉크와 종이 또는 코딩과 디코딩을 거쳐 모니터 화면 상의 디지털화 된 문자 Schrift(script) 등을 그 예로 들 수 있다. 문자 Schrift (script)는 일정한 문자 Symbol(예: 글자 Buchstabe)의 집합으로 구성되며 이 문자 Symbol 를 사용하는데에 일정한 관습이 있어야 한다.[066]

1.2 그 외의 문자 유형학적 개념들

문자의 기본적인 분류는 자모 alphabetisch 아니면 비자모적 nicht-alpha-betisch 두 개의 문자종류 Schrifttyp에 속함을 따르는 것이다.[067] 이에 대한

---

066   Schriftzeichen과 Symbol을 동일시하는 것이며 자세한 것은 II 1.2 비교.

067   Schrifttyp (문자종류), Schriftart (문자유형 / 활자꼴) 그리고 Schriftfamilie (활자가족)에 대한 정의와 구분은 GLÜCK 1987: 25; MLS: 536 (Schrifttyp), 532 (Schriftart), 532 (Schriftfamilie) 참조.
위의 문헌에 따르면 문자유형은 하나의 문자가 동일한 알파벳을 (예: 라틴어 문자) 기본으로 하는 문자류 (Schriftklasse)에 속하는 것을 가리키는 말이다.
하지만 독일어의 Schriftart는 또한 전혀 다른 의미인 활자꼴로도 사용된다. 즉 활자앞이나 끝 부분에 작은 돌출선 (세리프)과 같은 특정한 외형상의 특징을 지닌 글자들을 구분할 때도 사용 된다. 예를 들면 타임스Times는 세리프가 있는 반면 에어리얼 Arial은 세리프가 없다. 그에 반 에 활자가족은 같은 활자꼴의 다양한 글꼴스타일 (Schriftstil, 즉 보통, 굵게, 기울임꼴, 굵은 기울임꼴)이 모여 있는 형태이다. 다시말해 타임스 로만, 기울임꼴 타임스 로만, 굵은 타임스 로만, 굵은 기울임꼴의 타임스 로만은 하나의 활자가족으로 표현해야 된다.

기준은 문자 Schriftzeichen/Symbol가 관련된 차원인데 즉 의미를 지닌 최소의 단위인 형태소 Morphem나 음 Phon이라는 차원들이다. 전자의 경우는 단어문자, 후자의 경우는 표음문자의 종류에 해당된다.

단어문자 Logographie, Wortschrift 단어문자單語文字에 있어서 단어문자 하나는 바로 하나의 어휘소 Lexem를 가리키는 것이다. 중국어의 '기본 글자'인 사람人, 산山, 해日 등이 그 예로서 언급될 수 있다.[068]

달러를 의미하는 '$'나 조條를 표시하는 '§'과 같은 표의문자表意文字 Begriffszeichen (때론 회의문자會意文字 Ideogramm)들도 단어문자에 포함되며, 오늘날에는 자모문자의 체계 속에서 한 구성소로서 자리잡고 있다.

단어문자나 표의문자와는 반대로 상형문자象形文字 Piktogramm/Bildsymbol는[069] 단 하나만의 어휘소와는 연관성이 없다.[070] 종종 추상화된 그림들이 의미를 지니는 기호로서의 기능 Zeichenfunktion을 가지지만 "언어적

---

068 에리히 해니쉬 Erich HÄNISCH 는 그의 고전 중국어 교재에서 중국 글자 6가지 종류 Zeichengattungen를 소개하고 있는데, 그 중 기본자는 첫 번째 종류에 속하며 "실제의 그림들"이다. 6번째 종류에 속하는 글자는 "가장 흔하며 총 중국 글자의 약 8분의 7을 차지하고 있다. 이 6번째 종류는 그래픽과 의미와 음성적 요소들이 결합된 형태다. 즉 뜻부분(부수)과 소리부분(보충)이다. 여기서 보충 요소들이 하나의 의미를 부여 받는다." 이로서 중국어 글자에서도 분명히 음절적인 syllabisch 요소가 내포되고 있다.
HÄNISCH 1969: 180 f.

069 이미 언급된 중국어의 기본자들이 그림문자 (상형문자)에 속한다. 그 예로 《표준국어대사전》 1999: II, 3305 참조.

070 이러한 점은 바로 언급한 중국어의 기본자들에 해당되는데, 개념적으로 불분명함이 나타난다: 명확한 단어와의 연관성은 단어문자의 경우에 분명한 반면, 상형문자의 경우에는 없다는 것으로 보인다.
이 같은 괴리는 중국 문자에 기초한 전통적인 시각 (각주 15 비교)과 문자의 총체적 체계를 목적으로 하는 문자학적 시각, 이 두 가지의 체계가 서로 교차하고 있기 때문인 것 같다.

으로 정확하게 자리 매김"을 하지 않다.[071] 예를 들어 ⓘ, ✗ 등의 상형문자
는 문자 Symbol/Schriftzeichen에 속한다 (아래 비교).[072]

표음문자 Phonographie 음절문자音節文字와 알파벳 문자 (자모문자字母文字
나 음소문자音素文字)는 소리에 그 바탕을 두고 있어 또 다른 하나의 종류를
형성하고 있다. 또한 이 문자는 음 (소리)을 표현하는 문자 Schrift라는 의미
로 표음문자表音文字나 소리글자라고도 한다. 달리 표현하면 이러한 종류의
문자 Schrift는 두 요소인 음 (소리)과 문자 Schriftzeichen/Symbol의 결합에
바탕을 두고 있다. 음/소리 집합 구성소의 다양성이 음절문자와 자모문자/
음소문자로 구분 짓게 한다.

음절문자 Silbenschrift에서 각각의 음소들이 묶여 나타나는 단위인 음절/소리
마디는 음/소리 집합의 구성 요소이다. 문자 집합 Zeichenmenge 속의 결합 요
소들이 음절자音節字[073] Syllabogramm/Silbenzeichen라고 불린다.

알파벳 문자/자모문자 Alphabetschrift의 경우에 소리/음 집합의 구성요소
는 더 이상 분리할 수 없는 단위인 음소 Phonem와 음소조합이다. 이것은
글자 집합 요소인 자소字素 Graphem와[074] 상응한다. 자소는 글자 Buchstabe

---

071 MLS: 469 (Piktographie); 또 CE: V, 2085 f. (Piktogramm) 참조.

072 이러한 상형문자의 분류 정리는 HAARMANN 1990: 208 f. 참조.

073 무엇보다도 북한에서는 이에 해당하는 순수 한글 단어인 "소리마디글자"를 사용하며, 여기서
     소리마디란 바로 음절을 의미한다.
     《표준국어대사전》1999: II, 3522 참조.

074 이에 반해 한국의 문헌에서 의미가 변화되어 사용됨, 아래에 나오는 내용 비교. 음소-자소-
     관계를 자세히 살펴볼 때 전혀 문제점이 없는 것은 아니지만, 이러한 설명은 본 논문의
     지향하는 바에 아무 부족함이 없다.
     WEDE 2000: 40–53; 그리고 특히 이론사적인 내용은 KOHRT 1985 참조.

와[075] 직접적으로 동일시 할 수 없다. 즉 동일시 되기 위해서는 첫째로는 한 자소가 그 문자 체계 내에서 문자 Schriftzeichen/Symbol 목록의 일부가 되어야 하며, 둘째로 이 자소가 그에 부합하는 하나의 음소를 나타내어야 한다는 전제 조건이 있다.[076] 예를 들어 한국어의 자소 〈ㅏ〉는 한글 체계 내에서는 해당 음소 /a/를 가지는 글자가 되지만, 라틴 알파벳 체계 내에서는 글자로서의 기능을 하지 못한다.

따라서 글자 Buchstabe라는 개념에 대해서는 다음과 같이 단정할 수 있다. 글자들은 자모 Alphabet를 구성한다. 또 이 자모는 특정한 형성규칙을 따르는 기호집합 Zeichenmenge의 하나의 부분집합이다. 자모 문자의 실제적으로 존재하지 않은 이상적인 형태는 음소와 자소 집합들이 일치하는 경우인데, 이 때 글자 Buchstabe, 즉 자모의 부분집합은 자소 집합과 완전하게 일치하게 된다.

보다 분명한 개념정리와 개념 상호 간의 차이를 나타내기 위해서 (정보처리 내에서의) 문자 Symbol/Schriftzeichen에 대해 정의를 하고자 한다. 문자는 "인간이 의사소통을 위해 습관적으로 사용해 온 모든 기호 alle Zeichen들, 즉 글자, 숫자, 일반적인 기호량 Zeichenvorrat 속의 특수 문자, 또 (수학에서 쓰이는) 그리이스 글자들 또는 특수 도형 graphisches Sonderzeichen들을" 통틀어

---

075 문헌에서는 때때로 Buchstabe 대신 Graph으로도 쓰인다. 이 개념은 또한 "ɑ, a, a" 등에서 보는 바와 같이 Allograph에서도 나타난다.

076 MLS: 105 (Buchstabe) 참조.

말한다. "그 외에 상형문자도 포함되어 있다".[077] 위에 언급한 표의문자 §, $)도 문자 Schriftzeichen/Symbol로 바야한다.

문자 Symbol/Schriftzeichen와 기호 Zeichen는 한 가지 점을 제 외하고 동일하다고 볼 수 있다. 즉 문자는 엔터 (전의 나르개 되돌림 Wagenrücklauf/carriage return)이나 줄먹임 Zeilenvorschub (line feed) 등과 같은 제어기호(문자)를 포함하진 않다. 특수문자特殊文字는 글자나 숫자에 포함되지 않으나 문장부호나 변별적 발음부호 등으로 쓰이는 문자를 가리킨다 (독일어의 움라우트 Umlaut는 특정 언어의 특수문자 nationale Sonderzeichen라고 말한다[078]).

지금까지의 설명을 다양한 기호들의 집합들과 그 부분 집합들로 표시한 다음 그림으로 요약해 볼 수 있다.

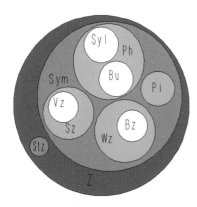

약어 설명

Bu = 글자 Buchstaben
Bz = 표의문자 Begriffszeichen
Pi = 상형문자 Piktogramme/Bildsymbole
Ph = 표음 문자 Phonograph. Schriftzeichen
Stz = 제어기호(문자) Steuerzeichen
Syl = 음절자 Syllabogramme
Sym = 문자 Symbole/Schriftzeichen
Sz = 특수문자 Sonderzeichen
Vz = 숫자 앞의 부호 Vorzeichen
Wz = 단어문자 Wortzeichen/Logogramm
Z = 기호 (문자) Zeichen

【그림1】 문자 집합과 그의 부분 집합

---

077 CE: VI, 2560 (Symbol).

078 CE: VI, 2499 (Sonderzeichen).

1.3 한국어와 유럽권 언어에서의 특수 개념

여러 이유로 언급되지 않은 채 있는 몇 개의 한국어 개념들은 그 의미가 명확하게 정리되어야 할 일이 남았다. 그 이유들 중에는 이 개념들은 그 원래 의미가 실제 사용 시 달라졌거나, 또는 서양 언어들에서 직접적 대응개념이 없어서, 그 한국어 개념 자체를 직접적으로 도입해서 쓰는 경우가 있다.

영어권 (유니코드 또는 Ken LUNDE[079])에서 쓰이는 Hangul은 '완성된 음절자' (II 4, III 3.2.2.1의 '완성형'과 비교)로 불리고, 한국어 '음절자 Syllabogramm'라는 개념과 동일시하여 사용된다. 게다가 Hangul 독음讀音으로 [항울]로 잘못 발음하기가 쉬운데 이런 형태로 서양에서 출판되는 한글 관련 논문들에 자주 접하게 된다.[080]

Jamo (원래 chamo 자모, 字母, 자음과 모음)는 영어권 내 (Unicode, LUNDE[081])에서 한 '음절자'에 첫·, 가운뎃·, 끝소리 글자로서의 기능을 하는 자음과 모음을 의미한다. 자모를 결정하는 데 있어 자소적 원칙은 어떤 역할도 하지 못한다.

한편 한국어에서는 자모에 대한 의미장意味場은 불분명하게 나타나고 있다.[082] 우선 자모는 각각의 (모음과 자음의) 글자를 의미하는데 이는 낱자의 동

---

079 무엇보다 LUNDE 1999: 35–38 u.

080 예를 들어 해당 논문은 MLS 또는 HAARMANN 1990: 355ff.를 참조.

081 LUNDE 1999: 35–38.

082 더 자세한 내용은 김경석 1995: 173–181; 김경석 1999: 385–388 참조.

의어로 볼 수 있다. 다만 기본 글자 Buchstabe만을 의미하는지, 아니면 이들이 다양하게 결합된 형태도 포함되는지에 대해서는 분명하게 나타나 있지 않다. 낱자와 거의 같은 의미를 지니는 개념으로서 홀글자도 사용된다. 더 나아가서 자모는 또 알파벳 Alphabet이란 의미로도 사용된다.

자소 (즉 Graphem)는 한글과 정보처리 분야를 다루는 한국어 문헌에서 항상 그 원래 의미를 잃은 체로 나타나며, 오로지 '음절위치기호 Silben-positionszeichen',[083] 즉 영어권의 Jamo와 같은 의미로 사용된다.

1.4 문자 체계 속의 한글의 분류

《훈민정음》에는 이렇게 기록되어 있다.

| 01 | 정음은 단지 28 글자뿐이다.[084] (해례 18b.1)

한글의 철학적 기반을 마련했던 학자들의 의견 (II 3.1.2 비교)으로는 이 28 글자, 그리고 이 글자를 결합하는 규칙을 포함하는 자소 체계는 알파벳 문

---

083 이 내용은 변정용 1994: 80 오른편 참조.

084 원본에 글자대신 '자字' 이라는 단어문자를 찾을 수 있다. 사전에 의하면 字는 문자로 해석해야 되며 따라서 단어문자나 음절자나 글자이라는 뜻을 가질 수 있다. 《훈민정음》〈해례〉의 내용과 편집 목적을 감안해서 字를 여기 문맥에서 글자 Buchstabe로 번역해야 할 의심이 없다 (그외 3.2.1 7번 각주를 비교).
'字'에 대한 해석/번역은 《국어학사전》 1995: 849 기타 참조.

자의 기본 기능을 충족시킨다. 즉 어떤 생각이라도 소리대로 완전하게 재현할 수 있다는 기능이다.[085] 그에 더해서 다음과 같이 쓴다.

| 02 | 이 문자는 어디서나 아무 문제 없이 사용할 수 있다. 바람소리나, 두루미 울음 소리, 수탉의 홰치는 소리, 개 짖는 소리 등과 같은 모든 소리를 이 문자로 전혀 무리 없이 표현해 낼 수 있는 것이다. (서문 32a,6-8)

위에 독일어와 한국어의 문자와 문자종류의 낱말밭에서의 개념들을 정리하고 사용해서 다음은 분류학적인 입각에서 한글이 세계 문자의 총체계 Gesamtsystem der Schriften에서 어떤 위치를 차지하는 것을 검토하고자 하면서 이 분야에서 그전에 이룬 몇 개의 성과를 비판적으로 고찰하기도 한다.

여기 중요한 분류 기준은 이미 언급한 바 있고 또 다음 장에서 보다 깊이 연구될 한글의 기본적 특징,[086] 즉 음절 다발 syllabografisches Cluster로 조합해서 쓰는 글자 Buchstaben의 구성에 있다. 글자 배열은 앞에 〈사람〉이라는 단어에 보았듯이 일차원적 (좌우로/병렬적)이 아니라 이차원적 (좌우+상하로/병렬 + 수직적)이다. 그리고 이 다발 배열은 위에서 아래로 또는 왼쪽에서 오른쪽으로 쓸 수 있다 (자세한 내용은 II 3.4 비교).

085　*Encarta Encyclopädia Plus 2000* (Schrift/3.Vollständige Schriftsysteme) 참조.

086　예를 들면 이기문 1977: 129ff. 참조.

아래에 브리태니카 백과사전 *Encyclopedia Britannica*에 그 출처를 둔 표가 길잡이 역할을 할 것으로 믿는다.[087]

linguistic structure			orthographic structure
meaning based	{	text topic speech act word morpheme	– – pictorial signs logographic writing
sound based	{	syllable segment phoneme phone feature	syllabic writing consonantal writing alphabetic writing phonetic alphabet featural writing system

【표1】문자 종류 분류

우선 한글이 이미 언급한 음/소리를 대표하는 sound based문자 그리고 여기서 알파벳 문자/자모문자 alphabetic writing에 포함시키는 것에는 아무 무리가 없다. 반면에 글자를 이차원적인 음절 다발로 표기하는 한글의 구상적 특성을 볼 때는 위의 결정에 대해 반신반의하게 되어, 오히려 음절문자로 분류하는 것이 옳게 여겨질 수도 한다.[088] 이러한 한글 분류의 혼돈은 집합이론적인 mengentheoritisch 관점에서 볼 때 보다 명확한 해결책을

---

087 EB: XXIX, 1027 오른편.

088 그런 관계로 CoULMAS는 "The Korean system treats the syllable as the basic unit of writing" 설명한다.

CoULMAS 1992: 256.

찾을 수 있다. 자소 집합과 음소 집합 간의 결합이 존재하며, 이는 자소-음소-대응관계 Graphem-Phonem-Korrespondenzen (GPK)의 차원과 같다. 그러나 이와 상응하는 음절자와 음절의 일치는 존재하지 않는다. 왜냐하면 '음절자'의 집합은 한글 정보학에 있지만 그와 해당한 어떤 별개의 음절(음) 집합이 존재하지 않기 때문이다. 이런 점에 헬무트 글뤼크 Helmut GLÜCK 가 사용한 가假음절자란 개념이 이 사정을 정확하게 대변한다고 볼 수 있다.

(그러나 그의 설명은 이차원적인 글자 배열 Buchstabenanordnung에만 근거를 둔다.[089] 아마도 "음절자의 기본 글자형 Grundformen von Silbenschriften은 [...] 자소로 해체될 수 없다"[090]는 인식을 말한다.) 실질적인 음절자의 집합의 구성 요소는 다시 언급하겠지만 또 다른 집합의 구성 요소들과 연결되어 있다.

한글을 "one of the great intellectual achievements of humankind"[091]라고 쓴 지오프리 샘슨 Geoffrey SAMPSON은 아마 이 음소문자 아니면 음절문자에 대한 분류상의 딜레마에서 매우 드물게 접할 수 있는, 글자 형태상 schriftgestalterisch의 또 하나의 새로운 기준을[092] 도입했으며, '자질체계 featural' 라고 명명했다.[093] 그 의미는 글자 Buchstabe가 각개의 음/소리

---

[089] MLS 1993: 621 (Syllabogramm) 참조.

[090] EISENBERG 1996: 1371 오른편.

[091] SAMPSON 1985: 144.

[092] LEDYARD 1988: 246f. 외 참조.

[093] SAMPSON 1985: 144 참조; 이에 대한 지적은 SIMPSON 1994: 5056에서도 찾을 수 있다. SAMPSON의 해당 장의 번역본은 박선자 1992: 217–240 참조 ('featural'은 자질체계 資質體系 genuines System 으로 번역된다).

Laut가 날 때, 그 소리의 해당 발음 기관 모양을 단순하게 본뜬 형태를 취하고 있다는 것이다 (III 1.2 비교).

존 드프랜치스 John DEFRANCIS와 같은 학자는 이러한 해결책에 동의하지 않고 알파벳 문자를 다시 두 개의 카테고리, 즉 '순수 음소적 rein phonemisch'과 '형태 · 음소적 morphophonemisch'으로 나눈다. 전자의 카테고리는 거의 규칙적인 자소–음소–상관성 Graphem-Phonem-Korrelation에 의해서 결정하게 되는 문자 체계에 속하나, 후자의 카테고리는 그 상관성 Korrelation위에 다시 형태소적 단위가 가로 놓인다. 이렇게 해서 '드러난 음소성 phonologisch flach' 이나 '깔린 음소성 phonologisch tief' 이라는 표현으로 두 카테고리의 의미를 전달하게 된다.[094] 음절 다발과 관련된 한글의 형태 음소적 표기법은 두 번째 카테고리에 속하게 됨을 쉽게 알 수 있다. 여하튼 위의 문자 체계 분류에 따르면 한글과 영어 두 문자체계는 같은 영역에 자리잡게 된다.[095] 그러나 이러한 해결책은 서로 다른 글자 배열, 즉 일차원 vs 이차원적인 배열의 사실을 보면 만족감을 주지 못한다.[096]

---

094 EISENBERG 1996: 1375 왼편; MLS: 231 (Graphem/자소).

095 DEFRANCIS 1989: 58, 63.

096 COULMAS가 DEFRANCIS의 분류에 동의하여 다음과 같이 자신의 생각을 강력히 피력했다. "Further support for DEFRANCIS' position regarding Korean can be found in the fact that Koreans learn their script by memorizing the roughly 1000 symbols that represent syllables and are generally unaware of the featural relationships between them". – 모든 존경을 표하지만 여기에는 기본적으로 잘못 이해된 부분이 있을 것 같다. 한글로 나타낼 수 있는 '음절자'는 1000개는 분명히 상회한다는 것은 유니 코드 Unicode에서 기록된 11,000이상의 'Hangul syllables'만 봐도 알 수 있다 (III 3.7 비교). 그리고 "자질 체계적 관계 (featural relationships)" 라는 것도 단지 자소형과 조음위치 사이에만 해당되는 말이다. 이와 관련해서 *Encyclopedia Britannica*의 설명도 참조.
COULMAS 1996: 1385f.; s. EB XXIX, 1028오른 편 (Writing, Types of Writing Systems)

바로 한글의 이차원적 표기형태에 대한 구상 속에서 음소적 그리고 형태소적인 원리가 최상으로 서로 접목하게 됨을 볼 수 있게 된다.

1.4.1 메타 차원 Meta-Ebene의 모델

위에서 살펴본 분류 규정에 대한 설명에서 보듯이 한글은 지금까지의 흑백논리로는 완전하게 그 소속을 정확하게 설명할 수가 없고, 항상 좀 더 해명되어야 할 잔여를 남기게 된다. 여기서 전체론적 holistisch 분류 모델이 보다 나은 결론을 도출한다. 왜냐하면 "한 문자 체계에서 기초 차원 위의 여러 차원 모두가 그 문자 체계의 구조를 형성할 수 있기 때문이다."[097] 이렇게 볼 때 한글에 그 첫번째 구조 형성 차원은 글자 하나 하나에 그래픽 형태 graphische Gestalt를 부여하는 음성-자소 Phon-Graphem-차원인데, 이는 페터 아이젠베르크 Peter EISENBERG의 기본 차원 Grundebene와 일맥상통한다. 그 다음 차원은 자소-음소-대응관계 Graphem-Phonem-Korrespondenz (GPK)가 확정되는 차원이다. 그 위에 놓이는 차원에서는 음절 다발과 형태소 간의 관계가 형성된다. 그리고 마지막으로 철학·우주론적 메타 차원 Meta-Ebene이 놓이게 되는데, 이 차원을 제외하고는 다른 모든 차원들을 생각할 수 없는 것이

---

097 EISENBERG 1996: 1374 오른편.

다.[098] 그리고 이 모든 차원은 서로 함께 맞물려져 있는 복합적인 문자체계 Schriftsystem를 형성하게 된다 (자세한 내용은 II 3 비교).

일반적으로 그 외에도 문자 체계 내에서는 또 다른 단계들이 있는데, 예를 들어 미적 효과 Wirkungsästhetik나[099] 가독성 Lesbarkeit등을 들 수 있다. 이 두 단계들도 각 문자종류 Schrifttyp와 떼어 놓을 수 없으나, 문자 종류학적 측면에서 각 문자체계의 구조 형성 Strukturbildung과는 직접적인 관련성이 없다고 보여진다. 그 이유는 무엇보다 크기와 윤곽, 즉 동일하거나 비슷한 글자형태를 가진 활자 가족 Schriftfamilie의 측면에서 크게 좌우되기 때문이다.

다른 문자체계와 마찬가지로 한글도 단지 하나의 문자 유형학 Schrift-typologie 상의 특징으로 규정 지을 수 없는 것이다. 한글의 예가 보여주 듯이 하나의 뭉치로 묶여 놓은 구조형성의 여러 차원들은 부분적으로 상반되는 것으로 느껴지는 특징을 내포하게 한다. 지금까지의 설명 모델들로만 한글과 같은 복합한 문자체계를 제대로 평가하기 어려운 것이다.

---

098 이 단계들은 분명하게 《훈민정음》 속에 나타나 있지만, 자세히 살피지 않으면 원본 《훈민정음》에서는 읽어내기가 쉽지 않다. 그러나 최신판에서는 자세히 설명되어 있다. 이미 언급한 SAMPSON은 메타차원의 의미를 완전히 오판하고 있음을 다음에서 볼 수 있다. "Hunmin chŏngŭm introduces astrological [!] concepts also in connection with the consonant letters, but I do not discuss this scince it is not relevat to the function of the script." 조규태 2000: 17–52; SAMPSON 1985: 130 참조.

099 이에 관련된 주제들에 대한 자세한 연구는 WEDE 2000 참조.

2. 이전의 국어 문자 표기 체계: 이두와 구결

한국어의 문자 역사에서 특히 문자 표기의 시작이 불분명한 역사의 초창기에서부터 15세기 중엽 한글 창제에까지 이르는 오랜 기간 동안 단어 문자인 한자를 빼 놓고는 생각할 수 없다. 그러나 한글 창제이후에도 '언문이치言文二致'라는 개념이 종지부를 찍기까지는 한글이 정식으로 국문으로 공포되는 약 100여년 전쯤에야 비로소 이루어진다 (더 자세한 설명은 II 3.1 비교). 그 당시 인정된 문자 표현 형식으로 원칙상 두 가지가 있었다.

주로 철학, 문학, 학문에 종사했던 당시 교양이 있는 사람들은 소위 고전 중국어(고문古文)를 사용했다.[100] 이들은 문어용 구어용 언어 두 개를 모두 다룰 수 있었다는 점에서 두 개 국어 능통자로 간주되었다. 당시 이중 언어의 심각성이란, 단어 문자인 한자는 글자 하나가 하나의 음절인 동시에 하나의 단어를 이루는 것이 특징인 중국어를 글로 쓰기에는 적합할지 몰라도 굴절 언어인 한국어에는 반대로 적합하지 않는다는 사실을 통해서도 분명해진다.

두 번째 방법은 그 당시 조선 사람들이 한자를 좀 더 쉽게 사용할 수 있도록 하던 일종의 대체 형식이라 할 수 있다. 두 언어 사이의 차이를 주리는 여러 가지 방법이 있었는데 그의 근본 원리들은 잠시 보기로 한다.[101] 이 원리들은 다시 두 개념으로 나누어지는데 문자화할 경우에 보통 사용되기에 한국적 특

---

100 간략한 설명은 FEIFEL 1967: 10 참조.

101 이기문 1977: 45 - 59 참조.

성으로 보지 않는다. 바로 리버스 Rebus와 의미 분류 요소 Determinativ[102]이다. 이외에도 주의할 것은 한자가 다른 언어를 표기하기 위한 '임시 수단'으로서 의미나 음을 대체하여 사용될 수 있다는 점이다. 표기 방법의 기호화와 이기호의 해독을 위해서는 특정한 패턴을 삼아야 된다.

2.1 이두 문자 표기 체계

행정 기구에 속했던 임금과 관리들은 증서나 기타 공공 문서에 이두吏讀를 사용했다. 그의 시작은 후기 신라 (57 기원전~935 기원후)시대로 거슬러 올라가며 오랜 전통을 거치는 동안 일련의 근본적인 변화를 겪게 되는 데 여기서 전단계 후단계를 정확히 주의하여 살펴볼 필요가 있다. 그런데 문장 구조는 원칙적으로 중국어를 따르지 않고 한국어를 따른다. 그외에 한자나 한자 조합은 통사적으로 중요한 위치를 표시하기 위하여 덧붙여 사용되었다. 가령 한글에서 접속형 [하며]를 〈爲旀〉로 대체하여 사용하였는데 이때 첫 글자는 그 의미만 빌리고 두 번째 글자는 흥미롭게도 한국에만 존재하는 한자로서 음을 나타내는 것이었다.

102　FRIEDRICH 1966: 35 참조, 이외에도 참고 자료가 풍부한 24ff. 참조.

2.2 구결 문자 표기 체계

글자 그대로 하면 '입으로 하는 기법'을 뜻하는 구결口訣 체계에서는 원칙상 중국어 문장 구조가 지켜진다. 통사적 맥락을 쉽게 파악하기 위하여 문법 구조상 중요한 곳에 일정한 글자를 사용했는데 예를 들어 격 조사, 접속 어미, 연결 어미 이다. 주격 조사 [이]에 〈伊〉, 주제 조사 [는]에 〈隱〉, 시간·원인 연결 어미의 [하니]에 〈爲尼〉, 그리고 종결 어미 [라]에 〈羅〉를 사용했다. 또한 이두 표기 체계에서 사용된 문자들과도 일치하는 문자를 발견할 수 있다. 이와 같이 구결 체계에서 원래의 의미와 발음을 상실한 채 통사적 기능만 하는 한자어는 일종의 의미 분류 요소 Determinativ로 간주되며 발음되지 않는 것이 아니라 한국식 발음으로 바꿔 사용되었다. 구결 체계에서 특이한 것으로 부분적으로 일본어의 카타카나나 음절자와도 일치하는 단순한 한자를 사용한 것을 들 수 있다. 가령 위에서 언급한 〈爲尼〉 대신에 간소화된 변이체 〈ソヒ〉를 볼 수 있다.

요약해서 말하면 이두와 구결 표기 체계는 단지 쉽게 읽기 위한 대용물로 기능하였을 뿐이며, 한국어에 적합한 문자 체계의 개발의 필요성을 일깨우지는 못했다.

3. 한글

한글을 광범위하게 다루는 이 장에서는 주로 다음과 같은 주제들을 포함한다. 즉 철학적 · 우주론적인 원리, 자모 체계와 음절 다발의 구조이다. 연구의 목적은 위에 확인된 한글을 구성하는 네 가지 구조 차원이 존재하는 사실로(II 1.4.1 비교) 이들의 내부 규칙성을 찾아내는 것이다. 이로부터 한글을 자동 정보 처리에서 실제 응용하기 위한 첫 번째의 인식이 도출된다. 그와 동시에 수 세기를 거치는 동안 이러한 규칙성을 간과한 결과로 지속되어 온 그릇된 발전 양상을 알 수 있다.

   이어지는 한글 역사에 관한 단락은 언급된 역사적 측면들을 더 쉽게 이해하기 위한 것이지만, 지면 관계상 모든 측면들을 다루지는 못한다. 과거 역사에서 보는 출발점은 한글 창제를 가능하게 한 조건이 된 중요한 요인들이다. 한글의 운명은 남북한 분단으로 이어져 오늘날까지 이어진다. 이러한 '역사에 관한 서막'에 한글에 관한 원전도 언급된다.

3.1 한글의 역사에 대한 개요

3.1.1 한글 창제의 전제 조건과 동기[103]

한글 창제의 중요한 외적 전제 조건의 하나로 쿠데타 후에 태조로 즉위한

---

103 LEDYARD 1998: 86 – 125 와 강신항 2003: 13 – 87 에 더 상세하게 다루어져 있다.

이성계李成桂(1335~1408)가 정변을 일으켜 1392년에 성립한 조선의 건국을 들 수 있다. 조선 왕조는 1368년 몽고족이 세운 원나라가 중국 명나라에 의해 붕괴되어 몽고의 지배 체계가 무너지면서 건국되었다. 몽고의 후진으로 생긴 공백은 조선과 명 두 나라의 건국을 통해 정치·사회적으로 빠른 시일내에 채워졌다. 조선이 건국되기 직전인 1390년과 1391년에 이미 백성을 위한 새로운 생활 기반이 될 토지 개혁이 과감하게 시행되었다. 성리학을 바탕으로 한 국가와 사회의 질서 체제가 만들어졌다.[104] 새 왕조의 학문과 문화의 번성은 통치자의 넓은 안목과 그 당시 상황에서는 놀라울 정도로 민주적이고 백성을 잘 보살피려는 탁월한 정신적, 학문적 능력을 겸비한 세종대왕(1397~1450, 즉위 1418~1450)의 덕분이라 할 수 있다.[105]

《세종실록》에[106] 나오는 여러 기록에 근거하여 세종이 고유의 한국 문자를 창제하여 아래와 같이 서로 관련 있는 두 가지 목적을 추구했음을 알 수 있다.[107]

① 조선의 인접 국가들이 이미 고유의 문자를 가지고 있다는 사실을

---

104 성리학이새로운시작을위해어떤의미를가지는지에관해특히이성구1998:18.

105 홍이섭 1995; Kim-Renaud 1992; 김슬옹 2019: 156 - 170, 183 - 200; 세종대왕의 성품에 대해 강만길 1977 참조.

106 세종대왕의 사후 1454년에 정인지(II 3.1.2 비교)와 기타 탐당 관리들에 의해 만들어졌다. 이하는 간단하게《실록》이라고 하겠다. 본 장에 나오는《실록》과 다른 원전의 서지학적인 정보에 대해서는 V 1.1 비교.

107 이근수 1997: 9 - 16도 참조.

감안해서 나라 문자 창제가 조선의 문화가 강해짐을 의미했다. 특히 이 문자에 민주·법치적인 목적도 포함되었기 때문이다. 한자를 몰랐던 백성들에게 특히 법적인 송사에서 문자로 쓰인 통지를 확인시키고 이에 대응할 수 있는 가능성이 열리면서 이 조치는 나라의 행정권에 대한 백성의 지위가 강화됨을 뜻했다.

② 한글은 특히 한자의 한국식 발음을 바로 잡으려는 실용적인 목적에서 나온, 중국 음운학에 대한 광범위한 연구 활동의 일종의 부산물로 이해될 수 있다. 역시 이러한 맥락에서 1446년 9월 31일(율리우스력; II 3.1.3 비교)전에 완성된 한글의 토대를 마련하는 책의 제목, 즉 '국민에 가르치는 바른 소리'이라는 정교하게 선별된 제목은 그의 의미를 잘 알 수 있다 (II 3.1.5 비교).

3.1.2 집현전, 정음청, 문신 최만리

집현전集賢殿은 사실상 1399년에 이미 설치되었으나 세종대왕 집권 때에 비로소 그 활동이 개시된 연구 기관이다. 이 기관은 대왕의 여러 가지 학문적 계획을 실현하기 위한 가장 권위 있는 조직중의 하나였다.[108] 그런데 세종은 1444년 왕궁 부지에 별도로 한글 창제를 목적으로 언문청諺文廳이라고도 알려져 있는 정음청正音廳을 설치하였다. 여기서 그는 그 당시 조선에서 가

---

[108] 《훈민정음》의 창제 사업은 이와 동시에 추진된 중요한 저서《동국정운東國正韻》의 제작 계획에 기반을 두고 보충되었다. 《동국정운》은 결국 1448년에 완성을 보게 되었는데 한자의 한국식 발음을 정화한 체계를 담고 있다.
《동국정운》에 관해 유창균 1991 참조; 집현전에 관해서는 HEJTMANEK 1992 와 기타 참조.

장 총명한 인재로 손 꼽히고 특히 그에게 헌신적이었던 젊은 학자들을 연구에 몰두하도록 했다. 정인지鄭麟趾가 쓴 《훈민정음》의 〈서문〉에는 정인지 외에도 참여한 학자로서 최항崔恒 (1409~1474), 박팽년朴彭年(1417~1456), 신숙주申叔舟 (1417~1475), 성삼문成三問 (1418~ 1456),[109] 강희안姜希顔 (1419~1464), 이개李塏 (1417~1456), 이선로李善老 (?~ 1453)가 실려 있다 (서문 32b.1 - 6).

《훈민정음》연구를 분리한 주된 이유는 집현전 학자들 사이에서 논란이 일었던 한글에 대한 비판에서 찾을 수 있다. 그 중 특히 높은 관직에 있던 문신 학자 최만리崔萬理(?~1445)가 앞장서서 한글을 반대했다. 그는 1444년 3월에 임금에게 올린 반대상소에서 놀라울 정도로 대담하게 새 문자를 신랄하게 비판했다.[110] 최만리는 새 문자가 조선 문화의 멸망의 시작이며 동질의 문화 뿌리를 파괴하는, 중국에 대한 대항으로 여겨질 수 있다는 논리를 주장했다.[111]

최만리는 같은 날 문책을 당하였지만 관직은 그대로 유지할 수 있었다. 그러나 그는 관직에서 물러난지 얼마 되지 않아 죽었다.[112]

---

109 《훈민정음》사업의 두 중심인물인 신숙주와 성삼문에 대해 정광 2006: 37 - 101 참조.

110 "[내가, 세종대왕이] 28자를 가지고 새로운 [문자를] 만들었다" (예의 1a.5).
정인지가 《훈민정음》의 〈서문〉에서 이두 표기에 대조하여 '새'라는 단어를 사용함으로써 이두는 '옛 문자'로 됨을 알 수 있다 (서문 31a.8 - 31b.1); 이두 표기에 관해 II 2 비교.

111 LEDYARD 1998: 140 - 146 에 영어 번역 전문이 실려 있다.

112 이승녕은 최만리의 비판적인 상소는 밖으로 어떤 작용도 일으키지 않기 때문에 과대평가해서는 안 된다고 주장한다. 또한 조규태가 흥미로운 의견을 가지고 있는데, 그에 의하면 세종대왕은 최만리의 상소문을 계기로 비로소 적극적으로 정음청을 설치하고 〈해례문〉에도 적용된 광범위한 기초 연구에 (II 3.1.3 비교) 활기를 불어 넣었다는 것이다.
이승녕 1981: 238f.; 조규태 2000: 11 참조; 최만리에 대한 간략한 전기는 이승녕 1991 참조.

3.1.3 《훈민정음》의 완성을 위한 초석들

1415년 중국에서 여러 권으로 구성된 성리학서인 《성리대전性理大全》이[113] 출판되었고 4년 후, 세종 즉위 1년 뒤인 1419년에 조선으로 도입되었다. 《성리대전》은 세종의 통치 기간 동안 수 차례 인쇄되어 전국에 배포되었다.[114] 강신항姜信沆에 의하면 《성리대전》에 나오는 주돈이周敦頤(1017~1073)의 저서인 《태극도설太極圖說》과 소옹邵雍(1011~1077)의 《황극경세서皇極經世書》가 《훈민정음》의 제작과 관련하여 특별한 주목을 받았고 실제로 이 두 저서는 우주론 내지 '음성학' 연구를 하는 데에 큰 관심을 끌었다.[115]

음력 1443년 12월 30일, 즉 율리우스력 1444년 1월 19일자 《세종실록》의 기록을[116] 보면, 세종대왕이 그 달에 28자로 된 새 문자를 창제하였고 이를 언문諺文 또는 《훈민정음》이라 일컫는다는 기록이 있지만, 이를 공포한 시간·공간적인 상황에 대해서는 확실치가 않다.[117] 그러나 세종대왕이 《훈민정음》 공포 이전에 이미 상당한 기간 동안 새 문자 연구 개발에 전념했다는 것과 《훈민정음》의 기본 구조가 최초로 불렸던 사실에는 의심의 여지가 없다. 즉 첫·, 가운뎃·, 끝소리 글자로 구성된 음절 다발이다.

3년 뒤인 1446년 9월 29일 (양력 1446년 10월 9일)자로 이 달에 《훈민정음》이

113　여기서 언급되는 출전에 대한 서지 사항은 V 1.1 비교.

114　이성구 1998: 22f.; 강신항 1963 참조.

115　강신항 2003: 22 참조.

116　SCTS 권113, 36b.2/XVI, 312 참조.

117　이성구 17에서도 언급됨.

책으로 완성되었다는 기록을 《실록》에서 찾을 수 있다.[118] 이처럼 짧은 기록에 이어서 세종대왕이 직접 쓴 《훈민정음》의 〈예의例義〉와[119] 정인지의 〈서문序文〉도 실었다.

《실록》에 언급된 《훈민정음》본은 정인지가 그 안에 기록한 날짜를 근거로 더 정확한 날짜를 확인시켜 준다. 즉, 1446년 9번째 달 첫 10일 (상한上澣: 서문 33a.8; 1446년 9월 21 – 30일)이다. 위에서 언급한 《훈민정음》의 〈예의〉,' 〈서문〉 두 편은 여기서도 다시 거의 같은 내용으로[120] 〈해례〉편 앞과 뒤에 각각 실려 있다.

《훈민정음》의 공포에서 완성까지의 시간 간격은 연구와 시험단계로 볼 수 있으며, 이 단계에서 또 다른 《훈민정음》의 초석을 마련하는 《용비어천가龍飛御天歌》가 완성되었다. 1445년에 완성된 《용비어천가》는 조선을 건국한 이성계를 찬양하는 내용으로 이를 통해 후대에 새 왕조의 정당성을 확립시키기 위한 것 뿐만 아니라, 새 문자의 실제 사용가능성을 증명하기 위해 만든 작품이었다. 이것은 특히 본 논문의 맥락에서 볼때 더욱 흥미롭다. 《용비어천가》는 한글로 쓰인 최초의 작품으로 한글 창제라는 큰 작업을 성공적으로 마무리짓게 하는 데 지대한 공헌을 했다.[121]

---

118 SCTS kw. 113, 36b.2/XVIII, 76 참조.

119 이 제목은 정인지가 쓴 〈서문〉에 나타나는 제목으로 확인된다 (서문 31b.6).

120 II 3.1.4와 비교.

121 1447년 즉 《훈민정음》이후 공포되었다.

3.1.4 원전原典의 현재 상황[122]

3.1.4.1 다수의 한문본

원전의 전달 상황과 관련하여 1446년 《훈민정음》이라는 이름으로 반포된 단행본이 원본임에 의심의 여지가 없다. 《훈민정음》은 이미 언급한 바와 같이 〈예의〉, 〈해례〉, 〈서문〉 세 부분으로 이루어져 있으며 〈예의〉와 〈서문〉은 《실록》에 반복 인쇄되어 실려 있다.

그런데 《실록》이 1454년 정인지에 의해 완성된 사실과 관련하여 특히 《실록》에 실린 〈서문〉 역시 정인지가 그 작자로 알려져 있지만, 또한 정인지가 다시 수정한 최종 본으로 볼 수도 있다. 그렇지만 이는 《훈민정음》과 비교할 때 《실록》에서 확인되는 차이점을 근거로 하여 무시해도 좋다. 〈·〉 이 빠져 있다거나 〈ㅏ〉와 〈ㅓ〉의 순서가 바뀌어져 있는 것외에[123] 그 외 다른 차이점들은[124] 옮겨 쓸 때 잘못 쓴 것으로 추측되며 내용을 단순히 베껴 기록했다는 것으로 봐도 틀림이 없다.

세 부분에 실린 전체 텍스트가 한국어 예문외에 한자로 쓰여져 있기 때문에 한문본漢文本이라 한다.

그런데 한글의 보급은 16세기 초부터는[125] 원본 《훈민정음》이 소실된 것,

---

122 이근수 1997: 28 – 32 (더 많은 참조 문헌이 있음); LEDYARD 1998: 162 – 169 참조; 후에 기술적 결함 없이 다시 만들어진 것에 관해서는 [원본] 1999: 250 – 474 참조.

123 SCTS kw. 113, 36b.14/XVIII, 76과 SCTS kw. 113, 36b.15/XVIII, 76 그리고 예의 4a.1와 예의 4a.1를 비교.

124 이근수 1997: 29 참조.

125 LEDYARD 1998: 162 참조.

즉 내용상으로 중대한 〈해례〉본이 알려지지 않게 되었다는 것이 가슴 아픈 현실이었다. 불행 중 다행이라 할 수 있는 것은 1940년 경상북도 안동에서 실제로 완전한 원본이 발견된 사실이다.[126]

고른 글자의 균형 있는 각 장의 형태는 이 판이 목판본인지, 특히 틀림없이 원본인지를 보여주는 증거로 간주된다. 이와 반대로 실록에는 '축이 비뚤어진 글자'로 인해 불안정한 모양을 보여주는데 이는 금속 활판으로 추측된다. 그러나 현재까지 이르게 된 《훈민정음》의 이 견본의 외형 상태는 원본 텍스트 중간에 손으로 쓴 주석이 넓게 차지하여 부분적으로 양호하지 못하다.

이러한 상황때문에 조선어학회가 (II 3.1.5 비교) 이 작품이 나오고 500년 뒤인 1946년에 정화한 본을 발했는데 세심한 주의를 기울였음에도 불구하고 일련의 오류가 생긴 것이다. 이것은 전혀 내용에 관한 것이 아니라 한자와 한글의 모양이 원본의 그것과 일치하지 않게 된 자형학적인 면과 연관이 있다. 이것을 널리 배포되어 있는 영인본影印本[127]이라 하고[128] 변형 없이 그대로 보존된 것은 사진본寫眞本이라[129] 한다.

---

126 그러나 《실록》에서 알려져 있는 〈예의〉편의 첫 두 페이지가 없다. 현재 서울 성북동 간송 미술관에 소장되어 있다. 이 작품은 한국 국립 문화재 제 70호로 지정되어 있다.

127 박병천에 의해 영인본 내지 사진본이라 불림. 이 명칭은 적절하지 않다고 생각된다. 두 경우 모두 사진 복사술이 적용되었기 때문이다. 그래서 문헌에도 혼재되어 사용되고 있다. 그러므로 원본과 정화본 사이를 구분하는 것이 나을 것이다.
박병천 2000a: 43, 131; [원본] 1999: 250 참조.

128 다음 저서 부록에서도 찾을 수 있다. 이성구 1998: 326 – 261; 이근수 1997: 498 – 433; 또한 북한의 렴종율 1982: 79 – 136을 들 수 있다.

129 강신항 2003: 576 – 511; 박종국 1976: 252 – 187; 이정호 1990: [234 – 169]등이 사진본 (원본)을 따르고 있음을 볼 수 있다.

3.1.4.2 다수의 한글본

한글본의 내용은 세종대왕이 한문으로 집필한, 한글로 번역된 〈예의〉편이다.[130] 그래서 언해본諺解本이라고 한다. 《세종어제훈민정음世宗御製訓民正音》이라는 원본은 1459년 《월인석보月印釋譜》의[131] 머리말로써 나왔다. 그리고 1972년에서야 비로소 이 원본과 다시 접하게 되었다.[132] 그때까지는 1568년 희방사喜方寺에서[133] 나온 《월인석보》 인쇄본이 가장 오래된 한글로 쓰여진 《훈민정음》을 싣고 있는 것으로 알려져 있었다. 그러나 귀중한 이 원본 목판은 한국전쟁 때 불에 타 소실되었다. 이 《훈민정음》의 한글 요약본은 한국문화를 지속적으로 발전시키는데 있어 한글의 큰 비중을 현저하게 보여준다. 조선 시대 전반에 걸쳐 높은 수준에 있던, 많은 분야를 포괄하는 언해諺解 문학에 바로 이 《세종어제훈민정음》이 새 장르의 출발점이었다[134]. 그래서 한글 요약본의 소실은 더욱 더 애석한 일로 여겨진다.

---

130 여기에는 정확한 한자음을 발음하기 위해 특별한 자소를 찾을 수 있다. II 3.3 주 49 비교.

131 이 작품은 현재 서울 서강 대학교 중앙 도서관에 소장되어 있다. 이 작품의 제목은 이에 앞서 편찬된 두 작품 《월인천강지곡月印千江之曲》(1447년 완성, 1448년 발표)과 《석보상절釋譜詳節》(1447/1449)의 첫 두 글자를 각각 합친 것이다.
중세 국어의 실용 입문서로 고안한 《월인천강지곡》의 문학적 가치를 의도적으로 고려하지 않은 번역서에 대해서는 SASSE/AHN 2002 참조.

132 강규선 2001 : 262 참조.

133 경상북도 영주군 소재.

134 홍이섭 1995 : 237 참조.

3.1.5 한글 창제 이후 한글 역사의 단편적 조명[135]

한글 창제이후로부터 한국 역사상 다방면에 걸친 변화와 개혁을 겪게 되는 19세기에서 20세기로의 전환기까지 약 450년의 비교적 오랜 기간 동안 한국의 문자 문화는 확인 가능한 자료 수치의 결여로 인해 대략적인 윤곽만을 제시해 줄뿐이다. 가령 발행 부수량과 발행 시기를 나타내주는 출판 보급 효과 내지 개별 서신 교환 등에 대한 자료가 없다. 하지만 더 일반화된 역사적 조감에서 분명하게 확인되는 것은 조선시대 사회 각 계층별로 선호하여 사용된 전형적인 다양한 표기 체계였다.[136] 즉, 진서眞書라는 중국 문자 언어는 특히 극소수 사회 계층인 교육의 우선권을 소유한 지배층 양반들이 주로 사용했다. 이 양반층과 중간 계층인 중인中人층은 공적인 문서에 특히 이두吏讀라 불리었던 표기 체계를 사용했다. 언문諺文이라 불리었던 서민 문자 내지 저속 문자는 하위 계층의 문자 표현 수단이었다. 사회 계층의 소속성과는 상관없이 수준 높은 중국 고전 교육에서 거의 예외 없이 제외되었던 부녀자들 사이에서 한글은 불가피하게 퍼져나가게 되었다.[137]

이러한 상황과 더불어 조선 전체를 볼 때 이미 언급한 한글 번역 작업, 즉 언해 문학 활동은 중단되지 않고 계속 이어졌으며 서민층과 밀접한 문학 장르인 시조와 전통적인 산문형태인 가사 문학이 한글로 표현되어 전개된 사실을 미루어 보면, 한글은 백성들로부터 받아들여져 계속 사용되었으며 이

---

135 박종현 1948; 김윤경 1954: 242 – 846에 매우 상세하게 다루어져 있다.

136 남풍현 1991: 780 에서도 언급됨.

137 이러한 연유에서 가치를 깎아내리는 속된 표현 '암클'이 나오게 되었다.

로써 세종대왕의 뜻이 결실을 맺게 되었음을 알 수 있다.

한국 역사에서 별로 주목 받지 못하고 방탕하고 독단적인 행동으로 인해 사후 대왕 직위를 거부당한 연산군燕山君(조선 10대 임금, 1476~1506, 재위 1494~1506)은 한국 문헌에서 종종[138] 한글 발전을 저해하고 이를 위해 투쟁도 불사한 인물로 알려져 있다. 강신항은 그의 철저한 연구로 이루어진 논문에서 연산군과 연관된 이 사건은 연산군과 그의 행태를 비난하는 내용을 한글로 쓴 익명의 저자를 잡으려고 한데서 야기된 것이라고 밝힌다.[139] 연산군이 그 익명의 글을 쓴 사람을 잡기 위해 온갖 수단과 방법을 가리지 않았으나 결국 잡지 못하였고 계속해서 파멸적인 추적 조치를 내려 그 과정에서 수많은 죄 없는 백성이 죽었고, 그 결과 간접적으로 한글 또한 연산군의 박해의 희생물이 된 것이다. 그러나 이것이 그후 한글이 긍정적으로 전파되는 데 이렇다 할 큰 영향을 미치지는 않았다.[140]

연산군이 직위에서 쫓겨난 지 20년 후, 그리고 《훈민정음》 반포 80년 후인 1527년에 역학자 최세진崔世珍(1473?~1542)이 아동용 한자 입문서인 《훈몽자회訓蒙字會》를 편찬했다. 이 책에서 특이할만한 점은 실용위주로 선별된 한자 3,360자에 한글로 발음과 그 뜻을 표기한 것이다. 수 세기에 이르는

---

138 김민수 1972: 31; 김윤경 1954: 249 - 251 참조.

139 강신항 2003: 359 - 420 참조.

140 이처럼 익명의 작가에 의해 드러난 흥미롭고도 비극적인 사건에 나타나는 연산군의 동기는 범죄 언어학에서 다루어지는 경우인데 이는 개인의 성격에 관한 문제이며 연산군의 경우는 보복을 하는 것이 그의 목적이지 스스로 사용했던 한글을 박해하려고 했던 것은 아니었다. 만일 그 당시 범죄 언어학의 방법이 발전했었더라면 아마도 엄청난 비극을 막을 수 있었을 지도 모른다. 현대 범죄 언어학의 이론과 사용에 관해 KNIFFKA1990 참조.

조선시대를 통해 이 책은 수 차례 간행되어 널리 사용된 참고서로 한글의 역사에서는 이중적 의미를 지닌다. 첫째, 이 책은 차후 한글 전파에 기여했고, 둘째, 잘못된 부분도 이책에 자연스레 첨가되어 이것이 계속 널리 사용된 점이다. 하나의 예로 틀린 자모 순서를 들 수 있다 (II 3.3 비교).

한글에 국문國文으로서의 통합적 기능을 지니게 하고 마침내는 한글의 공식적인 인정을 위해 우선 19세기 말 서구 세력이 동아시아권에 진출한 이후 한국 국내와 한국 주변에 과감한 정치 · 사회 구조의 근본적인 변화가 불가피하게 되었다.

그런데 실제로 이러한 기능을 충족시키려면 말과 글의 표준화 작업이 병행되어야 했다. 이를 위한 법령이 1894년에서 1896년까지 이르는 대대적인 행정개혁 (갑오경장)을 통해 만들어졌다. 그때까지 실시되었던 전통적인 관리 제도가 폐지되는 과정에서 이두 표기 체계 역시 그 의미를 상실하게 되었다. 개혁 초기에 다양하게 사용되고 있던 말과 글을 대신하는 언문일치 言文一致의 실현을 주장하였다.[141] 특히 이 과정에서 문학 작가들이 앞장서서 눈에 띄는 성과를 이루었다. 대표적으로 1906년 최초의 신소설新小說《혈의 누血의 淚》를 쓴 이인직李人稙(1862~1916)을 언급할 수 있다.[142]

이 시기에 표준화 작업을 지원해줄 공공 기관과 민간 조직들이 만들어졌다. 1907년에 국문연구소國文硏究所가 창립되었다.[143] 그 당시 교육청인 학부

---

141 이기문 1977: 268ff. 참조.

142 더 자세한 자료는 Huwe 1985: 145-293 참조.

143 상세한 것은 이기문 1991 참조.

學部에 소속되었던 이 연구소는 정음청正音廳 이후 최초의 현대식 한글 연구 단체였다. 연구의 주요 테마는 철학적·우주론적 기본 원칙을 해명하는 것이었다. 연구 결과는 그 당시 공식적으로 발표되지 않은 1909년 말 국문연구의정안國文研究議定案에 실려졌다.[144]

그 당시 한글과 한국어 문법을 위한 연구소 및 연구 활동 조직들 중에 중추적 역할을 한 인물로 주시경周時經(1876~1914)을[145] 들 수 있다. 오늘날 한글이라는 명칭도 그에 의해 만들어진 것이다.[146]

1921년말 조선어학회朝鮮語學會가 창설되었다.[147] 창립 회원들은 최현배崔鉉培(1894~1970)를[148] 비롯한 주시경의 제자들이었다. 1930년과 1933년 사이에 한글 철자법을 제정, 1933년《한글맞춤법통일안》이 나오게 되었다 (II 3.4.2.1 비교). 이 철자법이 비록《훈민정음》의 기본 원칙을 적용하지 않아서

---

144 1985년에 비로소 역대한국문법대계歷代韓國文法大系(1977–1986, 102권)에 실려 출판되었다. 그러나 이것은 이에 앞서 이미 김윤경에 의해 다루어졌는데 자세히 보면 김윤경 역시 발췌 중심의 자료 수집에 그치고 만다.
김윤경 1954: 356–450 참조.

145 주시경에 대한 자료는 풍부하다. 그래서 그외 다른 참고 문헌 목록이 실려 있는 김민수 1991a의 글을 참조하기 바란다.

146 북한에서는 이 명칭을 전혀 모르는 것이 아니고 1992년 출판된《조선말대사전》에 등재되어 있다. 그 외에도 '우리글' 혹은 '훈민정음'을 찾아 볼 수 있다.
《조선말대사전》1992: II, 891; 한글과 한글의 기원에 관해《국어학사전》1995: 1042 (한글);
고영근 1984 참조.

147 오늘날 한글학회의 전신으로 한글의 보급과 한국어 표준화 작업에 큰 공헌을 했다. 이 학회의 뛰어난 출판물로는《한글맞춤법통일안》과《큰 사전》이 있다. 《큰 사전》은 1929년 작업이 착수되어 일제 식민지 하에 학회 활동 금지(1942)와 한국전쟁(1950~1953)을 겪음에도 불구하고 1957년 제 6권이 끝으로 완성되었다.
자세한 사항은 권오성 1991; 김영희 1991 참조.

148 최현배는 특히 일제 식민지 때 한글 지지에 힘쓴 뛰어난 학자중의 한 사람이다.

자동 정보 처리에서 문제를 일으킨다고 해도 남북한의 철자법에 공통적 기초를 마련하여 남북한 사이의 철자상의 격차를 더 심화시키지 않았으리라는 점에서 – 물론 현재 분단된 두 나라 사이에 존재하는 상이한 규칙들은 제외하고라도 – 역사상 일종의 행운으로 보아야 할 것이다 (II 3.3.2 비교).

1937년 일본의 중일전쟁 개시에서 2차 세계 대전 말까지 이르는 일제 식민지(1910~1945)의 마지막 단계는 국어 발전의 암흑기라 할 수 있다.[149] 일제는 한민족에게 공개적으로 오직 일본어만 사용할 것을 강요했다. 그러나 다행히 각 가정 내에서의 한글 사용과 자녀의 한글 교육은 막지 않았다. 또한 한글 역사에 관한 단편적 조명이라는 본 논문의 맥락에서 볼 때 만일 한민족이 그러한 상황으로 인해 한글이 없었더라면 과연 오늘날 한국인의 국민 의식은 어떻게 되었을지 궁금하다.[150]

옳은 철자법 규칙 (음소표기 대 형태음소표기, II 3.4.2 비교)을 둘러싼 국어 학자들 사이에 끊이지 않던 논쟁이나 1933년 제정된 이 철자법 규칙에 따르는 표준 국어 사전의[151] 편찬에 가로놓인 방해 요인들을 볼 때, 한글이 결국 모든 위기 상황에서 꿋꿋이 버텨 낸 것을 보면 그저 놀라울 따름이다. 이와 같은 긍정적인 시각에 대한 이유로 두 가지를 언급할 수 있다.

첫째로 남한의 일간지에 나오는 한자 사용의 비중이 확연히 줄어든 것을 쉽게 관찰할 수 있다. 1950년대까지만 해도 한자의 비중이 46.16%, 1960

---

149 상세한 설명은 김윤식/김현 1977: 178 - 184 참조.

150 DEUCHLER 2000에서도 찾을 수 있음.

151 이것은 주 45에서 언급한 《큰 사전》을 말한다.

년대 28.29%, 1970년대 20.12%, 1980년대에 와서는 8.21%로 떨어졌고,[152] 현재 2000년대에 들어서도 줄어들고 있으며 앞으로도 계속해서 한자의 비중은 줄어들 전망이다. 이 수치는 소위 말하는 한글세대의 성장과 함께 시작되는 사회 발전 단계를 반영하고 있다. 여기서 한글 세대란 1945년 일제 식민 해방을 체험하고 취학 전 가정에서 한국어와 한글만 사용하고 자랐으며 취학 후 한국어와 한글로만 수업을 받은 세대를 말한다.[153]

둘째로 북한의 극단적이라 할만한 언어 정책 노선의 변경을 들 수 있다. 이미 1949년부터 실시된 이 정책의 첫 단계에서 독자적인 한글 전용이 관철되었다. 이와 병행하여 간소화할 목적으로 드물게 사용되는 한자나 일본어 어원을 지닌 단어들을 없애는 일종의 숙청 작업이 시작되고 1966년 대규모 '문화어운동'으로 끝을 맺게 되었다. 이 과정에서 수준 있는 새로운 단어들도 만들어졌다.[154]

남북한의 일상 언어 사용에서 나타나는 의미 차이나 또한 부분적으로 확연히 구분되는 맞춤법상의 차이는[155] 별도로 하고 한글은 분단된 두 나라를

---

152 강신항 1991 : 152 참조.

153 이와 관련하여 출판 제작자이자 문학 평론가인 김병익金炳翼이 쓴 글은 시사하는 바가 크다. 바로 이 한글 세대에 속하는 김병익은 그의 글에서 일본어의 영향을 많이 받은 자신의 부모 세대와 여전히 한문의 영향을 많이 받은 조부모 세대간의 언어차이를 분명하게 제시하고 있다. 김병익 1999: 36ff. 참조.

154 특히 남/김 1990; 조재수 1991 참조.

155 이에 해당하는 것으로 특히 한자어의 예를 들 수 있다. 가령 남한에서 〈노동〉이라 쓰면 북한에서는 〈로동〉, 남한의 〈역사〉가 북한에서는 〈력사〉로 표기된다. II. 3.4의 주 45에도 비교.

하나로 묶어주는 특별한 역할을 꾸준히 하고 있다.[156]

한글 역사에 대한 이 조명에서 《훈민정음》이 1997년 유네스코가 지정하는 인류의 유산으로 기록되는 '인류의 기억 Memory of the World'에 선정된 사실은 빼 놓을 수 없다.

한글의 미래에 관해 한국에서는 청소년들 사이에 성행하는 인터넷 채팅 현상을 우려의 눈으로 보고 있다. 오늘날 청소년들 사이에는 한글의 철자법과 음절 형성 규칙 등을 완전히 무시한 채 인터넷상에서 채팅하는 것이 일상이 되어 인터넷 채팅을 하지 않는 다른 일반인들은 전혀 이해할 수 없는 한글이 생겨나고 있다.[157]

3.1.6 한글의 명칭

지금까지의 설명에 나오는 한글의 명칭에 대한 개괄을 위하여 여기서 다시 한 번 언급하겠다.

가장 오래된 이름으로 '언문諺文'과 '훈민정음' (국민에 가르치는 바른 소리)이 있

---

156 1990년대 중반 소위 중립적인 장소로서 중국의 한민족 거주지인 연변에서 남북 언어학자와 컴퓨터 언어학자들 간에 일련의 회의가 개최되었다. 이 회의에서 한국어를 사용하는 세 나라의 학자들 간에 몇 가지 문제에서 일치를 보았는데 가령 자모의 순서, 자판, 부호화 등에 관한 것이었다. 이 결과는 세 나라 모두의 언론으로부터 큰 주목을 끌었다 (서현진이 자세히 보도한 글을 예로 들 수 있다). 이러한 만남과 결정이 과연 '자판을 통한 통일'(이처럼 의미심장한 이상수의 신문기사 제목)로 나아가는 첫 걸음을 실제로 나타낼 지는 역사가 보여 줄 뿐이다.
본 논문이 이하에는 이 회의의 결과에 직접 · 간접적으로 연관시키지만 《훈민정음》이 전적으로 고려되지 않으므로 원래의 문제점들이 해결 되지 못한 채 그대로 남아 있다.
서현진 1995에서 서현진 1995e까지; 이상수 1996 참조.

157 한글의 위기와 세계화 2003: 34f.

는데 '훈민정음'은 텍스트 비판적인 관점에서 원본으로 보는 1446년의 출판된 책의 이름과 같다. 전통 사회에서는 부녀자들이 주로 한글을 사용하였기 때문에 '암클'이라는 이름도 쓰었다.

19세기에서 20세기로의 전환기에 이르러 비로소 '국문國文'이라는 정식 공용 문자의 지위를 얻게 되었다. 오늘날 남한에서 보통 사용되는 개념은 '한글'이다. 북한에서는 '훈민정음' 외에도 '우리글' 혹은 '조선글'이라는 명칭이 보통 사용된다.

서양에서는 표기법을 따라 한글을 Han'gŭl (McCune–Reischauer), Hangeul (Revised Romanization), Hankul (Yale Romanisation)로 쓴다.

끝으로 서양 문헌에 나오거나 특별히 부호화와 관련된 완성형 '음절자'로 알려진 'Hangul'이라는 명칭은 실제로는 발음을 잘못하여 생겨난 것임을 여기서 다시 한번 지적할 필요가 있다.

3.2 한글의 철학·우주론적인 바탕

이미 《훈민정음》〈해례〉의 첫 줄에서부터 한글의 철학·우주론적인 바탕을 보여준다 (인용문 3 비교). 《훈민정음》의 저자들이 여러 차례 이 바탕을 언급하고 있으므로 이하에는 한글과 철학·우주론의 관계를 자세히 살펴 보겠다. 이를 통하여 한글에 깃 든 심오한 의미를 해명하고, 또한 컴퓨터에 한글을 표시할 때 발생하는 문제를 해결함에 참고와 도움이 되리라 본다.

후자의 연구 과제에서는 그 당시 언어 체계를 유추하여 창제된 한글 문자

체계가 과연 오늘날의 언어와 그 요청에 부응하여 전이될 수 있는가라는 근본적인 문제에 봉착한다. 이는 결국 한글이 창제된지 550년 이상의 긴 시간이 지났고 그 사이 국어 전 분야에 큰 변화가 있었음을 암시하기 때문이다. 한가지 예로 중세 국어를 들 수 있다. 《훈민정음》이 반포된 당시의 국어는 성조聲調체계를 가지고 있었는데, 100여 년 뒤에 완전히 사라졌다.[158] 이를 달리 표현하자면, 그 당시 문자 체계가 현대 국어의 요청에 부응할 만큼 적절하고 변화 가능한지의 여부이다. 이러한 한글의 유연성 Flexibilität에 대해 의문을 제기하게 된 것은 인정 받고 있는 유명한 국어학자 주시경과 그의 제자 최현배의 한글 맞춤법 개정 시도에서도 알 수 있다 (II 3.1.5 비교). 결국 이것은 가령 컴퓨터에서 한글을 부호화 할 때 발생하는 문제나 (III 3 비교), 소위 1933년 맞춤법 개정 이전의 '옛 한글' (II 3.1.5 비교)을 컴퓨터에 나타내고자 할 때 별도의 어려움을 감수해야 하는 문제와 관련하여 또한 문제를 제기하게 되었다.[159]

그런데 이와 상반된 경우도 생각할 수 있다. 즉 시간의 경과와 함께 원래 문자 체계에 담아 있던 가능성들이 사라졌다는 것이다. 이러한 생각은 국어사 내지 한국 문자사에 관한 한국어로 쓰여진 여러 논문을 보면 쉽게 들 수 있다.[160]

---

158 이기문 1977: 167-169 참조. 중세 국어의 성조 체계에 관한 많은 서양 문헌 중에 대해 ROSEN 1974 참조.

159 김홍규 1991; 김병선 1992; 김병선 1993: 216-274; 최신: 신/김/안 2002 기타 참조.

160 이기문 1977 기타 참조.

방법적 절차 이와 같이 요약하여 제기한 과제의 설정은 결국 《훈민정음》의 내부 구조를 해명하는 것과 같다. 이에 적합한 접근 방법은 여러 단계로 이루어진, 부분적으로 《훈민정음》, 즉 작품 내재적인 werkimmanent 해결 과정이다.

- 해당 텍스트 자리를 찾아내고 정리하여 기본 개념 명명하기 (작품 내재적 방법)
- 《훈민정음》이 아닌 다른 원전 문헌과의 비교로 기본 개념 설명 및 이 개념을 바탕으로 한 철학적인 틀을 서술하기 (작품 외재적 방법) 한글 내부 구조 찾아내기.

세 번째 단계에서는 가령 맞춤법 규칙과 같은 규범들도 제외되지 않겠지만, 우선적으로 《훈민정음》에 있는 근본 원리를 주목할 것이다. 이러한 맥락에서 중국 원전과 내용적으로 일치하는 수 많은 부분들을 일일이 지적하는 것은 본 논문의 목적과 맞지 않다고 생각된다. 왜냐하면 이것은 이미 한국 문헌에서 매우 상세하게 다루어졌을 뿐만 아니라 (I 3 주 28 비교), 본 논문의 범위 또한 불가피하게 방대해지고 각각의 기본 관점을 설명하다 보면 주 관심사를 벗어날 수 있기 때문이다.

3.2.1 기본 개념[161]

아래의《훈민정음》인용문에서 철학·우주론적 사상에 바탕을 둔 기본 개념들을 찾아 볼 수 있다. 이 개념들은 다음 장에서 자세하게 다루어질 것이다.

| 03 | 하늘과 땅의 도道는 음양과 오행뿐이다. 시작과 끝 사이에 태극이 있고 움직임과 고요함 뒤에 음양이 갖추어 진다.[162] 하늘과 땅 사이에 존재하는 모든 생명이 어찌 음양을 떠나 존재하리요. 그러므로 사람의 말소리에도 음양의 이치가 있는데 다만 사람이 이를 살피지 않았을 따름이다. 이제 [훈민]정음을 만든 것도 처음부터 총명과 노력에서 얻어진 것이 아니라 다만 그 말소리에 있는 이치를 밝혔을 뿐이다. 이치는 둘이 아니며 하늘과 땅, 신과 귀신, 즉 우주에 따르는 원칙을 사용하는 것 이외에는 아무 것도 아니다. (해례 5a.3 – 5b.2).

| 04 | 사람의 말소리는 오행에 근본을 두고 있다. (해례 6a.4 – 5).

---

161 이 장에서 사용되는 발췌문은 별도의 지시 사항 없이 저자의 논문에서 수정하거나 그대로 인용한다. 이 논문에서처럼 저자는 FORKE가 사용하는 용어를 대체로 사용한다. FORKE 1927; HUWE 2000a 참조.

162 음양의 순서는, 여기에 담겨 있는 의미를 따르면 거꾸로 되었어야 한다. 즉 움직임 – 양 그리고 고요 – 음의 쌍이 얻어진다 (II 3.2.8과 도표 2 비교). 그런데 방위수에 관한 단락에서 보듯이 음양의 상호 작용을 살펴 보면 먼저 음이 있고 양은 음으로 무릇 확장 된다는 것을 알 수 있다. 이에 대하여 도식 4 (II 3.2.5.2) 비교.

| 05 | 첫 · , 가운뎃 · , 끝소리는 서로 결합하여 하나의 음절(다발)을 이
룬다. (해례 24b.3).

《훈민정음》에 나오는 이 세 인용문의 핵심은 다음과 같다.

① 언어와 그 문자는[163] 우주의 일부분이고, 음양 오행 또한 삼재 (II

3.2.2, 3.2.4, 3.2.5 비교)의 원칙을 따른다.

② 또한 첫 · , 가운뎃 · , 끝소리 세 가지로 구성되는 음절(다발)이 형

성된다. 이를 음절 (다발) 구조라고 한다 (II 3.4 비교).

이로써 한글의 정신적 토대와 기능방식이 요약되어진다. 무엇보다 한국
학술 문헌에서 《훈민정음》의 뿌리가 초기 중국 철학에까지 깊이 박혀 있음
을 상세하게 증명하는데 (I 3 주 042 비교), 특히 《역경易經》 (주역周易), 〈낙서洛書〉

---

163 《훈민정음》에는 소리, 글자, 음절, 음절자에 대한 개념들이 분명하게 구별되어 있지 않다. '자
字'는 중국어의 단어 문자, 음절(자) 및 글자의 의미를 지닐 수 있다 (예: 예의 1a.1; 예의 1a.7,
해례 24b.3; 해례 5b.2, 24b.3). '성聲'의 의미는 다양하다: 1) 전통적인 중국 음운론과 관련한
의미 (청 · , 탁음 등등, II 3.3.3.1 비교), 2) 음성학적 소리 분류 체계 중의 한 의미, 3) 평성平
聲, 거성去聲과 같이 특이한 성조 자질을 지닌 소리, 4) 한 음절 안에서 초 · 중 · 종성의 기능을
지닌 소리 혹은 5) 그와 관련된 자소.
박지홍은 《훈민정음》에서 '성聲'과 '음音'이 구별되어 사용된다고 한다. 성은 성조와 관련한 반
면, 음은 음성학적인 분류 체계에 속하는 것으로 순음 (입술 소리), 설음 (혀 소리) 등을 예로 들
수 있다. 일반적으로 이러한 구분이 맞는 듯 하나 가령 후음 대신에 후성喉聲 (목구멍 소리)을
사용하는 예도 있다 (해례 15b.6).
박지홍 1987: 16 주 1 참조.

와 〈하도河圖〉를 들 수 있다.[164]

1300년경 조선에 중국 송나라(960~1279)의 유학자들로부터 받아들인 성리학性理學([인간의] 자연과 이성에 관한 학설)과 형이상학적인 관점에서 고전을 새로 평가하려는[165] 그들의 총체적인 우주관은 바로 조선시대에 '새 문자'에[166] 적당한, 일관성 있는 체계를 마련했다. 중요한 영감의 원천중 하나로 이미 언급한 여러 권으로 된《성리대전性理大全》이 있다 (II 3.1.3 비교).

3.2.2 성리학의 우주론에 대하여

《훈민정음》에도 반영되는, 인상 깊고 간단명료한 이 우주론의 묘사는 주돈이周敦頤 (1017~1073)가 그의 《태극도설太極圖說》과[167] 그 안에 실린 〈태극도太

---

164 주역의 독일어 번역에 관해 Richard WILHELM 참조. 이 책에 〈낙서〉와 〈하도〉에 관한 해설이 짧게 소개되어 있다. 주역의 우주론에 대한 귀중한 설명은 FUNG Yu-Lan 참조. GRANET는 오늘날 알려진 〈낙서〉와 〈하도〉는 원래 송나라 시대 (960~1276)의 것이지만, 그 출처는 여러 더 오래된 다른 문헌에서 나온 것이라고 수 차례 지적한다. 이정호는 《훈민정음》과 《주역》의 관계에 대한 논문을 썼다.
WILHELM 1924: I, 234; FUNG Yu-Lan 1952: 377‒399; GRANET 1971: 130 기타; 이정호 1990 참조.

165 FORKE 1938: 5f. 참조.

166 "[대왕이 친히] 28자의 새 글자를 창제했다" (예의 1a.5).
정인지는 《훈민정음》 끝부분에 실린 그의 서문에서 '새'라는 말을 이두와 대조하여 사용하는데, 이는 이두가 '옛 글자'로 봐야 함을 뜻한다 (서문 31a.8‒31b.1).

167 NEEDHAM이 부분적으로 논평한, 많은 간행본 중에서 저자는 아래 문헌을 참고한다. 이 문헌의 장점은 '도'와, 이에 대한 주돈이의 해석, 장·단문에 걸친 주희의 해석까지 실려 있는 것에 있다. 서양 방식의 페이지 수가 매겨져 있는데 해당하는 곳을 쉽게 찾도록 하기 위해 따로 전통적 페이지 매김 방식에 따라 세로열 표시도 한다.
NEEDHAM 1956: 460; ZHOU (TSCC, I.557‒558) 참조.

極圖〉에서[168] 제시했다. 펑유란馮友蘭 Fung Yu-Lan (1894~1990)이 말했듯이[169] 이것은 주돈이의 성리학에 가장 중요한 기여를 하였다.

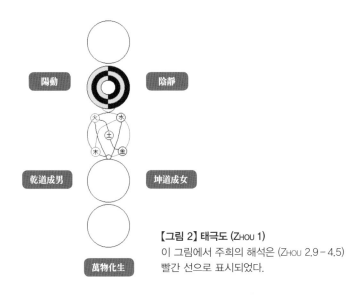

【그림 2】 태극도 (Zhou 1)
이 그림에서 주희의 해석은 (Zhou 2.9 – 4.5)
빨간 선으로 표시되었다.

위의 그림에는 각각의 영역을 표시하는 다섯 원이 보인다. 실제 이 원들은 시간 · 공간적으로 구분된 것이 아니라[170] 그 안에 모든 사물을 포함하는

---

168 〈태극도〉와 송나라 시대 철학서적에 나오는 전 장르를 망라한 '도'에 관해서는 Michael Lackner의 다음 두 두 논문을 참조.
Lackner 1990과 2000.

169 Fung Yu-Lan 1953: 435 참조.

170 Manfred Kubny는 '기氣' 에 관한 방대한 연구 논문에서 이 5개의 원을 시간적 순서에 따르는 단계 모델로 본다. 존재론적인 측면에서 볼 때 그의 관찰은 틀린 것이 아니다. 본 논문에서 주장하는 시간적 · 공간적 동일성은 특히 여러 것이 합쳐져 있는 2번째 원에 나타난다. 원의 중심에는 이기二氣인 음양과 천 · 지 · 인 삼재에 둘러 싸인 태극이 있다. 이에 대해 주 17 비교.
Kubny 1995: 299f. 참조.

하나의 현실세계를 나타낸다 (5번째 원). 이 현실세계는 무릇 하늘 (건乾)과 땅 (곤坤)의 산물이며 '남성'과 '여성'으로 대응된다. 하늘, 땅, 사물은 서로 움직여 변하는 오행, 즉 '물', '불', '쇠', '나무', '흙'의 끝없는 순환을 통해 생성된다 (3번째 원).[171] 이와 같은 오행의 변형 과정은 태극 (1번째 원)의 움직임과 고요 (2번째 원)에 의해 진행된다. 움직임과 고요는 양과 음에 해당한다.[172]

주희朱熹(1130~1200)는 〈태극도〉에 대한 해설에서 태극은 형이상학적 영역으로, 음양은 자연적인 영역으로 분류시키고 있다.

특이한 것은, 2번째 원의 흰 중앙 주위로 세 개의 원들이 돌고 있는데, 이 원들은 이미 언급한 바 있는 삼재를 상징한다. "하늘, 땅, 사람의 도道는 각각의 원으로 나타난다" (ZHOU 4.3). 이 원들은 생명을 창조할 수 있는 잠재적 힘으로써 하늘, 땅, 사람을 대표하며 음양의 원칙을 따르나 각각 특이한 방식으로 한다 (자세한 것은III 3.2.7 비교).

---

171 서양 문헌에 오행에 대해 '요소 Element'라는 개념이 특히 옛 문헌에 나타나는데 Manfred PORKERT는 그의 심오한 연구에서 이를 논리 정연하게 비판한다. 왜냐하면 한자로 행行은 그 원래 의미에 따라 '통행/변화단계 Durchgang/Wandlungsphase' 혹은 Richard WILHELM이 사용한 '변화 상태 Wandlungszustand'가 더 적합하기 때문이다.
유감스럽게도 PORKERT는 서양 문헌에 나타나는 오행중의 하나인 나무(목木)가 '목재 Holz'로만 명명되는데 대해 별 다른 의의를 제기하지 않는다. 그런데 《훈민정음》에서도 목木은 목재보다 '나무'의 의미를 지니고 있다. 다른 4개의 행行와는 대조적으로 이 '목' 단계만이 살아 있는 것을 반영하며 (죽은) 목재로는 그 의미가 적합하지 않기 때문이라는 것이다 (KUH 참조). 이에 대한 근거로 《훈민정음》에 변경된 오행의 생성 순서가 참고되어진다 (아래 II 3.2.5.1 비교). 이에 따르면 생명을 선사하는 '물'과 '불' 사이에 '나무'의 행이 온다. 인용문 14, 15, 19 비교.
PORKERT 1991: 40f.; BAUER 1974: 111; 이와는 반대로 KUH 1977: 12; WILHELM 1924: I, 234 참조.

172 원문에는 1번째 원에서 5번째 원으로, 반대로 5번째 원에서 1번째 원으로 두 방향 모두 맞다는 진술이 여러 번 강조된다. 이로써 처음에 제시한 원의 시간적 · 공간적인 동일성에 대한 주장이 확고해진다.

《훈민정음》과의 유사점 음양과 삼재가 한글 음절 다발과 정확한 관련이 있다는 것을 설명하는 여러 중요한 단락들을 《훈민정음》에서 찾을 수 있다.

| 06 | [글자는] 그 자체로 천, 지, 인 삼재와 음양 이기의 오묘한 의미를 지닌다. 이는 예외 없이 모든 글자에 다 해당된다. (서문 31b.8 - 32a.1)

| 07 | 이는 첫소리 자체 내에 음양, 오행, 위수가 있음을 뜻한다. (해례 7a.7 - 8)

| 08 | 마찬가지로 가운뎃소리도 음양, 오행, 위수를 가지고 있다. (해례 11a.8 - 11b.1)

| 09 | 첫소리와 가운뎃소리, 끝소리를 합하여 이루어지는 음절에 대해 말하면, 이는 움직임과 멈춤은 서로 근본이 되고 음과 양이 서로 바뀜을 뜻한다. 움직임은 하늘이요 멈춤은 땅이니 움직임과 멈춤 두 가지를 겸한 것은 사람이다. [...]
첫소리는 움직이는 역할을 하니 하늘의 일이고, 끝소리는 이 움직임을 멈추게 하니 땅의 일이다.
가운뎃소리는 첫소리가 생겨나는 것에 이어 끝소리가 완성되도록 하니 사람의 일이다. 한 음절의 핵심은 가운뎃소리에 있는 바, 첫소리와

끝소리는 가운뎃소리와 결합하여 음을 완성한다.

이는 천지가 만물을 생성하는 것과 비교할 수 있다. 그러나 이렇게 만들어진 만물의 가치를 완전히 알려면 사람이 비로소 이 만물을 돌보고 힘써야만 한다. (해례 12a.3 – 12b.6)

이어서 기본 개념들을 더 정확히 이해하기 위해 중국 성리학자인 주돈이와 주희 그리고 《훈민정음》의 학자들이 쓴 말을 살펴보겠다.

3.2.3 태극에 대하여

태극太極 (가장 끝; 최고 원칙 등등)은 무극無極으로 설명되는데, 글자 그대로 '끝이 없음'을 뜻한다 (ZHOU 2.1, 2.10 기타).[173] 성리학자들은 태극을 '내적 (자연) 원칙' 또는 결국 여기서 도출한 이성을 뜻하는 중심 개념인 '이理'로 본다.

《훈민정음》은 "하늘과 땅의 근본(道)은 음양 오행과 일치한다. 시작과 끝 사이에 태극이 있다"(해례 5a.3 – 4)로 시작하며, 인용문 3에서 다시 확인되듯이 '理' 개념을 계속 사용한다. '道'와 '理'는 《훈민정음》에서 같은 의미로 사용된다.

성리학자에 의하면 '이理'에 작용 힘 Fluidum 혹은 본질 Ursubstanz을 의미하는 상호 보완적인 개념인 '기氣'가 해당한다는 것이다. '기'는 내용상 음

---

173 이 개념과 다른 성리학적 개념에 대한 귀중하고 상세한 설명을 주희의 제자 진순陳淳 (1159~1223)이 했다.
Chʼun Chʼun 1986: 115 – 120, 188 – 195 참조.

양과 같다. 그런데 중국 철학계에서 논란이 되었던 문제 즉, 과연 음양이 두 힘인지, 아니면 두 단계로 된 하나의 힘인지는 본 논문에서도 해결하지 않은 채로 놔두겠다.[174] 하지만 음양이 (다음 단락 비교) 지상의 영역에 질質로 농후해진다는 점에는 논란의 여지가 없다 (ZHOU 12.1 기타).[175]

3.2.4 이중의 힘으로서의 음양과 그 대응들

〈태극도〉에서 유추할 수 있듯이 음양은 서로 완전히 분리되어 있지 않은, 상호 작용하는 힘, 즉 뗄 수 없는 하나의 단위로 본다. 포르케 FORKE는 이를 이중의 힘 Dualkräfte이라고 한다.[176]

삼재에서 음양은 하늘의 이중의 힘이고 땅에서는 부드러움(유柔)과 강함(강剛)이 그 대응이며 사람에게는 어짊(인仁)과 정의(의義)가 해당한다 (ZHOU 2.6).[177] 주희의 말을 빌리자면 이 세 대응쌍은 모두 같은 작용을 한다. "강함

---

174 주돈이와 주희도 음양이 두 개의 힘(기氣)인지 (ZHOU 2.3) 아니면 하나의 힘인지 (ZHOU 6.10) 하는에 대해 특이하게도 다른 견해를 가지고 있음을 확인할 수 있다. 《훈민정음》은 명백히 두 '기氣', 즉 음양이기陰陽二氣의 입장을 가지며 (예로 해례 11a.3), 주희도 다른 곳에서 (ZHOU 10.4, 14.5) 두 힘에 동의함을 나타냈기 때문에, 저자도 두 힘의 입장을 일단 따르기로 한다. FORKE 1927: 106f., 114 참조.

175 FORKE의 번역을 보면, 주희는 '이理, 기氣, 질質' 세 개념 관계에 대해 자세히 설명한다. "먼저 하늘의 이성이 있고 난 후에 힘이 있다. 후자는 물질로 농후된다. 이제 자연이 완성되었다." 자연과학적으로 표현하자면, 이 문장에서 상대성 이론에 나오는 물질 – 에너지 관계를 많이 벗어나지 않은 듯 하다. 이와 같은 유사점에 대해 Fritjof CAPRA가 상세하게 다루었다. FORKE 1938: 173; CAPRA 1997: 199ff. 참조.

176 FORKE 1927: 100f. 참조.

177 주희의 해석에서는 달리 구분 배열된 것이 주목할 만 하다. 주돈이는 부드러움과 어짊을 음에, 강함과 정의를 양에 분류하는 반면에 주희는 어짊과 정의의 순서를 바꾸어 배열한다 (ZHOU 4.3). 어떤 의미로 바꾸게 되었는지 앞으로 해결할 문제다.

과 어짊인 양은 만물의 시작이고, [...] 부드러움과 정의는 음으로써 만물의 끝이다" (ZHOU 23.6‐7).

주희는 양과 그와 관련되는 움직임은 왼쪽에, 반대로 고요한 성질을 가진 음은 오른쪽에 나타난다고 간략히 해설하여 강조한다 (ZHOU 2.12, 2.14). 무릇 여기서 그는 이것이 중국 문학에서도 잘 알려진 사실임을 지적한다[178] (이에 대한 상세한 설명은 II 3.2.6.2와 비교).

《훈민정음》과의 유사점 사응하는 이중의 힘에 대한 생각이 《훈민정음》 여러 군데에 나타난다. 예를 들면

| 10 | 가운뎃소리와 대비하여 첫소리에 대해 말하면, 음양은 하늘의 이치이고 단단함과 부드러움은 땅의 이치이다. 가운뎃소리는 깊고 얕으며 닫혀 있거나 열려있다. 이는 음양이 나누어지는 것이고 오행의 기운이 생겨나는 것이니 바로 하늘의 작용이다.

첫소리는 비어 있거나 차 있고, 날리거나 고정되어 있고, 무겁거나 가벼우니, 단단함과 부드러움이 나타나서 오행이 물질로 구현되어 나타난다. 이는 땅의 영향 덕분이다.

먼저 가운뎃소리가 깊거나 얕으며, 닫혀 있거나 열려서 발음된다. 이에 답하여 첫소리가 오음과 청탁으로 만들어지니 첫소리는 끝소리와 같아

---

178   그 예로써 FORKE 1927: 111; GRANET 1971: 274 참조.

진다. 이는 다시 만물이 땅에서 나서 다시 땅으로 돌아감을 보임이다.

(해례 11b.1 - 12a.3)

| 11 | 끝소리에 첫소리를 다시 사용하는 것은 움직여서 양이 되는 것에 있고
또한 멈추어서 음이 되는 것에 있다. (해례 12b.6 - 8)

| 12 | 시작의 기운은 끝도 없이 돌고 돈다. (해례 13a.1)

이 인용문의 내용은 명백하게 〈태극도〉를 둘러 쓴 비고의 의미와의 유사성을 보여준다. 왼쪽 위는 '양 - 움직임', 오른쪽 위는 '음 - 멈춤', 왼쪽 아래는 '하늘의 원칙이 남성을 완성한다', 오른쪽 아래는 '땅의 원칙이 여성을 만든다', 맨 아래에 '천지 만물은 변화하여 생성된다'.

이 인용문에서 보여지는 유사점을 살펴보면 두 가지 대응 관계가 나온다.

① 움직임은 양에 해당한다. 즉 하늘을 의미하며 또한 첫소리(글자)를 뜻한다. 그리고 멈춤은 음에 해당하고 땅과 끝소리(글자)를 뜻한다.

② 음양은 합침으로써 태극과 같으므로, 인용문에서 6~8을 참고 · 유추해서 첫 · 가운뎃 · 끝소리의 합침은 말과 글을 생겨 내는 음절을 소형 우주로 이해할 수 있다.

3.2.5 오행에 대하여

개념 전통적인 사상을 이어 받으면서 주희는 오행을 삼재 중의 하나인 땅 영역에 물질화로 보는데, 이는 구성소라는 오늘날의 자연과학적 의미와는 대조적으로 상호 변화 생성하는 과정에서 나타나는 구성요소, 즉 근본 물질로 생각할 수 있다. 근본 물질로는 예외 없이 물, 불, 나무, 쇠, 흙을 언급한다.

Marcel GRANET (1884~1940)는 다음의 예에서 오행 사이의 연관 관계를 구체적으로 보여준다. "물은 (그 즙을 대어) 목재를[179] 만들며, 목재는 (양식을 제공하여) 불을 만들며, 불은 (채굴에 쓰여) 쇠를 만들며, 쇠는 (녹을 수 있어서) 물을 만든다".[180] 영원 불역不易의 사계절의 연속 또한 오행의 논거로 보았다.

땅에서 뿐만 아니라 삼재의 다른 두 영역에서도 오행은 특수한 현상으로 나타난다 (II 3.2.6.4 비교).

〈태극도〉에서 쉽게 알 수 있듯이 오행은 대칭적으로 교차 · 진행하는 선으로 음양과 결합되어 있다. 빨간 선은 "양의 변화"를 상징하고 검은 선은 "음의 출현"을 뜻한다 (ZHOU 2.13 - 14). 또한 오행은 서로 연결되어 있다. 모두가 우연히 분류 · 배열된 것이 아님을 지금까지의 설명에서 쉽게 추측할 수 있다. 그래서 이하에는 오행의 생성 방법과 다원적 관계 구조를 밝혀 보겠다.

오행을 연결하는 선들은 오행을 대표하는 다섯 원 아래에 있는 여섯 번째 작은 원에 모인다. 이 여섯 번째 원은 일종의 '결정점 Kristallisationspunkt'을 나

---

179 앞 14주에 이미 언급한 바와 같이 서양 문헌에서는 '나무 (목木) 행'을 '목재 행'으로 잘못 번역한다.

180 GRANET 1971: 185.

타낸다. "태극은 실제적이고, 음양과 오행은 오묘하고 면밀하게 얽혀 있다" (ZHOU 2.4). 이 구절은 좀 어려운데 《훈민정음》이 한글의 홀자와 관련해서 주는 해석은 매우 흥미로운 것이다. (인용문 15와 다음 단락 3.2.5.1에 나오는 이에 대한 설명 비교).

3.2.5.1 생성의 순서

주희는 오행의 생성에 대한 설명을 다음과 같이 시작한다. "하늘과 땅은 만물을 창조하는데 먼저 가볍고 순수한 것, 다음에 흐리고 무거운 것의 순서로 생성된다" (ZHOU 9.11). 이와 마찬가지로 이중의 힘의 상관 관계에서 생성되는 오행의 경우도 그렇다. "양이 변화하고 음이 출현하며, 음양은 물 (수水), 불 (화火), 나무 (목木), 쇠 (금金), 흙 (토土)를 그 순서로 생성한다" (ZHOU 2.2 - 3).[181]

이 생성 순서에는[182] 물이 오행의 첫 번째 단계이다. 물은 두 번째 단계인 불과 함께 오행 중 "가장 순수하고 가벼운" (ZHOU 9.11) 것에 속한다. 오행에서 물과 불이 단순한 물리적 의미의 요소로 안 보는 것은 주희가 오행의 다른 행行의 특징에 대해 어쨌든 부분적으로 현실과 일치하지 않게 주장하는 것에서도 알 수 있다. "쇠와 나무는 물과 불보다 무겁고 흙이 가장 무겁다" (ZHOU 9.11).

도표에 나타나느 음이나 양 아래에 있는 물과 불 두 행의 위치는 방금 언

---

181 FORKE의 번역 1938 : 48.
    이 표현 방식은 난이하게 들릴 수 있다. 그 뜻을 쉽게 포착하려면, 잘 알려진 원 모양의 음양 표시를 생각하면 된다. 즉, 이 원이 음과 양으로 반씩 채워진다. 하나가 팽창하면 다른 하나는 수축한 후에 그 움직임이 다시 반대 방향으로 이어진다. 주희는 이것을 적절하게 표현한다. "양이 움직이며 음이 따라 온다" (ZHOU 9.10).

182 주희는 생성순서를 '생지서生之序'라 했다 (ZHOU 9.3). 주희는 이 순서를 물질과 관련시키며, 이는 땅에서의 구체화를 뜻한다 (ZHOU 9.2).

급한 그 '순수성'으로도 설명된다. 그래서 불은 가장 강한 양의 성질을 지닌 행이다. 즉, 불은 '양에서 양으로'의 행이다. 반대로 물은 '음에서 음으로'의 행이며[183] 음에 가장 가깝다. 이러한 맥락에서 《훈민정음》에 나오는 아래 문장이 역시 쉽게 이해된다.

| 13 | 물과 불은 아직 기氣에서 벗어나지 못하고 있다. (해례 11a.3)

이와는 대조적으로 나무와 쇠는 다른 힘의 영향을 받으므로 '순수한' 양혹은 음의 행이 아니다. 나무와 쇠는 흙에서 혹은 흙을 통해서 생성되는데 이는 〈태극도〉에 흙이라는 행위에 교차하는 두 선으로 표시되는 셈이다. 흙의 행에는 음양 두 힘이 똑 같이 작용하고, 흙이 중앙에 위치한다.

오행의 특징에 대한 주희의 기타 설명도 그 연관 관계들 사이의 복잡성을 강조한다. "물은 물질적으로 [볼 때] 음성陰性을 띠지만 원래 본성은 [에너지 측면에서 볼 때] 양이다. 불은 물질적으로 양인데, 반대로 에너지 측면에서는 음이다"(ZHOU 9.11 - 12). 〈태극도〉를 토대로 주희는 다음과 같이 설명한다. "물은 그 근원이 양에 있기 때문에 바깥은 어두우나 안은 밝다. 불은 그 근원이 음에 있으므로 밖은 밝지만 안은 어둡다"(ZHOU 9.12). 〈태극도〉에 양과 음의 중앙 부분은 양인 경우에 검은 색, 음은 원래는 흰색인데 여기서는 붉

---

183   이에 대한 세부 사항은 FORKE 1927: 115 참조.
또한 나무는 양성과 약간의 음성을 지닌 '행行'으로, 반대로 쇠는 음성과 약간의 양성을 지닌 행으로, 끝으로 흙은 음양이 똑같이 비례하여 나타나는 행으로 보았다.

은 색으로 되어 있다 (Zhou 9,12 - 13). 또한 물을 상징하는 팔괘八卦인 ☵와 불의 팔괘인 ☲는 정확하게 이 사실을 반영해 준다. 물은 팔괘의 중앙에 양의 일직선, 불은 음의 끊어진 선을 보여준다.[184]

《훈민정음》과의 유사점 다음 인용문에서 오행의 생성 순서가 거의 일치함을 확인할 수 있다. 이 순서는 여기에서 첫 · 끝소리와 관련한 것이다.

| 14 | 목구멍은 깊고 젖어 있다. 이는 [오행에서] 물과 일치한다. [...] 어금니는 단단하고 크다. 이는 [오행에서] 나무와 같다. [...] 혀는 날카롭고 움직이니 [오행에서] 불에 해당한다. [...] 앞니는 강하고 날카로우니 [오행에서] 쇠에 해당한다. [...] 입술은 네모형을 만들어 함께 합쳐진다. [오행에서] 흙이다. [...]

목구멍은 뒤에, 어금니가 따르며, [...] 혀와 앞니가 따르며, […] 입술이 제일 끝에 온다. (해례 6a,6 - 7a,7)

그러므로 《훈민정음》에서 오행 생성 순서는 다음과 같다.

　① 물, 나무, 불, 쇠, 흙.

　② 흥미롭게도 이는 앞서 설명된 중국 문헌에 나오는 순서와 다르

---

184 또한 Lackner 1990 참조.

다. 즉 나무와 불의 순서가 바뀌어져 있다. 변경된 순서는 모음에서도 그러하다 (인용문 15 비교).[185]

알파벳 같은 분야(II 3.3비교)에 실용적인 응용을 위해 이 변경된 오행의 생성 순서가 첫째 분류기준으로 정해진다.[186]

3.2.5.2 위수

개념 이른바 위수位數는[187] 엄격히 말하면 '천天' 혹은 '지地' 그리고 1에서 10 (일一~십十)까지의 수를 조합하는 표현이다. 예를 들어 '천일天一' 또는 '지이地二', 아니면 더 간단하게 '일一', '일二'와 같은 것이다. 음양이 상호 작용하여 오행이 생성되는 범위 안에는 우선 단순한 '서수'의 기능을 가지게 된다. 그런데 이 서수는 음양의 상호 작용에는 적당하지만 오행 자체에는 맞지 않음을 유의해야 한다. 예를 들어 양에 해당하는 '천일天一'의 첫 번째 상호 작용에는 음에 속하는 수水행이 생성된다. 이 구분은 아래에 설명될 대응과 관련하여 중요하다 (II 3.2.5.3 비교). 오행의 순서가 변하더라도 오행의 각 행은 원래의 서수가 유지된다. Marcel GRANET에 의하면 이러한 의미에서 이 숫자

---

185 첫 ·, 끝소리 (글자)이면 두 개의 순서가 눈에 띈다. 〈예의〉에서는 위처럼 생성 순서에 따르는 것이 아니라, 서로 생성하여 돌고 도는 순환에 따라 배열되어 있다 (다음 단락 3.2.5.3과 3.3.3.1 비교).

186 두 번째 분류기준에 대해서는 II 3.3.3.1비교.

187 독일어판에 Positionszahl이라고 하는데 이것은 원어에 쓰인 개념을 글자 그대로 직역한 것이다. GRANET는 더 적절한 '오행의 서수 Ordnungszahl für eine Wandlungsphase' 라는 용어를 사용한다.
GRANET 1971: 170 참조.

조합은 오행의 각 행 자체를 '상징 Emblem'[188]할 뿐만 아니라 오행의 다양한 대응에 대한 '상징'도 된다는 것이다. 그래서 결국 위수는 "공간－시간 구조"[189]에 관한 상징이다.

개별적 위수 이미 언급했듯이, 양이 활성화하지만 음의 수水행이 생기는 첫 번째 음양의 상호 작용은 '천일天一'로 표시된다. 음이 지배하고 양의 화火행을 불러 일으키는 두 번째 상호 작용은 '지이地二'라 한다. 세 번째 상호 작용은 '천삼天三'이라고 하는데 약한 양의 나무(목木)행의 시작이다. 네 번째 상호 작용인 '지사地四'는 약한 음의 쇠(금金)행이 생성된다. 끝으로 흙(토土)행이 다섯 번째 상호 작용인 '천오天五'에 의해 생성된다 (ZHOU 9.3, 9.15, 10.5).

이상이 주희의 해설이다. 이미 언급한, 본논문에 모사된 〈하도河圖 Plan des Gelben Flusses〉에 10 개의 위수까지 나타나 있는데, 《훈민정음》도 이를 따르고 있다 (인용문 15 비교).

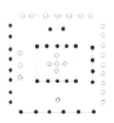

【그림 3】 하도河圖[190]
검은 점 = 음, 흰 점 = 양

---

188 GRANET 1971 : 284.

189 GRANET 1971 : 183, 236.

190 이정호 1990 : 126.

그림에서 아래쪽에 있는 한 개의 흰 점이 '천일天一'의 위치다. 시계 방향으로 순환선에 '천일天三', '지이地二', '지사地四'를 볼 수 있다. 중앙에 '천오天五'가 있다. 첫 번째에 이어 두 번째 순환선에서도 마찬가지로 시계 방향으로 '지육地六', '지팔地八', '천칠天七', '천구天九'가 위치한다. '지십地十'이 중간을 차지한다.

【그림 4】 태극하도

이 도식은 수에 관한 다음과 같은 규칙적인 특성을 보여준다. 안의 첫 번째 순환선에서 1, 3, 5는 홀수로 양이고 각각 아래에, 왼쪽에, 중앙에 위치한다. 2와 4는 짝수로 음이다. 바깥의 두 번째 순환선에서는 거꾸로 비례한다: 6 (5+1), 8 (5+3), 10 (5+5)은 짝수로 음에 해당하고, 왼쪽과 아래에서 도표를 경계짓는다. 10은 중간에 있다. 양성을 띠는 홀수 7과 9는 도표의 위쪽 혹은 오른쪽 가장자리를 만든다.

아래의 중국 문헌에 나타나는 그림은 음양의 상호 작용과 방위수간의 연

관 관계를 구체적으로 보여준다.[191]

《훈민정음》과의 유사점 앞의 인용문 7과 8에서 알 수 있듯이, 닿자와 홀자는 음양과 오행 이외에도 방위수와도 연관되어 있다. 하도에 상응하는 도표가 홀자 Vokalbuchstaben에 관한 다음의 인용문을 기초로 구체적으로 만들어진다. 먼저 인용문을 살펴보겠다.

| 15 | ㅗ는 하늘에서 생긴다. 하늘의 수로는 1이고 물이 생겨나는 자리다. ㅏ는 그 다음이니 하늘의 수로는 3이고 나무가 생겨나는 자리다. ㅜ는 처음으로 땅에서 생겨나니 땅의 수로는 2이고 불이 생겨나는 자리다. ㅓ가 그 다음에 오니 땅의 수로는 4이고 쇠가 생겨나는 자리다. ㅛ는 다시 하늘에서 생긴다. 하늘의 수로는 7이고 불이 생겨나는 자리다. ㅑ가 그 다음이니 하늘의 수로는 9이고 쇠가 생겨나는 자리다. ㅠ는 다시 땅에서 생겨나니 땅의 수로는 6이고 물을 만들어 내는 자리다. ㅕ가 그 다음이니 땅의 수로는 8이고 나무를 만들어 내는 자리다. 물[ㅗ ㅠ]과 불[ㅜ ㅛ]은 [...] 닫힌다. 나무[ㅏ ㅕ]와 쇠[ㅓ ㅑ]는 [...] 열린다. ·는 하늘의 수로는 5이고 흙이 생겨나는 자리다. ㅡ는 땅의 수로는 10이고 흙을 만들어 내는 자리다. ㅣ만 자리도 수도 없다. 이는 사람에 무극이 현실이며, 음양

---

191 ZHENG CAN 1971: 484 참조.

과 오행이 묘하게 얽힌다 [...] (해례 10b.4–11a.7)

위 인용문으로부터 〈하도〉에 맞게 그래프로 옮겨 나타내면, 한글의 홀자에 대한 도표를 다음과 같이 얻을 수 있다.

〈ㅣ〉만 위수가 없다는 사실이 주목된다. 위 인용문의 마지막 두 문장은 이미 앞에서 말한 오행의 '결정점' (II 3.2.5 비교)과 관련하여 글자 그대로 나왔다. 《훈민정음》에서 오행의 '결정점'은 사람을 상징하는 홀자 〈ㅣ〉와 똑같다. 이는 《훈민정음》의 저자들이 삼재 중에서 사람에게 중요한 위치를 부여했음을 뜻한다.

3.2.5.3 상호 상생의 순환

앞 단락의 설명은 오행의 각 행이 서로 생성되는 순환에 이어주는 것이다. 즉, 오행에서 두 번째 단계로의 행을 나타낸다.[192] 한 원에는 시작도 끝도 없다는 사실에 맞게 주희는 한 번은 물을 (ZHOU 2.15–3.1), 한 번은 나무를 (ZHOU 9.4, 10.5–6) 출발 원소로 설명한다. 그런데 이것은 오행의 순환 자체에 전혀 영향을 끼치지 않는다. 오행의 순환을 나무에서부터 '시작하면' (ZHOU 9.4) 나

---

192 이 도표는 한국 문헌에서 가끔 나타난다. 그래서 이 도표의 원출처가 어디인지 필자도 확실하지 않다. 이정호가 비교적 일찍 《훈민정음》의 철학적 측면을 전반적으로 연구했기 때문에 아마도 이 도표는 이정호가 만든 것이 아닐까 추측된다. 그러나 이정호는 세로획 〈ㅣ〉을 포함 시켜 도표를 만들었는데, 필자가 볼 때 이는 인용문 15에서 언급된 두 문장의 진술과 일치하지 않는다. 이 도표에서 천지인 삼재 모두 각각 그 쓰임에 맞게 옮겨져 있다.
이정호 1990: 81 참조.

무는 불로, 불은 흙으로, 흙은 쇠로, 쇠는 물로 변한다. 물이 나무로 되면서 원이 완성된다 (나무 → 불 → 흙 → 쇠 → 물 → 나무). 이와 같이 〈태극도〉에서 되풀이하여 돌고 도는 순환은 단지 하나의 원이 아니라 눕혀 놓은 숫자 8이며, 즉 무한을 뜻하는 수학 기호 ∞에 해당하는 것이다.[193]

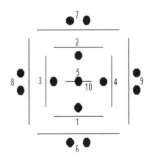

【그림 5】한글의 홀자에 대한 도표[194]

3.2.6 오행의 다차원적인 관계 구조

위의 오행 생성·상생 두 순서는 순서상으로 구별될 뿐만 아니라, 생성 순서를 "땅에서의 물질적인 구체화"로 명명하는 의미에서 볼 때 결국 물질 (질 質) 내지 기氣와 관련되어 있다는 것이다 (ZHOU 9.1, 9.3-4).

---

193 주희는 이를 '행지서 行之序', 즉 기氣와 결합되는 순서라고 표현했다 (ZHOU 9.4).

194 주돈이와 주희의 주석이나, 《훈민정음》에서도 찾아 볼 수 없으나, 완전하게 하기 위해 여기서 상호 초월의 순환을 언급해야 한다. 오행은 이때 물 → 불 → 쇠 → 나무 → 흙의 순서로 되어 있고, FORKE는 이렇게 설명한다. "물은 불을 끄고, 불은 쇠를 녹이며, 쇠는 나무를 자르고, 자라는 나무는 땅속을 파고 들고, 흙은 넘쳐 흐르는 물을 다시 내보낸다." FORKE 1927: 120 f. 참조.

3.2.6.1 시간 차원에서의 대응

상호 생성의 순환은 오행과 유사한 비교를 통해, 또한 끝없이 바뀌는 계절로 설명된다. 이렇게 서로 생성하여 순환하는 동안 음양은 수축하고 팽창한다. 그렇다면 봄은 성장을 시작하는 나무(목木)의 계절이다. 여름은 더위로 인해 불 (화火) 행에 해당한다. 봄과 여름에는 양이 우세하다. 쇠(금金)는 가을에, 물(수水)은 겨울에 해당한다. 가을, 겨울은 음이 압도적이다.

주돈이와 주희는 〈태극도〉에 대한 해설에서 사계절만 언급한다 (ZHOU 2.3, 9.5 - 6), 즉 오행에서 흙 (토土) 행에 대한 자리가 비어 있다.

《훈민정음》과의 유사점과 차이점 《훈민정음》의 저자들은 중국 설명 방식에 따라 사계절만 언급하지만 (해례 6a.5), 당연히 중국에서도 널리 알려진 수수단을 이용하여 다섯 번째 계절로 흙 (토土) 행에 대응하는 늦여름 (계하季夏)을 (해례 6b.8) 추가 · 배열시킨다.[195]

계절과의 대응외에도 삼재와 특수하게 연관되는 하루의 시간에 대한 대응도 있다. 본 논문을 위해 참고한 중국 출처의 문헌에서는 이를 위한 어떤 유사점도 발견할 수 없었다.

| 16 | ·에서 [...] 첫 두 시간동안 하늘이 열린다. [...] —에서 그 다음 두 시간동안 땅이 열린다. [...] ㅣ에서 [...] 세 번째 두 시간동안 사람이 창조

---

195 FRANKE 1927: 117 참조.

된다. (해례 8b.5-9a.1)[196]

3.2.6.2 공간 차원에서의 대응

오행과 방위 사이에는 또 하나의 직접적인 관계가 존재하는데, 물 (수
水) - 북쪽, 불 (화火) - 남쪽, 나무 (목木) - 동쪽, 쇠 (금金) - 서쪽, 흙 (토土) -
중심이다 (ZHOU 2.14-15). 그런데 여기에 오행의 특성을 주의해 살펴볼
필요가 있다. 주돈이와 주희는 이것을 대개 다 알고 있는 사실을 전제로
했기 때문에 이를 특별히 언급하지 않았다. 예를 들어 불은 위로 올라가
고 물은 아래로 흐르니, 그렇다면 남쪽은 위에, 북쪽은 아래에 위치한
다. 그래서 〈태극도〉에 이 점이 혹시 올바로 묘사되지 못했는지 의심할
수 있다. 이는 〈태극도〉의 저자가 두 가지 현상을 설명하는 것 사이에서
결정을 내려야 했었다는 전제하에서만 타당하다. 즉 하나는 방위를 묘
사하는 것이며, 다른 하나는 (음양이라는) 힘에 해당하는 것에 대한 묘
사이다. 〈태극도〉의 저자는 후자를 택하여 양인 불(화火)행과 나무(목木)행
은 왼쪽에, 음인 것은 오른쪽에 두었다. 이러한 맥락에서 또한 동쪽, 즉
왼쪽에는 나무, 서쪽, 즉 오른쪽에는 쇠가 위치하는 것이 설명된다. 이
로부터 왼쪽과 위는 양의 영역, 오른쪽과 아래는 음의 영역임이 알 수
있다. (〈하도〉에 분포된 양의 흰 점과 음의 검은 점을 보면 (그림 3), 위의 결론과 관련하여 쉽
게 혼동될 수 있다. 왜냐하면 위의 결론에 따르면 양은 왼쪽과 아래에, 음은 오른쪽과 위에 있

---

196 이에 해당하는 시간대는 한 밤중 11 시에서 1 시, 새벽 1 시에서 3 시, 3 시에서 5 시까지 이다.

어야 하기 때문이다. 그런데 여기서 음양이 상호 작용하여 얻어지는 하늘의 수, 땅의 수에 관한 것임을 유의해야 한다.)

《훈민정음》과의 유사점 공간적인 면 또한 음과 음에 해당하는 글자에 나타나는데 인용문 18을 추가로 주의해 살펴 볼 필요가 있다.

> | 17 | 목구멍은 [맨] 뒤에 있고 어금니가 그 다음에 온다; 목구멍과 어금니는 방위로는 북쪽과 동쪽이다. 혀와 앞니가 그 다음이다. 방위로는 남쪽과 서쪽이다. 입술이 마지막에 온다. 흙(土)은 일정한 자리가 없지만 사계절의 무르익음에 의미를 가진다. (해례 7a.4-7)

3.2.6.3 감각지각 차원에서의 대응

이미 초기 유학자들의 세계관과[197] 그리고 음악이 사회에 기여하는 가치와 완전히 일치하여, 《훈민정음》의 저자들은 새 문자를 문제 없이 그들의 철학적 체계에 분류시켜 넣고 이 문자의 우주성을 강조하기 위하여 [음악의] 오음五音을 고려했었다는 것은 새삼 놀랄 일이 아니다.[198]

---

197 음악에 대한 세종대왕의 공헌에 관해서는 PROVINE의 논문 참조; 동아시아의 음악과 우주와의 관계를 소개하는 서론과 한국 음악사에 관해서는 ECKARDT 참조.
PROVINE 1974; ECKARDT 1930 참조.

198 이것은 분명히 《예기禮記》에 나오는 진술을 근거로 한다; 더 상세한 것은 이성구 1998: 155 참조.

| 18 | 사람의 말소리는 음양오행에 근본을 두고 있다. 그런 이유로 의문의 여지도 없이 사람의 말소리는 사계절과도 일치하고 오음과 조화를 이룬다. (해례 6a.4 - 6)

3.2.7 삼재 중의 대응

자세히 관찰하면 위에서 언급한 바 있는 물질화를 특징으로 하는 오행은 삼재 중의 하나인 땅의 영역에서만 (ZHOU 9.2 - 3) 유효하다. 다음은 삼재 중 다른 두 영역과도 연관하여 명시할 필요가 있다. 하늘의 영역에서 위에 상술한 순서에 따라 일치하는 오행의 운행기는 비(우雨), 햇빛(양暘), 더위(욱燠), 추위(한寒), 바람(풍風)이다.

삼재 중 다른 두 '재才', 하늘과 땅 사이를 연결시킬 수 있는 사람의 영역에서는 두 가지 대응열이 있는데, 하나는 하늘의 이치인 정신적인 음양의 이원성에 의해 형성되는 것이고, 다른 하나는 땅의 이치인 물질적인 강유剛柔의 이원성에 의한 것이다 (인용문 10 비교). 두 가지 다 《훈민정음》에 나타난다. 하늘의 대응열은 정해진 순서대로 소위 오상五常에 상응한다. 즉, 어짊(인仁), 예의(예禮), 믿음(신信), 정의(의義), 슬기(지智)이다. 땅의 대응열은 오장五臟과 일치한다. 즉, 간肝, 심장(심心), 지라(비脾), 폐肺, 신장(신腎)이다(해례 12a.7 - 8).

여기서 분명하지 않은 것은 오상과 오장의 오행에 관한 정확한 배치다. 일단 덜 중요한 문제는 그의 순서, 즉 생성 아니면 상생의 순서이다. 이 문제의 해명은 (한글을 컴퓨터에 표시할 때 생기는 문제 해결을 위한 참고와 도움이라는) 앞에서 언급한 연구 목적과 관련하여 매우 중요한데, 이 문제에 대한 답을《훈민정음》에서는 찾을 수 없다.

주희의 〈태극도〉에 관한 해석은 오상의 배열을 위한 정보를 준다 (ZHOU 3.12 - 13; 19.1 - 2). 즉, 예의(예禮/중中이라기도 함)는 오행에서 불에, 어짊(인仁)은 나무에, 슬기(지智/정正이라기고 함)는 물에, 정의(의義)는 쇠에 해당한다. 단지 믿음(신信)만이 언급되지 않고 있는데 이는 오행에서 흙에 해당됨을 쉽게 알 수 있다.

오장과 관련하여 주희가 많은 것을 제시해 주지 않은데 그대신에 그의 제자 채심蔡沈(1167~1230)가[199] 숫자 이론을 다루는,《성리대전》에 두 권을 채우는《홍범황극내편洪範皇極內篇》에서 정보를 얻는다. 이 작품이 본 논문을 위한 참고 문헌으로서의 가치를 지님은 의심할 여지가 없다.

위의 중국인 채심은 상당수의 대응물을 서술하는데 그 중 특히 오장에 관한 것도 포함된다. 즉, 나무 - 간, 불 - 심장, 흙 - 지라, 쇠 - 폐, 마지막으로 물 - 신장이다 (CAI II 48b).[200]

3.2.8 요약: 소우주로서의 한글 음절

성리학 문헌 중에 현저한 〈태극도〉 및 태극, 삼재, 음양(이기二氣), 오행으로 이루어진 철학 · 우주론적 세계관, 또한 그와 관련된 주돈이와 주희가 쓴 비

---

199 중국 송나라 시대의 이 철학자에 관해서는 FORKE 1938: 274 - 280 참조.

200 또한 FORKE 1938: 280; GRANET 1971: 285 참조.

고들과 《훈민정음》이 완전히 일치하므로 성리학이 《훈민정음》의 기초인지를 의심할 여지가 없다.

한글의 음절 및 음절 다발은 한글 문자의 중심적인 단위이다. 상징적으로 우주의 다섯 영역 (원), 태극, 음양(이기), 오행, 삼재와 실존을 모두 결합되어 있다.

오행 내지 오행의 대응들은 삼재 안에서 단순한 시간 – 공간 구조를 넘어서 음악의 소리나 인간의 덕목을 포함하여 한층 더 넓은 대응의 망網 구조를 형성한다.

이러한 사실은 아래의 인용문과 도표를 통해 다시 요약될 수 있다.

| 19 | 사람의 말소리는 오행에 근본을 두고 있다. 그런 이유로 의문의 여지도 없이 사람의 말소리는 사계절과도 일치하고 오음과 조화를 이룬다. 목구멍은 깊고 젖어 있다. 이는 [오행에서] 물과 일치한다. [...] 계절로는 겨울과 같고 음악의 소리로는 '우羽'가 된다.

어금니는 단단하고 크다. 이는 [오행에서] 나무와 같다. [...] 계절로는 봄이고 음악의 소리로는 '각角'에 해당한다.

혀는 날카롭고 움직이니 [오행에서] 불에 해당한다. [...] 계절로는 여름과 같고 음악의 소리로는 '치徵'가 된다.

앞니는 강하고 날카로우니 [오행에서] 쇠에 해당한다. [...] 계절로는 가을과 같고 음악의 소리로는 '상商'이 된다.

입술은 네모형을 만들어 함께 합쳐진다. [오행에서] 흙이다. [...] 계절로는 늦여름과 같고 음악의 소리로는 '궁宮'이 된다.

[...] 목구멍은 [맨] 뒤에 있고 어금니가 그 다음에 온다. 목구멍과 어금니는 방위로는 북쪽과 동쪽이다. 혀와 앞니가 그 다음이다. 방위로는 남쪽과 서쪽이다. 입술이 마지막에 온다. 흙은 일정한 자리가 없지만 사계절의 무르익음에 의미를 가진다. (해례 6a.4-7a.7)

음양	삼재	하늘	양		음	
		사람	정의		호의	
		땅	강剛		유柔	
오행 (《훈민정음》에의 생성 순서)	삼재	하늘	비	햇빛	더위	추위	바람
		사람	지智	인仁	예禮	의義	신信
			ㅗ	ㅏ	ㅜ	ㅓ	ㅡ
			ㅇ	ㄱ	ㄴ	ㅅ	ㅁ
			신장	간장	심장	폐	지라
		땅	물	나무	불	쇠	흙
			북	동	남	서	중
			겨울	봄	여름	가을	늦여름
			1	3	2	4	5

【표2】 삼재간의 음양오행 연관망

위의 표에서 음양의 영역에는 삼재 사이의 관계가 나타난다. 이렇게 간략히 표로 나타낸 대응들은[201] 지금까지의 설명을 기초로 아래의 '특징'들로 보

---

201 더 광범위한 대응물의 목록은 EBERHARD 1933 참조.

완될 수 있다.

하늘 (건乾)	땅 (곤坤)
양陽	음陰
기氣	질質
움직임 (동動)	고요함 (정靜)
맑음 (청淸)	흐림 (탁濁)
가벼움 (경輕)	무거움 (중重)
왼쪽 (좌左)	오른쪽 (우右)

【표3】음양의 상응

전체의 본 장처럼 적어도 위 두 표로 성리학 사상을 기초로 한《훈민정음》의 뜻에 의해 말과 글이 자연적인, 즉 연역할 수 있는, 자의적이지 않은 nicht arbiträre 현상들로 보아야 한다는 것이 다시 확인된다.[202]

3.2.9 한글의 공리

지금까지 아직도 공리로 지칭하지 못한 한글의 공리학적 원칙들이 철학 · 우주론적 바탕으로부터 유발한다. 이들은 EISENBERG의 메타 차원과 일 치한다.

〈태극도〉의 제 3과 제 4 원 사이에 생각으로 경계선을 그리면 태극도의 뜻이 바로 나타난다. 이 선은 사람의 힘으로 전혀 바꿀 수 없는 우주의 영역 및 사람의 욕구에 의해 그의 환경을 바꿀 수 있는 사람의 영역을 서로 나누는 것이다. 이 사실을 한글과 관련해서 다시 말하면 한글도 두 영역이 있다

---

202 자의성과 비자의성에 대한 기초 고찰은 CHRISTMANN 1985 참조.

는 것이다. 즉 사람이 손 대지 않은, 바꿀 수 없는 우주의 영역 및 사람이 이 문자를 자기 뜻대로 응용하는 영역이 있다. 우주의 영역에서는 사람이 바꿀 수 없는 차원들은 다음과 같다.

- 자소의 모양
- 자소–음소–대응관계
- 자음의 개수와 그의 자모 순서[203]

능동적으로 문자를 응용하는 사람의 영역에서는 사람은 임의로 자모를 다발로 합칠 수 있다. 여기에 실제적으로 상상할 수 없는 약 400 억의 다발을 쓸 수 있다 (II 3.4.3 비교). 다발의 형성은 물론 우주의 규칙을 따르며, 즉 메타 차원을 벗어나서 불가능하다는, 메타 차원 안에서만 가능하다는 것은 당연한 일이다. 메타 차원안에서 이루어지는 다발 형성 규칙들은 다발 형성을 구체화한다 (II 3.4). 이 규칙들은 성음법, 부서법, 병서법과 연서법이 있다. 이 규칙을 응용하므로서 우주를 반영하는 한글의 특징들이 보인다. 이것은 한글 다발의 이차원성, 구조적 불변성 및 자유로운 다발 만들기이며 역시 또 다른 공리로 주의해야 한다.

---

203 28 자로 되어 있는 한글 자모의 개수는 우연한 것으로 보면 안 된다. 이 숫자는 우주적인 관련성에 의하여 생긴 것으로 한글과 천문학을 연결 시키는 연구 방향도 타당성이 크다고 본다. 이 연구 방향이 틀리지 않다는 것은 세종대왕이 그 당시에 세계적으로 손꼽을 만큼 뛰어난 천문학자이었다는 사실로 확정된다.
자세한 것은 반/허 2018: 171 – 216; 이정호 1990 참조.

3.3 한글 자모 체계

3.3.1 자모: 정의와 기능

'문자 유형학적 개념들'을 다루는 장章(II 1 비교)에서 설명한 것을 기초로 하여 자모 Alphabet에 대한 개념을 표음 문자 체계 내의 글자 Buchstabe와 연관 지어 다음과 같이 정의할 수 있다.

> 자모 Alphabet란 자소-음소-대응관계
> Graphem-Phonem-Korrespondenz가 명확한,
> 특정 순서대로 배열되어 있는 한정된 수의
> 글자 집합을 의미한다.[204]

자모의 중요한 특성으로는 배열 순서와 자소–음소–대응과계의 명료성을 들 수 있다. 이 배열 순서는 결국 자연 수의 체계를 따르는 소위 자모순字母順 Alphabetreihe인데,[205] 자모순을 결정하는 데에는 여러 상이한 원칙들이 적용 될 수 있다. 다양한 한글 자모순에서 이런 점을 더욱 명확하게 볼 수 있다.

자소–음소–대응관계의 명료성은 새로 창제된 한글로 한국어를 표기한 초창기에는 보다 높은 수준에 실현되어 있다는 것이 추측되지만 시간의 경

---

204 COULMAS 1996: 9,11 (alphabet) 참조.

205 MLS: 30 참조.

과에 따라 음구조 Lautstruktur에 변화가 나타났으며, 이 변화는 그 자소-음소-대응관계에 영향을 미치게 되었다.

또한 자모와 특히 자모순에는 중요한 문화적인 의미가 부여됨은 의심할 여지가 없다. 도서관의 도서 목록, 사전 또는 학술 논문 목차의 정리 방식에서부터 극장, 비행기와 열차 내의 좌석 배열 순서 등에 이르기까지, 그리고 최근에는 정보처리에, 특히 문자 부호화 Schrift-Codierung(III 3 비교)와 프로그래밍의 기본 영역에도 자모와 자모순서에 대한 중요도가 높다. 이 기본 영역에 초점을 맞추면서 우선 남한과 북한에 한글 알파벳/자모의 현황을 살펴 보고자 한다. 이렇게 하면서 정보처리 분야에서 부정적인 결과가 나타난다는 것에 근거하여 다음 단계로 한글의 자모 체계에 대한 본 논문의 구체적 연구 목적을 설명하게 된다.

3.3.2 남한과 북한의 한글 자모

남한과 북한에서[206] 오늘날 사용하고 있는 24 글자의 기본 자모 순서는 공통적 근원을 갖고 있음을 알 수 있다.

1	2	3	4	5	6	7	8	9	10	11	12	13	14
ㄱ	ㄴ	ㄷ	ㄹ	ㅁ	ㅂ	ㅅ	ㅇ	ㅈ	ㅊ	ㅋ	ㅌ	ㅍ	ㅎ

---

206 이/안 1999: 28; 북한에 관해서:《조선말 규범집》1998: 380 참조.

15	16	17	18	19	20	21	22	23	24
ㅏ	ㅑ	ㅓ	ㅕ	ㅗ	ㅛ	ㅜ	ㅠ	ㅡ	ㅣ

【표4】 한글의 기본 자모순

그러나 좀 더 자세히 살펴보면, '세분 배열 Feinsortierung'에서 큰 차이점을 발견할 수 있다.

의 표에서 8번 글자 〈ㅇ〉은 북한에서 한 음절의 끝소리 글자로만 사용된다. 첫소리 묵음默音으로 처리되는, 다시 말해 발음할 때 모음으로 시작되는 모든 단어는 사전에서 마지막 자음 다음에 위치한다. 마지막 자음은 북한의 자음 배열에서 〈ㅎ〉이 아니라 〈ㅉ〉이다.

그 이유는 북한에서는 경음 글자인 〈ㄲ〉, 〈ㄸ〉, 〈ㅃ〉, 〈ㅆ〉, 〈ㅉ〉이 기본 글자 〈ㄱ〉, 〈ㄷ〉, 〈ㅂ〉, 〈ㅅ〉, 〈ㅈ〉 다음에 바로 위치하지 않고 기본 자모의 마지막 글자, 즉 〈ㅎ〉 다음에 위치하기 때문이다.

또한 '복모음 Diphthonge'에서도 세분 배열은 현격한 차이를 보인다. 여기서 처음 다섯 글자의 배열 순서를 예로 보면 다음과 같다.

남한에서 〈 ㅏ ㅐ ㅑ ㅒ ㅓ ... 〉,

북한에서 〈 ㅏ ㅑ ㅓ ㅕ ㅗ ... 〉.

이런 배열의 차이가 사전 편찬 시에 어떤 영향을 미치는 지는 아래 다섯

개의 표제어로 예를 들어 보면 보다 분명해짐을 알 수 있다.[207]

(1) 기다 (2) 개다 (3) 파다 (4) 짜다 (5) 알다	
북한 사전	(1) → (2) → (3) → (4) → (5)
남한 사전	(2) → (1) → (5) → (4) → (3)

【표5】남 · 북한 사전의 표제어 배열 차이

3.3.2.1 위의 결과가 정보처리에 미치는 영향

정보처리의 기본은 부호화이다. 즉, (제어문자를 포함한) 자연언어의 기호들 Zeichen을 컴퓨터가 처리할 수 있는 기호들에 편입시키는 것이다. 이런 편입 작업에서 쌍방이 일대일 대응관계 Eineindeutigkeit에 놓여 있어야 한다 (명확한 정의는 III 3 비교).

아마 어느 누구도 자모순에 해당하는, 이미 아스키 코드 ASCII-Code 로[208] 널리 퍼져 있는 라틴어 글자의 배열(알파벳 순)에 의문을 제기하거나 이것을 바꾸려고 시도하지 않을 것이다. 달리 표현하자면 라틴어 자모순 (알파벳 순)은 매우 큰 영향력을 행사하고 있다. 그러나 한글 자모 순과 이에 근거하는 부호화 방법에 있어서의 남북한 간의 차이때문에 한글 부호의 영향력은 매우 미미하다. 특히 남한에서만 봐도 소위 바벨 부호의 혼란

---

207 이 예는 유목상 1990 : 46을 참고하였다.

208 ASCII에 대해서는 BREUER 1995 : 70ff.에 상세히 설명되어 있다.

babylonisches Codegewirr이[209] 있었고 이는 오늘날에도 종종 경험할 수 있다 (III 3 비교).[210]

남 · 북한 그리고 중국의 소수민족으로 있는 소위 조선족 언어학자들은 90년대 중반에 한글의 부호화를 위한 자모순에 대한 타협을 이끌어 내기 위해 많은 노력을 기울였다.

자음과 모음 글자에 대한 타협이 다음과 같다.[211]

1	2	3	4	5	6	7	8	9	10	11	12	13	14	15
ㄱ	ㄳ	ㄴ	ㄵ	ㄶ	ㄷ	ㄹ	ㄺ	ㄻ	ㄼ	ㄽ	ㄾ	ㄿ	ㅀ	ㅁ

16	17	18	19	20	21	22	23	24	25	26	27	28	29	30
ㅂ	ㅄ	ㅅ	ㅇ	ㅈ	ㅊ	ㅋ	ㅌ	ㅍ	ㅎ	ㄲ	ㄸ	ㅃ	ㅆ	ㅉ

1	2	3	4	5	6	7	8	9	10	11
ㅏ	ㅑ	ㅓ	ㅕ	ㅗ	ㅛ	ㅜ	ㅠ	ㅡ	ㅣ	ㅐ

12	13	14	15	16	17	18	19	20	21
ㅒ	ㅔ	ㅖ	ㅘ	ㅙ	ㅚ	ㅝ	ㅞ	ㅟ	ㅢ

【표6】 남 · 북한 합의에 근거한 한글 자모순

(노랑 = 기본 배열, 파랑 = 남측 안案, 빨강 = 북측 안; 15 번에서 21 번에 해당하는 복모음에 있어서 그 배열이 혼란스럽다. 즉 이 모음들을 기본 모음에서 분리해 냄은 북측 안을 반영하며, 그 상호 간의 배열형태는 남측 안을 따른다.)

---

209 김병선 1992: 207 참조.

210 자세한 내용은 HUWE 2000a: 32 – 34 참조.

211 홍윤표 1996: 41f. (표와 그래픽은 본 논문의 필자가 작성함) 참조.

위의 합의안이 앞에서 언급한 세분 배열 Feinordnung에 대한 이견을 좁히기는 했지만 여전히 다음과 같은 점에서는 비판의 여지가 있다.

- 현행 상용 글자에 초점을 맞춘 나머지, 〈ㆍ, ㅿ, ㆆ, ㆁ〉 등의 '옛한글' 속의 글자는 충분히 참작되지 않았다.
- 이 타협은 법적 구속력을 갖지 못한 상태로 머물러 있다. 즉 이는 이러한 중대 합의에 경제나 정치 부문의 대표자들이 참석하지 않았다는 것을 말해주고 있다.
- 일반적으로 역사상《훈민정음》에 근거한 한글 창제 원리를 충분히 고려한다는 데는 의견을 모았지만,[212] 구체적으로 철학·우주론적, 음성학적, 음운론적 또는 이 모든 이론이 무엇을 의미하는지에 대해서는 아직도 뚜렷한 해답을 찾지 못하고 있다.

3.3.2.2 한글 자모순 연구의 목적

이와 같은 상황에서 자모 배열에 대한 합의점을 찾기 위한 보다 적절한 방법을 모색할 필요성이 보인다. 이 방법은 어느 누구도 의의를 제기할 수 없는 한글 부호화의 근간으로서의 역할을 해야 할 것이다.

역사 속에서 나타나는 서로 다른 자모 배열들을 살펴보면, 그 자모 배열들 속에 숨어 있는 원칙들을 찾아내고, 또 이 원칙들이《훈민정음》의 철학·우주

---

212 위 인용문 참조.

론적 원리와 어느 정도 일치하는지 알아보고자 한다. 여기서 전제로 지켜야 할 것은 다음과 같다. 되도록 완벽한 일치만이 원전인 《훈민정음》의 규범의 힘을 입고 널리 받아 들일 수 있는, 새로운 한글 부호화의 기반이 될 수 있다 는 것이다. 물론 이 새로운 부호화를 실제적으로 실행하는 것은 남한과 북한 내의 사정, 또는 남북 간의 정치적 상황에 딸려 있다고 본다.

3.3.3 한글 자모의 역사

한글 자모의 역사에 대한 첫 개론은 1907년에서 1910년 사이 학자이자 관 직에 몸담았던 어윤적魚允迪(1868~1935)이[213] 상세하게 작성한 표를[214] 통해 알 수 있다. 표에는 다양한 출처에서 나온 자모순이 소개되어 있다. 아래 표는 어윤적의 표를 기초로 제작되었다.[215] 어윤적의 분류표는 해당되는 아직 많 지 않은 문헌에서 주목을 받지 못했다.[216]

---

213 어윤적은 국문연구소國文研究所에서 활동한 학자들 중의 하나이다 (II 3.1.5 참조). 어윤적의 전기에 대한 간략한 진술은 하원호1991 참조.

214 어윤적 1909: 64a - 65b.

215 제목들은 몇몇 규장각奎章閣의 온라인 검색 등과 같은 현행 참고 문헌 검색엔진에서 찾을 수 없으므로 여기서 다루지 않았다. 편찬년도와 서명(진한 테두리 사용)은 필자가 첨부하였다.

216 박병채 1967: 413 - 485 참조.

【표7】 역사적으로 본 한글 자모순

	1	2	3	4	5	6	7	8	9	10	11	12	13	14	15	16	17	18	19	20	21	22	23
1446 訓民正音.例義	ㄱ	ㅋ	ㆁ	ㄷ	ㅌ	ㄴ	ㅂ	ㅍ	ㅁ	ㅈ	ㅊ	ㅅ	ㆆ	ㅎ	ㅇ	ㄹ	ㅿ						
1527 訓蒙字會	ㄱ	ㄴ	ㄷ	ㄹ	ㅁ	ㅂ	ㅅ	ㆁ	ㅋ	ㅌ	ㅍ	ㅈ	ㅊ	ㅿ	ㅇ	ㅎ							
1569 眞言集	ㄱ	ㄴ	ㄷ	ㄹ	ㅁ	ㅂ	ㅅ	ㆁ	ㅋ	ㅌ	ㅍ	ㅈ	ㅊ	ㅿ	ㅇ	ㅎ							
1678 經世正音圖說[217]	ㄱ	ㅋ	ㆁ	ㄴ	ㄷ	ㅌ	ㅂ	ㅍ	ㅁ	ㅅ	ㅈ	ㅊ	ㅇ	ㆆ	ㅎ	ㄹ	ㅿ						
1750 訓民正音圖解[218]	ㅇ	ㆆ	ㅎ	ㆅ	ㆁ	ㄱ	ㅋ	ㄲ ㄲ	ㄴ ㄴ	ㄷ ㄷ	ㄸ ㄸ	ㅅ ㅅ	ㅈ ㅈ	ㅊ ㅊ	ㅆ ㅆ	ㅉ ㅉ	ㅁ ㅁ	ㅂ ㅸ	ㅍ ㆄ	ㅃ ㅹ		ㄹ	ㅿ
1751 三韻聲彙	ㄱ	ㄴ	ㄷ	ㄹ	ㅁ	ㅂ	ㅅ	ㆁ	ㅈ	ㅊ	ㅌ	ㅋ	ㅍ	ㅎ									
1856 字類註釋[219]	ㄱ	ㄴ	ㄷ	ㄹ	ㅁ	ㅂ	ㅅ	ㅇ	ㅈ	ㅊ	ㅋ	ㅌ	ㅍ	ㅎ									
1933 한글맞춤법통일안[220]	ㄱ	ㄴ	ㄷ	ㄹ	ㅁ	ㅂ	ㅅ	ㅇ	ㅈ	ㅊ	ㅋ	ㅌ	ㅍ	ㅎ									

	1	2	3	4	5	6	7	8	9	10	11	12	13	14	15	16
1446 訓民正音.例義	·	ㅡ	ㅣ	ㅗ	ㅏ	ㅜ	ㅓ	ㅛ	ㅑ	ㅠ	ㅕ					
1527 訓蒙字會	ㅏ	ㅑ	ㅓ	ㅕ	ㅗ	ㅛ	ㅜ	ㅠ	ㅡ	ㅣ	·					
1569 眞言集	ㅏ	ㅑ	ㅓ	ㅕ	ㅗ	ㅛ	ㅜ	ㅠ	ㅡ	ㅣ			ㅘ	ㅝ		
1678 經世正音圖說																
1750 訓民正音圖解	· ㅓ	‥ ㅢ	ㅡ ㅓ	ㅣ ㅣ	ㅗ ㅕ	ㅜ ㅝ	ㅛ ㅺ	ㅠ ㅖ	ㅏ ㅒ	ㅓ ㅖ	ㅑ ㅖ	ㅕ ㅖ	ㅘ ㅙ	ㅝ ㅞ	ㅘ ㅙ	ㅖ ㅖ
1751 三韻聲彙	ㅏ	ㅑ	ㅓ	ㅕ	ㅗ	ㅛ	ㅜ	ㅠ	ㅡ	ㅣ	·		ㅘ	ㅝ		
1856 字類註釋	ㅏ	ㅑ	ㅓ	ㅕ	ㅗ	ㅛ	ㅜ	ㅠ	ㅡ	ㅣ	·		ㅘ	ㅝ		
1933 한글맞춤법통일안	ㅏ	ㅑ	ㅓ	ㅕ	ㅗ	ㅛ	ㅜ	ㅠ	ㅡ	ㅣ						

【표7】 역사적으로 본 한글 자모순

위 자음과 모음을 나열한 표를 살펴보면 세 가지의 주 유형이 나타나는데, 이는 《훈민정음》〈예의〉형, 《훈몽자회》형, 그리고 그 수와 배열에 특이

---

217 생략된 제목은 《경세정운 經世正韻》이라고 하며 또 다른 제목은 《경세훈민정음도설 經世訓民正音圖說》이라고 한다.

218 이 작품은 《훈민정음운해 訓民正音韻解》와 《운해훈민정음 韻解訓民正音》의 제목으로 알려 져 있다.

219 《자료주석》 87a (자음과 모음글자).

220 《한글맞춤법통일안》 2.

한 《훈민정음도해》형이다. 위 표가 보여주듯이 《훈몽자회》형이 가장 널리 알려져 있음을 알 수 있고 또 1933년 조선어학회朝鮮語學會에서 만든《한글맞춤법통일안》[221] (II 3.1.5 비교) 역시 이《훈몽자회》형의 직접적으로 영향을 받았음을 알 수 있다.

다음은 이 세 가지 유형에 대해 보다 자세히 살펴보고 이 유형들이《훈민정음》의 철학 · 우주론적 원리와의 일치하는지에 초점을 맞추기로 한다.

3.3.3.1《훈민정음》〈예의〉에 나타난 자모 체계

위 표의 첫 자모순은 세종대왕이 작성한《훈민정음》의 〈예의〉편에 기록 되어 있다. 이 자모순은 앞에서 다룬 자모에 대한 정의와 완전히 일치하며, 또 그 자모의 집합 Buchstabeninventar이《훈민정음》의 다른 데에서 정확하게 정해졌다.

| 20 | 첫소리는 모두 열 일곱 자이다. (해례 5b.3)

| 21 | 가운뎃소리는 모두 열 한 자이다. (해례 8b.5)

이로 이미 인용문 1번에서 보는 바와 같이 총 28글자가 나타난다. "정음은 단지 28 글자뿐이다" (해례 18b.1).[222]

---

221 이하 《안》으로 줄여서 표기함.
222 인용문 9, 24, 34번이 이에 부합한다.

자음의 배열 원칙. 앞 장에서 한글의 철학·우주론적 기반에 대해 자세히 살펴 보았듯이 상호 작용하는 여기서 언급한 자음순子音順의 근간은 오행의 상생적 순환이 된다 (II 3.2.5.3 비교).[223] 자음들은 셋으로 묶여져 '아음牙音', '설음舌音', '순음脣音', '치음齒音', '후음喉音'으로 나뉘어 진다. 이것은 다음과 같은 오행의 순서, 즉 나무(목木), 불(화火), 흙(토土), 쇠(금金), 물(수水)에 해당된다.[224]

| 21 | 오행과 오음은 언제나 서로 분리되어 있지 않다. (해례 14b.2)

위에서 부가적으로 얻은 지식을 더하면 다음과 같은 자음순이 생겨난다.

1	2	3	4	5	6	7	8	9	10	11	12	13	14	15	16	17
ㄱ	ㅋ	ㆁ	ㄷ	ㅌ	ㄴ	ㅂ	ㅍ	ㅁ	ㅈ	ㅊ	ㅅ	ㆆ	ㅎ	ㅇ	ㄹ	ㅿ
아牙			설舌			순脣			치齒			후喉				
나무(목木)			불(화火)			흙(토土)			쇠(금金)			물(수水)				

【표8】《훈민정음》〈예의〉를 따르는 자음자 체계

다음 단계에서는 음성학적 또는 오행에 따라 나뉜 다섯 개의 그룹 속에 각각 세 개씩 들어 있는 자음군群들의 순서에 대해 자세히 살펴보고자 한다.

---

223 이에 대한 비판은 아래 '평가' 단락과 비교.

224 GRANET 1971: 234 참조.

이에 대한 직접적인 해답은 다음의《훈민정음》구절에서 찾을 수 있다.

| 23 | 또 소리의 맑음과 흐림을 말하자면, ㄱ, ㄷ, ㅂ, ㅈ, ㅅ, ㆆ은 전청全清이

되고, ㅋ, ㅌ, ㅍ, ㅊ, ㅎ은 차청次清이 되고, ㄲ, ㄸ, ㅃ, ㅉ, ㅆ, ㆅ은 전탁全

濁이 되고, ㆁ, ㄴ, ㅁ, ㅇ, ㄹ, △은 불청불탁不清不濁이 된다. (해례 7a,8 - 7b,4)

인용문 23번에 언급된 글자를 위의 표 7에서 나타난 오행에 따라 다음과
같이 차례대로 배열할 수 있다.

	아음 牙音	설음 舌音	순음 脣音	치음 齒音	후음 喉音	반설음 半舌音	반치음 半齒音
전청全清 [무성 평음]	ㄱ	ㄷ	ㅂ	ㅈ	ㆆ		
차청次清 [무성 유기음/격음]	ㅋ	ㅌ	ㅍ	ㅊ	ㅎ		
전탁全濁 [경음]	ㄲ	ㄸ	ㅃ	ㅉ	ㆅ		
부청부탁不清不濁 [유성음]	ㆁ	ㄴ	ㅁ		ㅇ	ㄹ	△
전청全清 [무성평음]				ㅅ			
전탁全濁 [경음]				ㅆ			

【표9】〈자음(자소)의 음성학적/음운학적 배열
강조한 부분은 유기음렬 Aspirationsreihe의 출발점인 첫 글자를 가리킨다. 아래와 비교.

이미 언급된 세 개씩 짝지어진 자음 군群들을 위의 표에서도 찾을 수 있
는데, 여기서는 음운론적 카테고리인 '전청全清', '차청次清', '불청불탁不清不

濁'에 따라 나뉘어져 있다. '전탁全濁' 기준은 자모순에 의미를 가지고 있지 않다.

여기서 위의 세부 배열 Feinordnung이 음운론적 입장에서 임의로 만들어진 것인지 아니면 우주·철학적 원리에 입각한 것인지에 대한 문제가 제기된다. 이미 언급한 인용문 10의 몇몇 절은 후자의 입장을 대변해 주는 듯하다. 즉, "음양은 하늘의 이치이고 단단함과 부드러움은 땅의 이치이다.[…] 첫소리는 비어 있거나 차 있고, 날리거나 고정되어 있고, 무겁거나 가벼우니, 강함과 부드러움이 나타나서 오행이 물질로 구현되어 나타난다. 이는 땅의 영향 덕분이다." (해례 11b.2 - 7).

더욱 구체적인 해답은 다음 《훈민정음》의 해당 부분에서 찾을 수 있다.

| 24 | ㅋ은 ㄱ보다 소리가 좀 세므로[225] 획수 하나를 추가하였다. ㄴ에서 ㄷ, ㄷ에서 ㅌ, ㅁ에서 ㅂ, ㅂ에서 ㅍ, ㅅ에서 ㅈ, ㅈ에서 ㅊ, ㅇ에서 ㆆ, ㆆ에서 ㅎ이 됨도 위와 같은 이치이나, 오직 ㆁ만 다르다. 반혓소리자 ㄹ과, 반잇소리자 ㅿ도 또한 (발음시의) 혀와 이의 모양을 따르나, 이들은 다른 체제에 속하므로 획을 더함은 아무 의미가 없다. (해례 5b.6 - 6a.4)

---

225 여기서 '보다 센 härter' 또는 '센 hart'에 해당하는 풀이는 원전에서 '거친 rau, 사나운, 센 hart'이란 의미를 지닌 '려厲'에 그 근거를 두고 있다. 그러나 인용 25 번에서는 오히 려 '유기음화/거세어짐 Behauchung'로 번역되어야 될 것이다. 반대로 '부드러운/여린 weich'은 원전에서 '부려不厲, 세지 않은 nicht hart'로 표현되어 있다. 이 한 쌍의 개념인 '려 - 부려'는 음소적 실상을 묘사하기 위해 사용되었다. 이에 반해 인용문 30 번에서 보는 바와 같이 철학·우주론적 차원에서 '센 hart - 여린 weich'이란 개념은 원전에서 '강剛'과 '유柔'가 사용되었다.

| 25 | 소리가 거세어짐에 따라 획을 하나씩 더하였다. (해례 13b.4)

| 26 | 불청불탁에 속하는 자는 그 소리가 세지 아니하므로 [...] 그 나머지 전청, 차청, 전탁에 속하는 자는 그 소리가 세므로 [...] (해례 21b.8 - 22a.2)

| 27 | ㄴ, ㅁ, ㅇ은 소리가 가장 부드러워서 그 차례는 뒤에 위치하나 글자를 만듦에 있어서는 시초가 된다. ㅅ과 ㅈ은 비록 다같이 전청이지만, ㅅ은 ㅈ에 비하여 소리가 세지 않으므로 글자를 만들 때는 시초가 된다. (해례 7b.4 - 7)

| 28 | ㄴ, ㅁ, ㅅ, ㅇ 소리는 거세지 않아서 그 차례는 비록 뒤에 위치하나, 글자를 만들 때는 시초가 된다. (해례 14a.7 - 8)

| 29 | 오직 어금닛소리의 ㆁ은 비록 혀뿌리가 목구멍을 닫고 소리 기운이 코로 나오나 그 소리는 ㅇ소리와 비슷하므로 [...] 이 자가 목구멍 모양에 근거하여 만들어졌으나 어금닛소리의 글자를 만드는 시초가 되지 않는다. 대개 목구멍은 오행의 물(水)에 속하고 어금니는 오행의 나무(木)에 속한다. ㆁ은 비록 어금니에 속해 있으나 (목구멍 소리인) ㅇ과 서로 비슷하다. 이는 마치 나무의 싹이 물에서 나와서 부드럽고 여리며 아직 물 기운이 많음과 같다. ㄱ은 나무가 물질로 구체화된 것이요, ㅋ은 나

무가 온전히 성장한 것이며, ㄲ은 나무가 나이를 먹은 것이다. 그러므로 이 모두를 어금니 모양에서 본떠 만들었다. (해례 7b.7 - 8a.7)[226]

| 30 | 또 세 소리(첫·, 가운뎃·, 끝소리)의 이치를 헤아려 보면,

단단함과 부드러움, 그리고 음과 양이 절로 있다.

가운뎃소리는 하늘의 작용으로서 음과 양으로 나뉘고,

첫소리는 땅의 영향으로 단단함과 부드러움을 나타낸다.

가운뎃소리를 낼 때, 첫소리가 따름은

하늘이 땅보다 앞섬이고, 이는 자연의 이치이다. (해례 17a.5 - 17b.2)[227]

마지막 30번째 인용문은 이미 《훈민정음》의 철학·우주론적 기본원리를 다룬 장章에서 알려진 삼재三才사이에 상응하는 면(양陽-강剛, 음陰-유柔)을 다시 다루고 있다 (II 3.2, 특히 3.2.8 비교). 강유剛柔를 따른 자음의 소리와 자字의 분류는 명백하게 앞에서 언급된 인용의 내용에 따르고 있다. 따라서 이 세 개씩 짝지어진 자음 군群들은 어금닛소리 (아음牙音): ㅋ ㄱ ㆁ, 혓소리 (설음舌

---

226 여기서 오행 상생 순환에 대한 예가 일목요연하게 나타난다. 말하자면 물에서 나무가 나는 것이다. 그리고 생성 순서를 볼 때 《훈민정음》에서는 모든 경우에 물이 우선하고 그 후에 나무가 언급되고 있는 점이 특이하다 (II 3.2.5.1 과 3.2.5.3 참조).

227 여기서 전통적인 중국 음운학과 유사점을 찾아볼 수 있다. 중국 음운학에 따르면 한 음절은 두 부분, 즉 한국어에서 초성과 중·종성에 해당하는 성모聲母와 운모韻母로 구성 된다. 그리고 또 전자는 지음地音으로 후자는 천성天聲으로도 불린다.

ㅍ): ㅌ ㄷ ㄴ 등과 같이 나타난다.[228] 바로 이 예에서 볼 수 있듯이 세종대왕이 제시한 자음 배열은 사실상 철학 · 우주론적 기본을 따르고 있는데 완전하지 못 한다.

모음의 배열원칙 자음과는 다르게 모음은 오행의 (변형된) 생성 순서에 따라 배열되어 있다. 즉 물, 나무, 불, 쇠, 흙이다 (II 3.2.5.1 비교). 이것을 보다 총체적으로 이해하기 위해서는 부가적인 설명이 필요하다.

　이를 위해 우선 다시 《훈민정음》에서 몇 구절을 인용하고자 한다.

| 31 | 이는 가운뎃 소리에도 역시 음양, 오행 그리고 위수가 내포되어 있다는
　　　의미이다. (해례 11a.8 – 11b.1)

| 32 | ㆍ [...] 글자 모양이 둥근 형을 취함은 하늘을 재현해 낸 것이다. ㅡ [...]
　　　글자 모양이 평평함은 땅을 표현해 냄이다. ㅣ [...] 글자 모양이 서 있음
　　　은 사람의 모양을 취함이다. (해례 8b.9 – 9a.2)

228　다음의 완전한 자음자의 정리는 HUWE 2000: 56f.에 그 출처를 둔다. 이와 일치하는 정리를 강
　　　신항2003: 97, 98, 132에서도 찾을 수 있다.

	차청(次淸) (무성 유기음)	전청(全淸) (무성평음)	부청부탁(不淸不濁) (유성음)
물(수水)	ㅎ	ㆆ	ㅇ
나무(목木)	ㅋ	ㄱ	ㆁ
불(화火)	ㅌ	ㄷ	ㄴ, ㄹ
쇠(금金)	ㅊ	ㅈ, ㅅ	ㅿ
흙(土)	ㅍ	ㅂ	ㅁ
	강강(양陽)	≫	유유(음陰)

【표10】
《훈민정음》 〈예의〉 속의
17 개 자음자 체계

| 33 | ㅗ ㅏ ㅜ ㅓ는 하늘에서 그리고 땅에서 직접 비롯되므로 첫 번째 단계의 생성물이 된다. ㅛ ㅑ ㅠ ㅕ는 ㅣ 즉 사람에서 발원하므로 재출[자]가 된다. (해례 9b.5-7)

| 34 | ㅗ ㅏ ㅛ ㅑ 글자에 둥근 점이 위와 밖에 놓인 것은 그것이 하늘에서 나와 양陽이 됨을 의미한다. (해례 10a.2-3)

| 35 | ㅜ ㅓ ㅠ ㅕ 글자에 둥근 점이 위와 밖에 놓인 것은 그것이 하늘에서 나와 양陽이 됨을 의미한다. (해례 10a.2-3)

| 36 | 이 (모음자) 모양은 삼재三才의 이치를 갖춘 하늘·땅·사람에서 본을 취한 것이다. 그런데 삼재는 만물의 으뜸이 되고, 하늘은 또 삼재의 시초가 된다. 이에 따라 ·ㅡㅣ 세 글자가 여덟 글자의 우두머리가 되고, ·가 또 세 글자의 으뜸이 된다. (해례 10a.8-10b.4)

| 37 | 이 아래 여덟 소리는 차례를 바꿔 가며 닫히기도 열리기도 한다.[229] (해례 9a.2)

| 38 | 각 음절마다 각각 중성이 있다. 모름지기 중성에서는 열림과 닫힘에 주의를 기울여야 할 것이다. (해례 21a.2-3)

---

229 '닫힌 geschlosssen'은 '둥근 입모양 runder Mund'을 뜻하며, '열린 offen'은 '열린 입모양 offener Mund'을 뜻한다.

위의 인용문에서 11개의 모음(가운뎃소리)이 두 개의 그룹으로 나뉘어짐을 볼 수 있다. 세 개의 기본 모음이 모음 배열의 선두에 놓이고, 이 기본 모음을 기초로 하여 두 단계의 결합 과정을 통해서 나오는 8개의 모음이 뒤를 따른다. 이 8개의 모음은 개방음과 폐쇄음이 교차되어 나오는 음성학적 성질을 띄고 있다.

아래의 표를 통해 위 인용문의 복합적인 내용을 다시 되짚어 볼 수 있다. 여기서는 특히 하도(河圖)(그림 3 과 4 비교)와 이것에서 파생된 '모음자 도식'(그림 5 비교)과 관련된 위수를 다룬 장(II 3.2.5.2 비교)이 다시 투영되어 나타남을 볼 수 있다. 주의할 점은 모음자소 Vokalgrapheme에서 음양으로 표시된 것은 음양 두 힘의 상호작용을 가리키는 것이지 음양 그 자체를 의미하진 않는다.

기본모음 (해례 10a.8-10b.4)	양陽	5 ᆞ (하늘)(해례 8b.5-7)	
	음陰	10 ─(땅)(해례 8b.7-8)	
	중간	ㅣ (사람/중간)(해례 8b.8-9a.2)	
파생모음(자)	단계 상호작용	1단계 초출자初出字 (해례9b.5-7)	2단계 재출자再出字 (해례 9b.5-7)
	양 (해례 10a.2-3)	1 ㅗ 물 (수水) / G 합闔 (해례 10b.4-5/11a.3-4) 3 ㅏ 나무 (목木)/O 벽闢 (해례 10b.5/11a.4)	7 ㅛ 불 (화火) / G 합闔 (해례 10b.7-8/11a.3-4) 9 ㅑ 쇠 (금金)/O 벽闢 (해례 10b.8-11a.1/11a.4)
	음 (해례 10a.3-5)	2 ㅜ 불 (화火) / G 합闔 (해례 10b.6/11a.3-4) 4 ㅓ 쇠 (금金)/O 벽闢 (해례 10b.6-7/11a.4)	6 ㅠ 물 (수水) / G 합闔 (해례 11a.1-2/11a.3-4) 8 ㅕ 나무 (목木)/O 벽闢 (해례 11a.2-3/11a.4)

【표11】《훈민정음》〈예의〉 속의 11 개 모음자 체계
한글 글자 앞에 위치한 숫자는 위수를 나타낸다. G = 폐쇄 (닫힘), O = 개방 (열림)

위의 표를 통해서 자·모음의 자소 배열 원칙이 아래《훈민정음》의 시와 같은 글에서 근거를 투고 있다는 사실을 확인된다 (인용문 30번).

> 세 소리(첫·, 가운뎃·, 끝소리)의 이치를 헤아려 보면,
> 단단함과 부드러움, 그리고 음과 양이 절로 있다.
> 가운뎃소리는 하늘의 작용으로서 음과 양으로 나뉘고,
> 첫소리는 땅의 영향으로 단단함과 부드러움을 나타낸다. (해례 17a.5 - 8)

평가 세종대왕의 자모순을 자세히 살펴보면 두 가지 의문점이 보이는데 이것은 철학·우주론적 원칙과 관련해서 일관성이 결여된 듯 하여 이에 대한 보충 설명이 필요하다.

- 자음과 모음은 이미 본 바와 같이 서로 다른 배열 원칙을 따르고 있다. 말하자면 전자는 오행의 상생 순서 Hervorbringungsfolge, 후자는 오행의 생성 순서 Entstehungsfolge를 따른다. 그러면 이렇게 서로 다른 배열 원칙을 따르는 이유는 무엇일까?
- 앞에서 언급된 세종대왕의 자모순에서는 자음 열이 모음 열의 앞에 위치한다. 이러한 배열 순서가 과연《훈민정음》내용에 일치하는지의 여부는 면밀히 검토할 필요가 있다.

첫 번째 의문점에 대해서는, 다음과 같은 사실이 이 의문점에 대한 명료한 설명이 될 것이다. 자음은 이미 주지한 바와 같이 음절의 초성인 동시에 종성으로 쓰일 수 있다. 이는 당연히 '소우주'인 음절 내에서 하나의 순환을 상징하며, 또 이 순환은 오행 상생의 순환과 유사한 면을 보여 주고 있다.

하지만 위의 오행 상생의 순환기능은 가운뎃 소리(모음)와 그 해당 글자(모음자)로서는 설명되지 않다. 따라서 모음에 대해서는 자연적으로 오행 생성 순서에 그 귀결점을 찾게 되는 것이다.

위의 주장에 대한 정당성을 증명할 수 있는 직접적인 내용을 《훈민정음》에서는 찾을 수 없지만, 오히려 자음의 배열 원칙이 되는 변경된 오행 생성 순서 modifizierte Entstehungsfolge를 보여주는 인용문 14번에서 찾을 수 있다.[230] 또 이는 주희朱熹가 말한 생성 순서가 "지상의 물질적 구체화質具於地"(ZHOU 9.1, 9.3 - 4)를 의미하면서 특히 자음이 땅의 영향아래 있다는 것과 일맥상통한다.

두 번째 의문에 대해서는 첫소리는 가운뎃소리 바로 앞에 위치한다는 설명이 충분하다고 생각할 수 있지만 24, 30번의 인용문을 보면 위의 주장이 철학 · 우주론적인 원리에 어긋나 보인다. 삼재三才는 "만물의 으뜸이 되고, 하늘은 또 삼재의 시초가 된다"(해례 10b.1 - 2). 그리고 "가운뎃소리를 낼 때,

---

230 이 인용문은 특히 《훈민정음》에서 문장의 전후 맥락을 볼 때 그 중요함이 더욱 느껴진다. 〈해례〉의 시작 부분에서 (자음에 대한) 한글 자소가 소개된다. 이 때 사람들은 세종대왕이 〈예의〉에서 선택한 배열 순서를 바꾸지 않았다. 여기까지는 오행과의 연관성이 언급되지 않았다. 그러나 바로 다음에 이어지는 부분에서의 시작하는 말은 다음과 같다 (인용문 18, 19번). "사람의 말소리는 음양오행에 근본을 두고 있다 (해례 6a.4 - 5)".

첫소리가 따름은 / 하늘이 땅보다 앞섬이고, 이는 자연의 이치이다"(해례 17b.1-2).

위의 문장은 첫소리와 가운뎃소리와의 관계를 다룬 문맥에서 다시 해석되어야 한다. 이것은 결국 모음순母音順이 자음순子音順 앞에 놓여야 함을 말하고 있다. 따라서 글자 〈·〉가 자모 체계의 맨 앞에 위치를 가지게 된다. 이렇게 함으로써 이 글자가 하늘과 만물의 시점이라는 상징적 의미가 제대로 전달된다. 이 글자 다음으로 삼재의 땅과 사람이 따르게 된다.

철학·우주론적 원리에 완전하게 들어 맞는 자모 체계는 다음과 같다.[231]

1	2	3	4	5	6	7	8	9	10	11
·	ㅡ	ㅣ	ㅗ	ㅏ	ㅜ	ㅓ	ㅛ	ㅑ	ㅠ	ㅕ

12	13	14	15	16	17	18	19	20	21	22	23	24	25	26	27	28
ㅎ	ㆆ	ㅇ	ㅋ	ㄱ	ㆁ	ㅌ	ㄷ	ㄴ	ㄹ	ㅊ	ㅈ	ㅅ	ㅿ	ㅍ	ㅂ	ㅁ

【표12】《훈민정음》〈해례〉를 따르는 자모 체계

실제로 통합 부호화 einheitliche Codierung의 기초로 사용될 측면에서 볼 때, 세종대왕이 정한 자모 순서 말고 《훈민정음》의 철학·우주론적 원리를 따른 자모순에 우선권을 주어야 한다. 왜냐하면 위의 두 순서들이 분

---

231 Huwe 2000a: 58에 출처를 두고 있음.

명하게 자모의 정의에 부합하지만, 세종대왕의 것은 앞서 언급한 원리에 완벽하게는 들어 맞지 않기 때문이다. 《훈민정음》에 따른 자모 체계는 음양 오행을 기준으로 삼는 한글 체계에 꼭 들어 맞기에 원전인 《훈민정음》이 가지는 규범적인 힘을 물려 받게 된다. 이 자모 체계에서는 또한 오늘날 더 이상 사용하지 않는 네 개의 글자 〈· ㆆ ㆁ ㅿ〉들도 확고하고도 분명한 제자리를 차지할 수 있기 때문에 이와 관련된 오랜 논쟁이 더 이상 그 뜻이 없어졌다.[232]

《훈민정음》의 〈예의〉 본이 수 세기에 걸쳐 알려져 있었음(II 3.1.4 비교)을 감안하고 역사를 되돌아 볼 때, 다음과 같은 사실에 놀라움을 금치 못하게 된다. 즉 〈예의〉에 나타난 자모순은 항상 존경을 받아 왔던 왕이자 《훈민정음》의 창제자에게서 직접 그 기원을 두고 있음에도 불구하고 실제로 쓰이지 않았다는 점이다.

이와 정반대의 경우를 《훈몽자회訓蒙字會》에서 찾을 수 있다. 다음 장에서 다루겠지만 《훈몽자회》에 나타난 자모순은 《훈민정음》에서 언급된 철학·우주론 원리를 따르지도 않았으며, 단지 일개 신하에게서 그 출처를 두고 있음에도 불구하고 오늘날 한글 자모의 근간이 되고 있다는 것이다.[233]

---

232 김경석 1999: 26 참조.

233 강창석도 이점에서 놀라움을 나타냈다. 이런 사정은 《훈민정음》부터 《세종왕조실록》까지 사실상 그 당시에 실제로 널리 사용되지 못했다는 것을 말해주고 있다.
강창석 1996: 33f. 참조.

3.3.3.2 《훈몽자회訓蒙字會》에 나타난 자모

《훈민정음》 편찬 이후 약 80년이 지났을 무렵 여러 다양한 언어 사전의 편집으로 이름을 날리며, 과제로 등용하여 일하던 최세진崔世珍(1473?~1542)에 의해 《훈몽자회》가 편찬되었다. 널리 알려진 이 책은[234] 중국어 글자의 의미와 발음에 대해서 한글로 주석을 달아서 스스로 익히는 데 도움을 주었고, 이와 더불어 한글이 널리 퍼지는데 크게 기여하였다. 이 책에서 한 특정한 자모 체계를 따라 글자가 배열되었는데,[235] 이 자모 체계의 구성 원칙을 최세진은 아래의 세가지로 한정하였다.

> 음절의 첫소리와 끝소리로 쓰이는 8글자 (훈몽자회 2b.5)
>
> 첫소리로만 나타내는 8글자 (훈몽자회 2b.10)
>
> 가운데소리로만 쓰이는 11글자 (훈몽자회 3a.3)

따라서 이미 위의 표에서 언급된 자모 열(7표 비교)은 다음과 같이 나뉘어진다 (훈몽자회 2b.5 - 3a.5).[236]

---

234 이 참고서는 편찬된 이후로 수 세기에 걸쳐 반복해서 출판되었다. 세부적인 내용은 이기문 1991a 참조; 여러 판들 사이의 내용 비교는 이기문 1985:30-48, 71-83 참조.

235 자세한 내용은 이기문 1985: 49ff. 참조.

236 박병채는 여기서 오음五音을 (실제로는 오성五聲이 나은 표현임)또 다른 하나의 배열을 제시한다. 그러나 이를 자세히 살피면 옳다고 볼 수 없다. 〈ㄷ〉, 〈ㄹ〉, 〈ㅂ〉, 〈ㅇ〉 등으로 이어지는 각 자의 위치는 오음으로 앞에서 제시한 논리적인 차례에 들어 맞지 않는다 (위의 표 9과 비교). 동일한 의견은 박병채 1967: 475 참조.

1	2	3	4	5	6	7	8	9	10	11	12	13	14	15	16
ㄱ	ㄴ	ㄷ	ㄹ	ㅁ	ㅂ	ㅅ	ㆁ	ㅋ	ㅌ	ㅍ	ㅈ	ㅊ	ㅿ	ㅇ	ㅎ
"첫·끝소리 글자"로 사용								단지 "첫소리 글자"로만 사용							

17	18	19	20	21	22	23	24	25	26	27
ㅏ	ㅑ	ㅓ	ㅕ	ㅗ	ㅛ	ㅜ	ㅠ	ㅡ	ㅣ	·

【표13】《훈몽자회》를 따르는 자모순

위의 표에서 제시한 열의 자모 목록은 28자 대신 27자로 구성되어 있고 자음자 〈ㆆ〉이 빠져있다.[237]

모음 열은 간단하며 작자 임의로 정해졌는데,[238] 《훈민정음》의 어느 부분에서도 이와 관련될 만한 내용을 찾을 수 없다. 단지 앞에 있는 네 개의 글자 (《ㅏ ㅑ ㅓ ㅕ》)는 개방음에 속하고 뒤에 따르는 네 글자는 폐쇄음에 속하며, 《훈민정음》에서의 기본자 (《ㅡ ㅣ ·》)는 마지막에 위치하고 있다는 사실만 알 수 있을 뿐이다.

---

237 이 글자의 수명은 아주 짧아서 15년 정도밖에 안되었다. 그래서 최세진 당시에는 완전히 그 가치가 소멸되어 더 이상 참작의 대상이 되지 않았다.
다음 세 글자도 마찬가지로 시간이 지남에 따라 사라지게 된다. 〈ㅿ〉은 15, 16세기 사이에 소멸되었다. 대략 《훈몽자회》가 편집되는 시기에 〈ㅇ〉이 부가적으로 〈ㆁ〉의 기능을 겸하게 되었다. 자음 자에 비해 모음 글자인 〈·〉는 비교적 오래 사용되었다. 소위 하늘 〈·〉는 두 단계를 거치면서 사라지게 된다. 16세기에는 하늘 〈·〉가 두 번째 음절에서 〈ㅡ〉로 대체되고, 또 18세기에는 첫 번째 음절에서 〈ㅏ〉로 대체되었다. 드물지만 오늘날에도 이 글자는 간혹 쓰이기도 한다. 컴퓨터 영역에서 이 자는 특히 워드 프르세서인 '훈글'과 관련되어 있다.
강신항 1991; 한/강 1991: 864(자모) 참조.

238 박병채 1967: 474 참조.

《훈몽자회》의 자모순에 대한 평가 여기서 관련된 문헌에서는 자음 열의 구성원칙의 근거로서 다음 부분을《훈민정음》에서 인용 제시하고 있다.[239]

| 39 | ㄱ ㆁ ㄷ ㄴ ㅂ ㅁ ㅅ ㄹ 여덟 자만이 [끝소리 글자로 쓰는 데에] 충분하다. (해례 22a.5 – 6)

위의 인용문에서는 한국어 발음에 전형적인 음절 최종 자음(끝소리)의 해체현상 Aufhebungsstellung der Silbenendkonsonanten이 언급되는데, 여기에 예를 들면 끝소리로 쓴 [t, th, s, čh, s', h]이 각각 [t]로만 실현되어 있는 것이다. 또한 음절의 경계 상에서 보이는 많은 변화들(자음동화/Assimilation 나 구개음화/Palatalisierung등)도 언급돼 있다.[240] 최세진이 활동하던 당시에는 소위 음소/음운적 원칙을 따라 소리 나는 대로 옮겨 적음을 원칙으로 했기 때문에,[241] 한편으로는 위의 인용문과 최세진의 자모순 간의 내적인 관계가 잘 성립한다고 볼 수 있다. 그러나 다른 한편으로 최세진은《훈민정음》에서 몇

---

239 이기문 1985: 56ff. 참조.
240 현대 한국어에 대한 음운학적 규칙에 대한 체계적 개관은 SOHN HO-MIN 1999: 163 – 177 참조.
241 이병근 1991: 156 참조.

번이나 명시되어 있는 형태 음소적 morphophonemisch인 원칙을[242] 고려하지 않았다. 이미 인용문 9번과 11번에서 이 원칙을 만났고 세종대왕이 쓴 서문에도 철학적인 설명 없이 짧게 언급되어 있음을 알 수 있다.

| 40 | 끝소리(글자)에는 첫소리(글자)를 다시 쓴다. (예의 3b.6)

인용문 10번에서 12번의 범위 내에서 볼 때 인용문 39번을 최세진의 자음 열에서 나타난 원칙처럼 뒤집어 초성에만 사용할 수 있는 글자가 있다는 해석은 불가능한 것이다.[243]

이 같은 해석은 인용문 11과 12번에서 나타나는 원칙과 이와 관련된 한글의 철학·우주론적 사상에 비추어 볼 때 도저히 불가능한 것이다. 이런 이유로 《훈민정음》에서는 형태소 지속성 Morphemkonstanz에 우선권을 부

---

242 한글의 이 원칙은 자세히 살펴보면 (언제나 주목을 받지 못한) 결국 하나의 단위로 귀결되는 두 요소로 구성되어 있다.
1) 그 하나는 이차원적으로 쓰인 음절 다발로서의 음절의 지속성을 말한다. 이 지속성은 부분적으로 또는 전반적으로 해체될 수 있는 것이다. 한글 다발의 지속성에 대해서는 여기서 따로 다루지 않겠다. 철학적인 근거를 지닌 한글 문자의 공리로 보아야 하기 때문이다. 그러나 이 지속성은 음절 다발을 해체하는 '풀어쓰기'와 같은 극단적인 경우에 다루게 된다 (II 3.4.1.5 비교).
2) 그 다른 하나는 정서법의 측면에서 글자 순서의 지속성을 들 수 있는데, 여기서는 바로 이 문제를 거론하고 있다.

243 최세진의 해석에 대해서 20세기 초에 일부 한국어 학자들은 비판적 태도를 취했다. 이 학자들 중에 《조선말본》(1916)을 펴내고, 후에 북한에서 언어 정책가로 활동했던 김두봉金枓奉 (1889~1961?)도 포함된다. 이런 해석에 대한 비판은 이미 주시경 (II 3.1.5)을 포함한 1907년 설립된 국문연구소國文研究所의 언어학자에서도 행해졌다. 이 연구소에서 〈국문의정안 國文議定案〉이 발표되고 또 1909년 말에 당시 해당 장관에게 전해졌다 (국문 의정안 11b8 - 12a.2/30f.).
위에 언급된 연구소에 대해서는 이기문 1991 참고.

여했다. 그래서 인용문 39번의 뒤이어서는 형태음소적 표기법에 대한 예가 주어졌다. 즉 '빅곳'아니고 '빅곶' ([bʌik kot], 배꽃) 또는 '엿의 갓'아니고 '엱의 갗' ([jəzii kat], 여우가죽)이라고 썼다 (II 3.4.2 비교).[244]

요약해 보면 《훈몽자회》의 자모순이 《훈민정음》의 원칙을 따르고 있지 않음이 명백하게 확인된다. 그러나 최세진이 《훈민정음》의 원칙을 의도적으로 따르지 않았다고는 볼 수 없고 단지 자신의 책을 편집하기 위한 자모 배열을 찾는 데만 열중한 결과라고 할 수 있다. 그리고 이 배열은 당시 그 중요성을 더해가던 음운론적 표기원칙에 부합하였고, 또한 《훈민정음》에 비춰서도 그 적법성이 인정되기도 했다. 수 대에 걸쳐 많이 사용된 한글로 주석을 단 한자 참고 서적인 《훈몽자회》가 한글의 보급에 중요한 역할을 했다는 것은 누구도 부인할 수 없다. 그리고 이 《훈몽자회》의 자모순이 척도가 되어 현재까지도 이어져 있는 것이다.[245]

《훈몽자회》의 영향을 받은 후대의 참고 서적 《훈몽자회》와 후대의 참고 서적들과의 유사점들이 확연히 드러남에 따라 《훈몽자회》가 후대의 서적들에 있어서 대부ﾄﾒ와 같은 역할을 하였음은 의심할 여지가 없다. 특히 눈에 띄

---

244 《용비어천가》(II 3.1.3 비교) 역시 형태 음소적 원칙을 따르고 있다. 여기에 더해 세종 당시 후대(1449년경)에 편찬된 불경을 옮겨 놓은 《월인천강지곡月印千江之曲》에서 정확성을 더욱 확인할 수 있다. 거의 같은 시기에 편찬된 것이지만 세종대왕이 직접 관여한 것으로 보이지 않는 《석보상절釋譜詳節》(1447년 완성, 1449년 출판)에서는 이미 음소적인 표기법이 적용되었다. 이병근 1991: 155f.; 이기문 1997: 20ff. 참조.

245 《훈몽자회》는 각 글자 이름(자명字名)을 부여함에도 '표준'으로서의 역할을 하였다. 오늘날 우리가 〈ㄱ〉 을 기역으로 부르는 것은 《훈몽자회》의 "ㄱ 其役" (훈몽자회 4a.2)으로 소급해 그 근원을 찾을 수 있다.

는 유사점은 자음 열을 '첫 · , 끝소리로 쓰이는 글자' 군群과 '초성만으로 쓰이는 글자' 군으로 분명히 구분함에서 찾을 수 있다.

이와 같은 후대의 참고 서적류에는 홍계희洪啓禧(1703~1771)가 완성하고 오늘날의 그 자모 순서를 거의 그대로 먼저 발표한 한자 사전인《삼운성휘三韻聲彙》또는 후대 실학자인 유희柳僖(1773~1837)가 1824년에 편찬한《언문지諺文志》[246] 등이 있다.

홍계희의 자모순은 다음과 같다.

1	2	3	4	5	6	7	8	9	10	11	12	13	14
ㄱ	ㄴ	ㄷ	ㄹ	ㅁ	ㅂ	ㅅ	ㆁ	ㅈ	ㅊ	ㅋ	ㅌ	ㅍ	ㅎ
"첫소리와 끝소리 모두에 쓰이는 자"							"첫소리에만 쓰이는 자"						

15	16	17	18	19	20	21	22	23	24	25[247]
ㅏ	ㅑ	ㅓ	ㅕ	ㅗ	ㅛ	ㅜ	ㅠ	ㅡ	ㅣ	·

【표14】홍계희의《삼운성휘》를 따르는 자모순

여기서 최세진의 자모 열과 근소한 차이를 '초성에만 쓰이는 자'에서 찾을

---

246 《삼운성휘》kw.1, 6a (= KCS 4, 127);《언문지》2 (= KCS 4, 136) 참조.

247 이 〈 · 〉라는 글자가 원본에서 빠진 듯하다. 이유는 〈ㅣ〉 다음에 오는 간에는 어떠한 한글 글자도 없고 〈 · 〉에 대한 한자로 된 설명만 있기 때문이다. 이 설명은 "탄중성呑中聲"[《삼운성휘》kw.1, 6a.9 (= KCS 4, 127)]이라고 하는데 이 것은 바로《훈민정음》이 주는 〈 · 〉에 대한 설명이다 (해례 20a.1).

수 있다.

- 〈△〉과 〈ㅇ〉의 소멸[248]
- 몇 글자의 위치 변동.

위의 18세기 중반에 출연한 자모순이 오늘날 남·북한의 현행 기본 자모순과 거의 완벽하게 일치함이 분명히 드러난다. 물론 자음 열의 두 자인 〈ㅌ〉과 〈ㅋ〉의 위치 변화와 〈·〉의 소멸은 더 이상 말할 나위가 없다.

특히 자음 열을 살펴 볼 때, 《훈몽자회》의 자모순의 편재함은 《삼운성휘》보다 70년 후에 나온 《언문지》에서도 확인할 수 있다.[249] 《언문지》에서 모음 열에 대한 언급은 찾을 수 없다.

《훈몽자회》를 따르는 자모순이 어느 정도 공식적인 지위를 획득하게 됨은 이미 언급한 바 있는 1933년의 《통일안》과 관련이 있다. 그리고 이 자모순에 공식적인 지위는 1948년에 주어졌으며, 북한에서도 이 같은 지위는 6.25 전쟁 후 1954년까지 유지되었다.[250]

그러나 또 다른 중요한 점이 지적되어야 한다. 이 《통일안》은 한글 정서

---

248 위의 자모 열에서는 원래 음소 /ŋ/과 접목된 〈ㆁ〉이 나타나 있고, 〈ㅇ〉이 빠져 있다. 그러나 실제로는 이와 반대로 〈ㅇ〉이 〈ㆁ〉를 대체했다. 이는 설명한 바와 같이 이미 16세기 때 시작된 변화 과정이었다 (주석 236 참조). 이러한 오인 현상을 한편으로는 단지 인쇄 오류로 볼 수도 있겠으나, 다른 한편으로는 특히 이 두 자에 있어서 그리고 풀어쓰기라는 정서법으로 인해 원칙적으로는 첫소리 글자와 끝소리 자로서 그 기능이 분리되어야 하는데 실제로는 많은 교차가 이뤄졌다는 증거로 볼 수도 있는 것이다 (II 3.4.1.5 비교).

249 《언문지》 2 (= KCS 4, 136) 참조.

250 유목상 1990: 42f.

법 지침으로 음소적 phonemisch 원칙을 취하지 않고, 해당 전문 용어로 명시하진 않았지만, 형태 음소적 morphophonemisch 표기법을 받아들이고 있다. 그래서 첫 번째 기본 강령은 다음과 같다. "표준말은 소리 나는 대로 적되 어법에 맞도록 한다"(한글 맞춤법 통일안, 1).

이로써 다음과 같은 결과가 도출된다. 이 때부터 정서법은 형태 음소적 원칙을 따르지만 자모순은 그와 반대로 변함없이 음소적 원칙에 그 바탕을 두고 있는 것이다.

그 영향력이 미미하게 보이지만 지금까지 계속 이어져 온 이런 모순을 제외하면, 수 세기에 걸쳐 《훈민정음》과 직접적인 관계가 없다는 점에서 오류를 안고 있는 《훈몽자회》의 자모순이 잘못된 출발점이라고 다소 과장해서 요약할 수 있겠다.

하지만 《훈민정음》에 기초한 자모순이 상위의 규범적인 영향력을 행사할 수 있었다면 지금까지 지속되고 있는 위와 같은 정서법 원칙과 자모순 간의 모순이 생기지 않았을 가능성이 높다. 물론 여기서 역사를 다시 되돌릴 수는 없지만 부호화라는 '내재적인' 영역에서만큼은 《훈민정음》에 기초한 자모 체계가 사용될 여지가 있는 것이다.

3.3.3.3 《훈민정음도해》에 따른 자모순[251]

신경준申景濬(1712~1781)이 1750년 편찬한 《훈민정음도해》의 글자 목록에는

---

251 이 책을 매우 원론적으로 그리고 면밀히 다룬 연구는 강신항 1967 에서 볼 수 있다.

《훈민정음》에서 나타난 총 28자를 훨씬 상회하는 36자의 자음과 32자의 모음, 총 68자가 정리되어 있다. 이에 더해서《훈민정음》에서 찾아 볼 수 없는 다수의 새로운 형태의 자들이 수록되어 있는데 〈ㄴ, ㅌ, ㄸ, ‥ 〉이다.[252]

여기서 자세히 다루기는 힘들지만, 한국어의 음과 자 Zeichen의 수량이 확장됨은 해당 소리 목록을 이용해 중국어 운서韻書 chinesisches Reimschema에 맞추려 했기 때문이다. 여기서 무엇보다 관심을 끄는 것은 한국어에 '없는' 음, 즉 자를 자음인 경우에는 오행에 따라 그리고 모음인 경우에는 음양이나 태극에 따라 만들었다는 점이다. 따라서 특히《훈민정음도해》의 자음순子音順이 이미 앞에서 언급한 이상적인 자모순과 분명한 유사점이 있다는 사실에 대해 크게 놀랄 것이 없다 (II 3.3.3.1 비교). 신경준이 운서를 염두에 두고《훈민정음도해》를 제작한 사실을 보면, 자신의 배열을 자모순으로는 생각하지 않다. 적어도 모음의 경우에 신경준이 분명히 지적하는데, 그도《훈몽자회》의 배열을 자모순으로 받아들였던 것이다.[253]

3.4 한글 음절 다발의 구조: 글자 조합의 규칙성

앞 장에서 양방향 일대일 eineindeutig로 대응하는 글자 부호화에 확실한

---

252 〈ㅅㅆㅈㅉㅊ〉과 〈ㅅㅆㅈㅉㅊ〉는 신경준의 직접 만든 자들이 아니라 이미《세종어제 훈민정음》(언해본 1459; II 3.1.4.2 비교)에서 '치경파찰음齒莖破擦音 Dentalen Affrikaten', 치두음자 Frikativen 또는 구개음 Palatalen, 정치음자 Retroflexen을 구별할 목적으로 사용되었다.

253 강신항 1967: 106 참조.

근간이 될 수 있는 글자의 자모 체계에 많은 심혈을 기울였다. 이와 같은 문맥에 음절 구성의 기본 사실, 즉 음운론적 단위인 음절은 그 자체 속에 음양의 역동적인 변화가 구현되어 나타난다는 사실에 대해서 논의했다. 이 장에서는 음절 구조, 특히 글자 조합의 규칙을 보다 깊이 있게 살펴보고자 한다. 이 때 글자 배치 Positionierung란 측면을 다루지 않을 수 없으며, 이것은 또 자형학적 typographisch 관점에서 다음에 나올 장에서 심도 깊게 논의 될 것이다 (III 1 비교). 이 장의 목적도 한글 문자를 컴퓨터 상에 표기하기 위한 지식을 얻는 데 있다.

우선 《훈민정음》에서 이 장의 논의 점에 해당되는 부분을 다시 모아보면 다음과 같다.

| 41 | 모든 글자는 서로 결합되어 있어야 그 소리(음절)를 완성한다. (예의 4a.3 – 4)

| 42 | 첫, 가운뎃, 끝 세 소리 [글자]가 합쳐져 하나의 (완전한) 음절 [다발] 을 이룬다. (해례 24b.3)

| 43 | 첫소리 [글자]는 가운뎃소리 [글자]의 위 편 또는 왼 편에 위치한다. (해례 24b.3 – 4)

| 44 | ㆍ ㅡ ㅗ ㅜ ㅛ ㅠ와 같이 둥글고 가로로 쓰인 가운뎃소리 [글자]는 첫소리[글자] 아래에 놓인다. ㅣ ㅏ ㅓ ㅑ ㅕ와 같이 세로로 쓰인 가운뎃소리 [글자]는 첫소리 [글자]의 오른쪽에 놓인다. (해례 24b. 6-8)

| 45 | ㆍ ㅡ ㅗ ㅜ ㅛ ㅠ는 첫소리 [글자] 아래에 쓰고, ㅣ ㅏ ㅓ ㅑ ㅕ는 첫소리 [글자] 오른 편에 쓴다. (예의 4a.1-3)

| 46 | 끝소리 [글자]는 첫소리와 가운뎃소리 [글자] 아래에 위치한다. (해례 25a.2)

| 47 | 두세 개의 첫소리 [글자]를 함께 쓰려면 나란히 표기한다. (해례 25a.3-4)

| 48 | 가운뎃소리 [글자]는 두세 개가 함께 쓰인다. (해례 25a.8-25b.1)

| 49 | 끝소시 [글자]는 두세 개가 함께 쓰인다. (해례 25b.2)

| 50 | 합용병서는 왼쪽에서 오른쪽으로 나란히 쓰며, 이는 첫, 가운뎃, 끝소리 [글자]가 마찬가지이다. (해례 25b.4-5)

| 51 | 여러 개의 첫소리, 끝소리 [글자]를 동시에 쓰려면 나란히 표기 한다. 가운뎃 소리 [글자]도 왼쪽에서부터 나란히 덧붙여 쓴다. (해례 27b.3-4)

| 52 | ·과 ㅡ가 ㅣ 소리에서 시작되는 것은, 표준말에는 쓰이는 것이 없다. (그러나) 어린이의 말이나 방언에는 혹 그것이 있는데, (이는) 마땅히 두 소리[글자]를 어울려서 써야 할 것이니, **긔**, **긔** 따위와 같다. 그것은 세로된 글자가 가로로 된 글자에 우선한다. 이는 딴 글자와는 같지 아니하다. (해례 26b.8 – 27a.3)[254]

| 53 | ㅇ 자를 입술 소리 [글자] 아래에 쓰면, 이 [글자의] 소리가 유성음이 된다. (해례 8b.3 – 4)[255]

위의 인용문들에서 음절 다발에 대해 다음과 같은 공리적인 규칙을 표현할 수 있다. 즉 하나의 음절 다발에 글자의 조합과 그의 배치와 수에 대한 규칙성을 말하는 것이다. 《훈민정음》, 또한 〈예의〉에서 이런 규칙들에 대한 특수한 개념들이 언급되며, 이 개념들은 후대의 전문 서적들에서 수용되고 해당 규칙에 대한 명칭으로 계속 쓰이게 되었다.[256]

① 소리(글자)는 음절(다발)로 모아 쓴다.

이것이 **성음법**成音法이다.

---

254 여기서 전반적으로 지적하고 싶은 것은 이 해당 구절이 현대 한국어로 아주 다양하게 풀이 되고 있다는 사실이다. 이 인용문에 대한 생각을 요약한 것은 아래의 '규칙성에 어긋남 Regelkonflikt'이란 소주제를 참조할 수 있다.

255 이런 식으로 생겨난 글자로는 〈ㅱ ㅸ ㅃ ㆅ〉이 있다.

256 특히 김민수 1972: 37 참조.

② 세로 또는 가로 모양의 '가운뎃소리 글자'가 놓이는 위치에 따라 첫소리가 그 왼편 또는 위편에 위치할 것인지 결정된다. 끝소리 글자는 첫 · , 가운뎃소리 글자의 아래에 위치한다.

가운뎃소리 글자에는 **부서법**附書法이 적용된다.

③ 첫소리 글자(= 끝소리 글자)는 서로 조합하여 쓴다. 가운뎃소리 글자도 마찬가지이다.

합하여 쓴 글자는 최고 3 개 자까지 가능하다. 이들을 나란히 배열하며 수평으로 써 간다. 여기서 자음자와 모음자에는[257] **병서법** 竝書法 Reihenschreibungsregel이 적용된다. 여기서 같은 자음자를 나란히 표기하는 것과 서로 다른 자음자를 나란히 표기하는 것을 구별하며 합용병서合用竝書 그리고 각자병서各自竝書라고 칭한다.

첫 · 끝소리 및 가운뎃소리 글자의 경우에 '나란히 쓰기 Nebeneinanderschreibung'에 대한 예외가 있는데 '위아래로 쓰기' 즉 세로 쓰기가 특정한 경우에도 가능하다. 이를 연서법連書法을 적용한다.[258]

---

257 이에 반해 김민수는 병서법이 모음자에는 해당되지 않으며, 이 부분에서 뭔가 "혼동" (169 페이지)하고 있다고 주장한다. 그리고 이 주장에 대한 근거로 인용문 52번에서 찾을 수 있는 모음의 위아래 쓰기를 제시하였다. 그러나 실제로 이 위아래 쓰기는 하나의 예외의 경우이지 하나의 규칙으로 봐서는 안된다 (다음에 나오는 '규칙 위배 Regelkonflikte'와 비교). 김민수 1972: 167 - 173 참조.

258 《훈민정음》에 따르면 이 개념은 엄격히 말해서 순음 Labiale인 자음군과 설음 Lingual 〈ㄹ〉에만 해당된다. 그 외의 사항은 다음에 이어지는 설명과 비교.

규칙성에 어긋남 인용문 52번에서 본 음절 다발 〈**기**, **긔**〉(해례 27a.3)는 앞에서 언급한 인용문 50, 51번에서 설명된 병서법과 반대된다. 이 두 그룹의 인용문 내용은 서로 무효화시킨다.[259] 그래서 이 두 가지의 규칙에 대한 관계를 정확하게 파악해야 그 음절 다발의 구조를 이해할 수 있다. 그러면 이 지식을 자형학 차원에서도 유익하게 응용할 수 있을 것이다.

위 인용문에서 언급된 〈ㅗ, ㅣ〉 조합들이 〈ㅣ〉에 그 근원을 두고 있다는 사실을 알게 되었다. 인용문 33번과 위의 인용문과의 언어 및 내용적 유사함이 보인다. "ㅛ ㅑ ㅠ ㅕ는 ㅣ[…]에서 발원하므로 재출[자]가 된다"(해례 9b.5 - 7). 이들 재출자의 자소적인 원칙은 두 번째 점을 첨가하므로 〈ㅗ ㅏ ㅜ ㅓ〉에서의 [j]음 첨가 현상 Jotierung을 표현해 낸 것이다. 그러나 이런 원칙을 위의 두 글자 〈·ㅡ〉에 똑같이 적용시킬 수는 없다. 그러므로 위에서 보인 두 음절 다발 구성은 음 [jʌ], [ji]을 표현하기 위해 사용된 비상수단의 일종으로 볼 수 있다. 이와 같은 해석은 《훈민정음》에서 찾을 수 있는 세 개의 주장을 통해서 더욱 분명해진다.

- 자소 체계와 일치하지 않음을 제시 특히 위의 경우에는 세로 다음에 가로로 쓰는 획순 Strichfolge을 택하나, 보통 가로 다음에 세로를 씀 (해례 27.3)
- 특정 지역에 한정된 지역어 regionale Randsprache 또는 유아어

---

[259] 필자는 김민수의 논문 외에 이 점에 대해서 상세히 다루고 있는 기타 (한국) 논문을 찾지 못했다.

幼兒語 등과 같은 데서만 나타나는 드문 현상임 (해례 26b.8 - 27a.2), 또는

- 합자해合字解편 마지막에 언급된 특수한 경우 (해례 26b.3 - 27a.3)에 포함되어 있는 점이다.

문헌에는 위의 〈‧ㅡ〉 이 외에 다른 모음자가 〈ㅣ〉와 합쳐서 외래어를 표기하기 위해 사용된 여러 예를 찾을 수 있다.[260] 이는 《훈민정음》의 표현 대로 하면 다 〈ㅣ〉에서 그 근원을 둔다는 것이다. 예를 들자면 〈ㅗㅓㅑ〉 등이 있다. 이와 같은 조합은 [j]음 첨가 현상 Jotierung이기 보다는 모음중복 Hiatus을 나타낸다고 함이 보다 옳은 추측일 것이다. 왜냐하면 [j]음 첨가 현상 Jotierung이라면 직접적으로 〈ㅛㅠ〉로 표기함이 옳기 때문이다. 특히 마지막 예 〈ㅑ〉는 앞에 언급된 글자 조합이 해체되어 각각 두 음절로 분리되어 표기됨이 타당성이 있다. 나란히 쓰기(병서법)와 위아래로 쓰기(연서법) 규칙의 적용 범위에 대해서 짧지만 충분하고 분명하게 설명되었다고 믿는다. 즉, 인용문 52번에서 언급된 두 음절(다발)은 예외에 속하는 것이다. 이 외에는 기본적으로 (특히 현대 한국어에) 병서법은 따라야 하는 규칙이며, 여기 항상 가로획이 세로획에 우선한다. 결과적으로 〈ㅗㅓㅜ〉와 같은 이미 언급된 모음자 조합은 단지 외래어 표기를 위해서만 문헌에 실제로 사용된 것으

---

260 홍윤표 1995: 109ff. 참조.

로 증명되었기 때문에[261] 규칙을 따르지 않는 특수 형태로 제외시켜야 한다. 단, 역사적으로 (잘못?) 성장해온 글자 조합이지만 글자로 표현할 수 있는 범위에서 빼놓을 수 없는 상속재산으로 보아야 한다.

수기手記 원리의 실현을 하면 그에 걸맞는, 즉 규칙을 따르지 않는 경우도 표현해 낼 수 있는 유연한 한글 표기 체계가 도입되어야 할 것이다 (III 1.6.2 비교).

3.4.1 음절 다발의 형태와 구조에 대한 구상 konzeptionell의 특징들[262]

3.4.1.1 이차원성 Zweidimensionalität

앞의 세 점 ①~③에는 글자를 이차원적 배열로 인한 한글의 전형적인 음절 다발의 모습이 담아 있다. 그 이유는 이미 다루었다시피 문자의 형태 속에 삼재의 상호작용과 음양순환의 심오한 의미를 나타내려는 의도에서 찾아볼 수 있다. 첫·, 가운뎃·, 끝소리(글자)가 양陽, 중립의 중中 그리고 음陰을 대표하며 나타나 있는 것이다 (II 3.2.1, II 3.3 주석 228 비교).

---

261 홍윤표 1995: 112, 151 참조: 김정수 1994a에서는 예문이 없음.

262 김 레노(KIM-RENAUD)에서는 '한글 음절'의 형태와 구조 Gestalt und Struktur 가 "Writing Conventions" 속에 귀속되어 있다. 한글의 분명한 구상 Konzeption 상의 특징을 살펴볼 때 이 두 가지가 관례와 관계가 없다는 것이 확실하다. 정서법은 관례에 속한다하는 것에 동의하지만 여기서도 이 관례가 정서법의 유일한 원칙은 아니라는 사실을 염두에 두어야만 한다 (II 3.4.2 비교).
KIM-RENAUD 1997: 177.

3.4.1.2 구조적 불변성 strukturelle Unveränderbarkeit

한글을 개발한 학자들은 음절에 관해서 성모聲母과 운모韻母, 두 소리(fanqui, 반절反切)로[263] 이뤄진 중국의 음절 개념을 따르지 않았다. 한글에서 나타나는 바에 따르면, 음절의 의미는 표음문자 체계의 중요한 단위로 인식되며 그에 맞게 머리 Kopf, 핵 Nukleus 그리고 코다 Koda/결미자음 또는 첫 · 가운 뎃 · 끝소리 그리고 이에 해당하는 자소에서 찾을 수 있다.[264] 이차원적 배 열과 관련 짓지 않고 볼 때 한글의 개념에 따르면 소리의 차례 C V C가 한글 음절의 기본형 Grundmuster이라고 볼 수 있다.[265] 이 기본형은 예나 지금이나 음절이 발음에 따라 단지 C V, V C 또는 V만으로 구성될 때도 변함없이 지켜지고 있는 것이다. 기본형에서의 빈 자리는 음가가 없이 단 지 자리만 채워주는 자음자 〈ㅇ〉(ʼ)가[266] 쓰인다. 따라서, V V라는 형태로 된 음절 차례는 불가능하다. 예를 들어, 〈ㅏ〉로만은 음절을 만들 수가 없 고, 그 앞에 자음자 하나를 넣어서, 즉 〈아〉의 형태로 음절을 만드는 것이 다. 이와 다르게 라틴어 〈A〉는 그 자체만으로 한 음절을 만든다. 음가가 없는 끝소리의 경우에는 이미 《훈민정음》이 창제된 시기에도 그 표기를

---

263 여기서 한자의 소리를 두 개의 한자로 나타내기 위한 방법을 다루고 있다. 한자 '文' (문, mun, 글자 등의 뜻을 담고 있음)을 위의 방법에 따르면 '無(무, mu, 없음)'의 'ㅁ'과 '分 (분, pun, 부분)' 의 'ㅜㄴ'(un)으로 나타낼 수 있다.
신/신 1975: 1342 I (반절) 참조.

264 EISENBERG 1998: 99 – 143; VENNEMANN 1982: 261 – 305에 의거한 음절의 정의.

265 반모음은 여기서 그리고 후에 설명된 기본형에 포함되어 있다.

266 《훈민정음》(해례 7b.7 – 8a.1)에서도 언급한 바와 같이 이 글자는 종종 〈ㆁ〉자와 착오를 일으키 기 쉽다. 이 들 글자의 내력에 대해서 II 3.3.3.2 주석 34와 비교.

생략할 수 있었다.

| 54 | 또한 ○ 소리는 약하고 비어 있다. 가운뎃소리(글자)만으로도 완성된 음
절을 이룰 수 있으므로 이 자를 끝소리로 반드시 표기할 필요는 없다.

(해례 22a.8 - 22b.1)[267]

물론 이런 규칙이 첫소리에는 전혀 적용되지 않는다.

3.4.1.3 자유로운 다발 만들기

앞에서 언급한 규칙, 특히 병서법에 따르면 각각 세 개씩의 자음과 모음의
조합 Kombination이 허용되어 있다 (다발). 이는 CCC VVV CCC와 같은
형태의 9글자로 된 다발을 만들 수 있음을 의미한다. 즉, 〈ㅃ〉[268]나 〈ㅟ〉와
같이 연속된 글자 군도 만들어질 수 있는 것이다.[269] 특수한 경우에 있어서
는 두 음절 다발을 이어서 쓰면 6 개의 자음자 행이 생길 수도 있다. 《훈민

---

267 《세종 어제 훈민정음》에서는 이런 원칙이 철저하게 지켜진다. 하지만 자세히 관찰하면 순 한국
어 음절과 한자어 음절 사이에 상이함이 발견된다. 순 한국어 음절에서는 〈ㅇ〉이 끝소리로 올
때 완전히 탈락하고 한자어 음절에서는 탈락하지 않는다.

268 허웅은 중세 후기 이러한 자음자 조합에 있어서 표기와 발음 상에 차이가 없었다고 했다. 그는
《훈민정음》에는 낱글자 하나 하나의 발음에는 특별한 주의를 기울였으나 글자 조합의 발음에는
그다지 주의를 기울이지 않았다고 주장했다. 이와 반대하여 이기문은 특히 〈ㅅ〉의 된소리 기능
을 지적하며, 이런 중첩을 통해 일련의 이 글자 군 Buchstaben-Cluster이 다르게 발음되었을 것
이라며 의견을 달리했다.
허웅 1994: 91f.; 이기문 1985: 123f.; 이기문 1977: 144f.

269 《훈민정음》에서 〈ㅣ ㅢ ㅚ ㅐ ㅟ ㅔ ㅒ ㅖ〉는 이중(모음)자, 〈ㅙ ㆋ ㅙ ㆍㆌ〉는 삼중(모음)자로 보
았다. (해례 20b.3 - 5)

정음》에서 다음과 같은 예를 찾을 수 있다 (해례 25b.3), 즉

〈 **둚 뻐때** 〉(유시, 오후 5시에서 7시).

한글로 쓰인 한국 고전 문학 작품 속에는 무수히 많은 종류의 글자 조합의 실례를 찾을 수 있다.[270]

이런 점은 보다 자세히 살펴 보아야 한다. 그 이유는 자음과 모음 결합과 관련해서 다양한 조합 규칙들은 특히 외국어를 한글로 표기하는 데에 높은 유연성을 보이는 것이 강점이다. 예를 들면 여진어에서 출처한 (용비어천가 7.23[271])의 〈ㅊㅋ〉 또는 (물론 여기서 나타난 자형상의 형태가 이상적이라고는 볼 수 없지만) 독일어나 영어의 'spring'은 〈ᄳ링〉으로 표기할 수 있다. 이러한 표기 방식은 오늘날 전혀 생각할 수도 없게 되었다 (아래 비교).

3.4.1.4 <ㅇ>자와 관련된 문제점

〈ㅇ〉자는 음가가 없는 첫소리나 끝소리를 표시하는 기능 외에 순음(인용문 53번 비교)과 설음〈ㄹ〉을 유성음화하는 표시로서의 기능을 가지고 있다. 다음 〈ᄫ〉자에서 보듯이 〈ㅇ〉자는 해당 글자의 아래에 위치하게 된

---

270 옛한글로 쓰인 많은 음절 다발의 목록은 홍윤표 1995: 225 – 300 그리고 김병선 1993: 81 – 115 참조.

271 이 예문은 이기문에서 발췌하였다. 그런데 저자가 사용할 수 있는 《용비어천가》 (참고문헌 IV 1.1 비교)에 관한 서적에서는 이 부분을 찾을 수 없었다. 이기문이 어떤 서적에서 참고했는지 알 수 없다.

다. 이 점에서는 틀림 없이 음소 /β/와 같은 범주의 두 글자로 조합된 자소(복자음자) Digraph가 관심의 대상으로 떠오르게 된 것이다.[272] 첫ㆍ, 가운뎃ㆍ, 끝소리가ㆍ, 각각 최대 세 개의 글자로 구성될 수 있다는 기본 원리에서 볼 때, 여기서 우리는 다음과 같은 질문이 생긴다. 즉, 앞의 복자음자를 실제로 두 개의 글자로 보아야 하는지, 아니면 ⟨ㅇ⟩자를 단지 첨자 Diakritikon로 봐서 ⟨ㅇ⟩자가 첨가되어도 오직 하나의 글자가 생성되는지의 여부이다. 《훈민정음》의 저자가 앞의 인용문(인용문 47)에서 다음과 같이 "두세 개의 첫서리 글자를 함께 쓰려면 나란히 표기한다 (해례 25a.-25b.1)"라고 말하는 것을 볼 때, 후자의 경우를 염두에 둔 듯하다 (저자 임의로 밑줄침).[273]

3.4.1.5 구상 원칙을 어긋나는 '풀어쓰기'

역사적 배경과 풀어쓰기의 이점 19세기 말 서양의 조판 인쇄술의 도입 이후 얼마 지나지 않아 '풀어쓰기 aufgelöste Schreibweise'라는 아이디어가 나왔다는 사실은 주목할 만하다.[274] 이차원적인 한글 음절 다발을 조판組版할 때에 일차원적인 유럽 문자에 비해 많은 노력이 듦은 누구도 부인하지 못할

---

272 특히 조규태 2000 참조.

273 생각해 낼 수 있는 모든 복자음에 해당하는 다른 글자를 새로 만들어 사용하면 결국 한글 자모를 28개이상으로 늘리는 것과 마찬가지다. 이 것은 불가능하기에 복자음자를 합칠 방법 밖에 없는 바이다. 이것은 자형학 부문, 즉 음절 다발 전체 구조에 영향을 끼친다. 그래서 한글 음절 다발 내에서 글자 자리가 9 개가 아니라 9 + 9 = 18개의 자리가 마련되어야 한다.

274 천/허 1991: 특히 503f.에서 찾을 수 있는 인쇄술에 대한 내용 참조.

것이다. 조판 시에는 우선 첫·, 가운뎃·, 끝소리 글자를 음절 다발로, 이 것을 단어로, 마지막으로 줄과 연 등으로 조합해서 만들어야 한다. 이런 노 력을 줄이기 위해서는 글자 하나 하나를 조합하는 것보다 완성된 '음절자' 를 최소 단위로 하여 식자에 사용하는 방법이 당연하게 택하게 되었다 (완성 형에 대해서는 II 4, III 1.5.1, 3.2.2.1 비교). 그러나 이 방법은 다음과 같은 의문점을 제시하게 된다. 과연 이런 완성형의 '음절자'가 몇개 되며, 얼마나 필요할 것 인가 하는 점이다. 우선 정확하게 계산해 보지 않더라도 (II 3.4.3 비교), 이 수 가 결코 적지 않다는 것을 쉽게 상상할 수 있다. 그리고 이 수는 글자 유형 typeface, 글자 크기, 글자체와 같은 측면을 다시 고려해 보면 천문학적 숫 자로 불어나게 되는 것이다. 또 쓰이는 빈도로 '음절자'를 뽑더라도 여러 가 지 세트가 준비되어야 한다. 이런 점에서 '풀어쓰기'가 인쇄형의 수를 크게 줄이고 조판 시에 많은 일거리를 줄일 수 있음을 쉽게 이해할 수 있다. 이런 의미에서 이 같은 해결책이 그 나름대로의 (역사적으로 볼 때 임시적으로 나마) 장점 을 가지고 있었다고 볼 수 있다.

찬반양론 김정수金貞秀가 전문 용어상으로는 명확지 못하지만, 풀어쓰기에 대해서 이론적인 기초를 다음과 같이 설명하였다. "그러나 한글은 애당초 소리마디 단위로 모아쓰도록만 규정된 것이 아니다. 아주 융통성 있게 모 아쓰기와 풀어쓰기를 병행하도록 규정되었고, 이대로 오래도록 실행되다 가 차츰 모아쓰기로 치우쳐 왔을 따름이다. 『훈민정음』(1446) 해례 합자해의

'孔子ㅣ魯ㅅ:사룸'."[275]

위에 언급된 '규정되었다'는 말은 어떤 규정을 가리키는지 알 수 없다. 위에 《훈민정음》에서 밝힌 공리적인 규칙을 보면 이 규칙들은 글자를 이차원적으로 음절 다발로 조합해야 한다는 것을 요구하기 때문에 그런 규정은 사실상 있을 수 없는 것이다. (《훈민정음》의 저자들이 형태음소적인 morphophonemisch 원칙을 말로 언급하지 않았다는 사실에서 김정수가 주장하는 규정을 유추할 수 없다. 형태음소적인 원칙을 따르는 구체적 예문이 초단기 한글 문헌에 충분히 있다.)

위에서 언급된 《훈민정음》 인용문은 원문에 이렇게 씌어 있다. "孔子ㅣ魯ㅅ:사룸" (해례 25b.6 - 7). 이는 한자에서 한글로 바꿔 가는, 한글 한자 혼용 표기의 실례인 것이다. 이것은 음소적 또는 풀어쓰기 원칙과는 전혀 관계가 없다. 그래서 이 실례가 일차원적인 표기법을 위한 주장으로 언급되는 것은 어폐가 있다.

풀어쓰기에 찬성하는 사람들은 특히 컴퓨터 정보처리에 근거를 둔 언어학에서의 장점들을 지적하는 것이다. 왜냐하면 풀어 쓰기로써 각 글자나 소리가 그 주변 환경 내에서 연구될 가능성이 생기기 때문이다.

최소 표기 단위인 현재의 '음절자'가[276] 이 때는 연구의 요소로 전혀 작용하지 않는 것은 사실이다. 하지만 이것때문에 풀어쓰기가 적당하다는 주장

---

275 김정수 1994: 77; 김정수 2005: 108.

276 여기서 완성형의 '음절자'를 의미한다.

은 섣부른 것이다. 적당한 결론은 《훈민정음》에 의하여 음절 혹은 음절 다발을 하나의 단위로 유지하면서 동시에 투과성 Durchlässigkeit을 이루게 하는 방법이 옳은 것이다.

풀어쓰기의 또 다른 장점으로 음가가 없는 첫소리 〈ㅇ〉을 사용하지 않으므로 여백을 절약할 수 있다는 주장이다 (그림 6참조).[277]

이 마지막 주장도 《훈민정음》의 구상 특징의 침해로 평가해야만 한다.

풀어쓰기 옹호자들 널리 알려진 인물로 주시경은 1908년 처음으로 일차원적인 인쇄법의 장점에 대해 강조하였다. 그도 처음에는 이 방법에 대해 주저하는 듯한 태도를 취했으나, 시간이 지남에 따라 이 방법에 대해 확신을 더해갔다.[278]

또한 최현배 역시 이 문제에 대해 강한 관심을 표했으며, '글자혁명 Revolution der Schrift'이란[279] 제목아래 인쇄체와 필기체를 출판했다. 이 두 글자체는 원래 한글 모양과 부분적으로 많은 차이를 보이며 유럽어의 글자 모양을 상기시키게 한다. 이 같은 시도를 통해 최현배는 글자 배열 뿐만 아니라 글자의 형태에서도 《훈민정음》에서 나타낸 바와는 분명한 차이를 보이고 있다.

다음에서 사실상 '혁명적이라고' 표현할 수 밖에 없는 이 한글 표기법의

---

277 한재준 2000: 284 참조.

278 자세한 내용은 KING 1997: 222ff. 참조.

279 최현배 1983 참조.

예를 보이겠다.[280] 널리 알려진 시조를 이 표기 형태로 나타냈다.

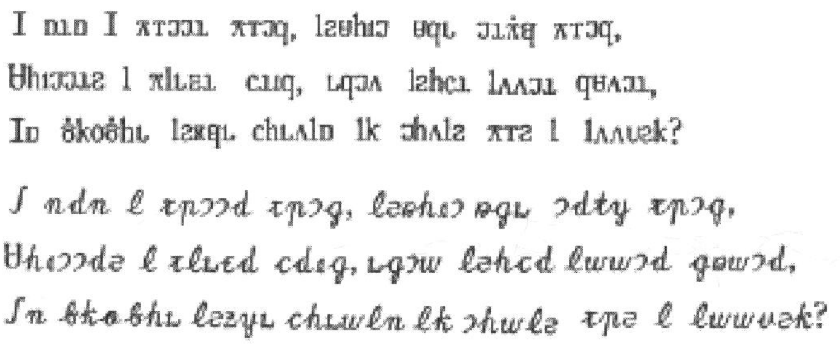

【그림 6】 최현배가 고안해 낸 한글로 표기한 실례

사전 지식이 없이는 특히 필기체로 쓴 이 텍스트를 이해하기란 쉽지 않다. 그러나 원래의 한글로 표기 할 때 이 정형시(시조)는 한국에서 널리 알려져 있어서 그 내용을 누구나 쉽게 알 수 있다. 이 시조는 정몽주鄭夢周 (1337~1392)의 '단심가丹心歌'이다.

　　　　이 몸이 죽고 죽어 일백번 고쳐 죽어
　　　　백골이 진토 되어 넋이라도 있고 없고
　　　　임 향한 일편 단심이야 가실 줄이 있으랴[281]

최근 한글의 '간편화'를 위한 적잖은 관심을 불러일으키는 의견으로 이미

280　최현배 1983: 172f.

281　원문은 정병욱 1980: 388 참조.

앞에서 언급한 김정수가 고안한 '기울여 풀어 쓰기'를 꼽을 수 있다.

다음에는 김정수가 고안한 한글 변이형으로 쓴 유명한 시편詩篇의 한 구절이다.[282]

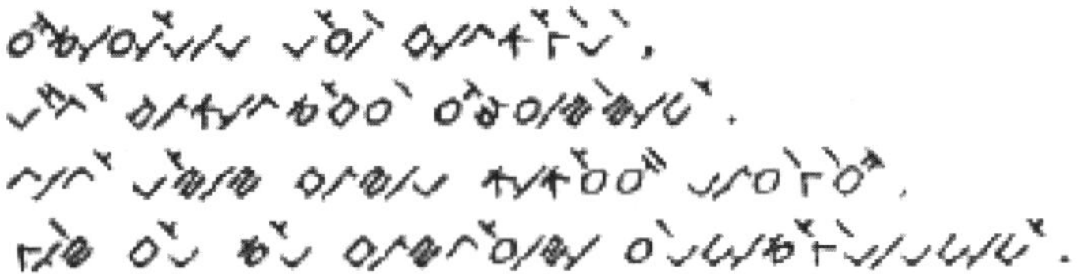

【그림 7】 김정수의 '기울여 풀어 쓰기'로 표기한 한글 실례

원래 한글로는 위의 텍스트가 다음과 같이 나타난다.

> 여호와는 나의 목자시니,
> 내가 부족함이 없으리로다.
> 그가 나를 푸른 초장에 누이시며,
> 쉴만한 물가으로 인도하시는도다.

김정수의 대안은 원 한글과 그다지 많은 차이를 보이고 있지 않아서 약간만 노력하면 읽기에 지장이 없다. 그러나 여기서는 한글의 이차원성이 한글을 기울여 씀으로써 일차원적으로 보이게 한 것 뿐이다.[283]

---

282 김정수 1992: 84.

283 이에 대한 짧은 비판은 진용옥 1991: 13 오른편 참조.

이 외에도 많은 상상력과 공을 들인 한글의 새로운 형태에 대한 안의 실례들을 나열할 수 있다. 그러나 이 모든 노력에 대해 한 마디로 질책하자면 《훈민정음》이 나타낸 음절 다발 구성 규칙 Silbenbildungsregeln을 무시하고 있다는 점이다.[284]

북한의 최고 지도자였던 김일성(1912~1994)도 풀어쓰기에 관한 주시경의 영향으로 인쇄술과 가독성에 풀어쓰기의 장점을 인정하였으나,[285] 향후 통일을 염두에 두고 북한만의 독자적 행동은 취하지 않았다.[286]

3.4.2 관습상의 특징

철학적 의미와 그 의미에 따른 특정 형태와 구조를 가진 한글 음절의 구상상 konzeptionell의 기능은 관습 Konvention과 연관된 다른 측면들과 서로 구별되어야 한다. 즉, 언어와 글자의 다양한 영역의 교차점으로서 음절과 음절 다발은 이미 알려진 바와 같이 음운론적 단위 뿐만[287] 아니라 형태론적인 단위이기도 하다. 이 두 가지 모두다 자형학에 영향을 주는 정서법과 직접적인 관련을 맺고 있다 (III 1 비교).

---

284 동일한 견해는 송현 1990: 70 - 88 참조.

285 김일성 1984a: 322f.;《력사사전》1971: II, 1061 참조.

286 김일성 1984: 14f.; 김일성 1984a: 322f. 참조.

287 이에 대해 문헌에서 부분적으로 논쟁의 여지가 있는 점들을 정리해 놓은 KIM-RENAUD의 논문 참조.
KIM-RENAUD 1997 참조.

형태 음소적 대 음소적 원칙: 간추린 한글 정서법의 역사 한국어의 음절 종지부 Silbenkodas와 음절간의 접합부 Silbengrenzen에서 음운론적 변형이 나타남은 잘 알려진 사실이다. 구체적으로 말해서, 특정 음절의 끝소리에서의 음가해체현상 Aufhebungsstellung (꽃 → [kʼot]), 순행 progressive 또는 역행 regressive 동화 (꽃잎 → [kʼon.nip]), 또는 "재음절화/연음 Resyllabification",[288] 즉 다음 음절의 경과음 Gleitlaut (ʼ,h) 부분에 앞 음절의 끝소리가 올라 붙는 Hinüberziehen 현상[289] (꽃이 → [kʼo.či]) 등이 있다.

바로 한글의 이차원적 배열은 특히 자음동화 현상에서 본 바와 같이 일차원적 표기법에서는 직접적으로 찾을 수 없는 정서법에서의 문제점을 드러낸다. 정서법에서도 음가해체현상 Aufhebungsstellung에서와 마찬가지로 다음과 같은 질문을 던져볼 수 있다. 즉, 어떤 원리가 우선해야 하는지, 형태 음소적(Bußmann에 따라 어원에 기준을 둔[290]) 원리인지 또는 음소적 원칙인지의 여부이다. 예를 들면 한국어의 단어 〈값〉 [kap]을 주격 조사 〈이〉 [i]와 함께 쓸 때 〈값이〉 (kaps.i)이라고 표기해야 하는지 아니면 〈갑시〉 (kap.si)라고 표기

---

288 Sᴏʜɴ Hᴏ-Mɪɴ 1999: 164.

289 Lᴇᴡɪɴ/Kɪᴍ 1976: 5 참조.

290 Bᴜssᴍᴀɴɴ 1983: 425 참조.

해야 하는지의 문제이다.[291]

여기서 제기된《훈민정음》이 어떤 정서법을 우선하는지에 대한 문제를 살펴보기 전에 위의 두 원칙은 모두 한글의 음절 (다발)에 관한 구상 특징에 부합한다는 점을 지적해야 한다. 왜냐하면 한글의 이차원성이나 음절(다발) 구조에 전혀 영향을 주지 않기 때문이다.

다시 앞에서 제기된 문제에 대한 답을 미리 밝히면 전체적으로 불명확성이 나타난다. 우선 전혀 의심의 여지의 여지가 없는 것은 당시《훈민정음》 창제에 참여한 학자들은 한국어의 발음상의 특징을 잘 알고 있었다는 사실이다.[292] 그렇지 않았다면 다음의 음가해체현상과 연관된 말들을 언급할 수 없었을 것이다.

| 55 | 그러므로, ㆁ ㄴ ㅁ ㅇ ㄹ ㅿ의 6자는 평성, 상성, 거성을 [가진 음절에]

---

291 이들 정서법 상의 변형에 대한 용어로 분철分綴 'abtrennende Orthographie' = 형태음소적 morphophonemisch 대 연철連綴 'hinüberbindende Orthographie' = 음소적 phonemisch이 적합하다.

이 외에 완전히 다른 의미를 지닌 일련의 전문 용어들이 있다. 이 용어들은 문헌 상에서 자주 불분명하게 사용된다. 예로 '풀어 쓰기 aufgelöste Schreibweise'란 음절 다발의 이차원성을 해체함(II 3.4.1.1 비교)을 의미하는데, 그러나 허웅은 위의 '연철'과 같은 의미로 사용한다. '풀어 쓰기'에 대응하는 개념의 용어로 '모아 쓰기zusammenfügendes Schreiben'가 있는데, 이는 사실상 '분철'과 같은 의미로 사용된다. 이에 더해 왼쪽에서 오른쪽으로 쓸 때는 '가로 쓰기 waagerechtes Schreiben' 또는 '횡서橫書' 그리고 위에서 아래로 써 내릴 때는 '세로 쓰기 senkrechtes Schreiben'라고 부른다. 그런데 이 가로 쓰기가 풀어 쓰기의 의미를 지니게 된 경우도 있다.

한글 정서법을 정리해 놓은 문헌으로는 이병근, 그리고 '풀어 쓰기'에 대해서는 김정수, 그리고 위 낱말의 개념 정리에 대해서는 R. KING을 참조하기 바란다.

허/박 1971: 294; 이병근 1991; 김정수 1989; KING 1997: 222f. 참조.

292 동일한 견해는 강신항 1991: 149 참조.

끝소리로 사용되며, 나머지는 모두 입성의 끝소리가 된다. 그래서 ㄱ ㆁ ㄷ ㄴ ㅂ ㅁ ㅅ ㄹ 의 8자로써 넉넉히 쓸 수 있다. 그래서 빗곶 梨花, 엿의갗 狐皮과 같은 낱말에서 다만 ㅅ자만 쓸 수 있다. (해례 22a.3-8)

적어도 음가해체현상의 측면에서 볼 때 《훈민정음》은 음소적 원칙의 적용 가능성을 용인하고 있다.[293] 그러나 '연음현상 Hinüberziehen'에 대해서는 어떤 언급도 찾아 볼 수 없다. 왜냐하면 원문에서는 단지 개개의 단어만 언급되어 있고 단어가 조사와 연결된 형태와 이런 형태가 절이나 구와 같이 나타나 있는 것은 전혀 찾아볼 수 없기 때문이다. 그러나 《훈민정음》과 동시대에 편찬된 《용비어천가》, 《월인천강지곡》 그리고 《세종어제훈민정음》에서는 형태 음소적 원칙이 분명히 나타나 있다.[294]

1587년에 편찬된 《소학언해小學諺解》는 이 형태 음소적 원칙을 보다 엄격히 따르고 있다. 그러나 이 《소학언해》도 정서법의 발달 과정에서 예외로 볼 수 밖에 없다. 19세기 말까지 정서법은 점점 더 분명하게 음소적이지만 매우 불규칙적으로 표기하는 양상을 띠게 되었다. 이어서 20세기 전환기 무렵에는 수십 년의 짧은 주기로 여러가지 표기법들이 난무하던 시기가 위의

---

293 박지홍은 《훈민정음》에서 언급된 "可足用也"라는 표현을 보다 면밀히 연구하였다. 그리고 이 표현을 '추천할 수 있다 Kann-Empfehlung'란 의미라고 밝혔다.
박지홍 1987: 200-202 참조.

294 세종대왕은 이 책들을 펴내는 데 많은 노력을 기울였다. 이런 의미에서 이기문은 세종대왕이 형태 음소적 원리를 지지했다고 추측한다.
이기문 1997: 21ff.; 이기문 1990: 75; 이병근 1991: 156 왼쪽 참조.

양상을 대체하였다.[295]

3.4.2.1 《한글 맞춤법 통일안》의 의의

이미 여러 번 언급한1933년 공포된 《한글 맞춤법 통일안》은[296] 불규칙성과 음소적, 형태 음소적 두 원칙 사이의 혼선을 종결 짓는 역할을 하였다. 또한 이 《통일안》은 현행 남북한의 정서법에 직접적인 영향을 끼쳤다.[297] 그러면 이 《통일안》은 관습적이고 구상적인 측면에서 볼 때 현행 한글의 기본 형태에 어떠한 영향을 끼쳤을까?

정서법의 기본 원칙 《통일안》의 서문에는 그 기본 강령을 3 개의 문장으로 요약해 두었다. "1) 한글 맞춤법은 표준말을 그 소리대로 적되 어법에 맞도록 함으로써 원칙을 삼는다. 2) 표준말은 대체로 현재 중류 사회에서 쓰는 서울말로 한다. 3) 문장의 각 단어는 띄어 쓰되 토는 그 웃 말에 붙여 쓴다."

(한글 맞춤법 통일안 1).

관습상의 특징 제 1 문장에서 중요한 점은 '어법에 맞도록' 이란 제한성의 문구가 들어 있는 점이다. 이는 낱말들의 '본래의' 형을 표기해야 함을 의미

---

295 이병근 1991: 156 오른쪽 – 157 왼쪽.

296 앞으로는 짧게 《통일안》으로 줄여 표현한다.

297 《통일안》과 현행 맞춤법 사이의 비교는 이휘승(a) 참조. 마찬가지로 남북한 정서법에 관한 내용은 그 다른 논문을 참조.
　여기서 외국 지명의 표기에서 아주 큰 차이를 살펴 볼 수 있다. 즉, 남한에서는 독일어의 "Ungarn"이 '헝가리'로 북한에서는 해당 나라에서 사용되는 발음인 '웽그리아'로 표현된다. 물론 이 같은 차이는 남북한 내에서 컴퓨터 상에 표기할 때 어떤 저해 요인이 되진 않는다. (이와는 반대로 남북한에 있어서 상이한 자모열과 부호화는 문제가 되고 있다.)
　이/안 1999: 171 – 180; 이/안 1999: 164 – 170; Sohn Ho-Min 1997: 특히 193f., 204 참조.

한다.[298] 개념적으로 분명한 낱말을 쓰고 있지는 않지만, 실례에서도 보듯이 《통일안》에서는 한글 정서법에 형태 음소적 원칙을 받아 들이고 있다. 그리고 이 원칙은 이미 19세기 말에 주시경에 의해 주창된 바 있다.[299] 오늘날 남북한 모두에서 이 형태 음소적 원칙이 정서법에 적용됨은 이 《통일안》에 그 근거를 찾을 수 있다.

구상상의 특징 구상상의 특징에 관련해서는 위에서 한글 음절 다발의 전형적인 형태에 중요한 성질인 이차원성, 구조적 불변성 및 자유로운 다발 구성은 세 가지다.

우선 《통일안》이 이차원성과 구조적 불변성에는 배치되는 것이 전혀 없으나 자유로운 다발 구성하기의 측면과는 배치됨을 보인다.

위와 같은 배치 현상이 생기는 것은 주로 당시 사용된 구어를 정서법의 기준으로 삼은 데서 그 이유를 찾을 수 있다. 이러한 결정은 또 다음과 같은 결과를 가져왔다.

- 음가를 상실한 〈ㆍ, ㆆ, ㅿ, ㆁ〉의 글자들이 자모에서 탈락하게 되었고, 그 결과로 한글은 24개의 자모만으로 구성되었다.
- 〈ㆁ〉이 사라진 후, 〈ㅇ〉이 음가가 없는 첫소리로, 또 끝소리로는

---

298 《통일안》諸 3장 諸 6절 '어원 표시 語源表示'가 이에 해당한다. 이 6절의 첫번째 문장은 다음과 같다. "語幹에 〈ㅣ〉가 붙어서 名詞나 副詞로 되고, 〈음〉이 붙어서 名詞로 轉成할 적에는 口蓋音化의 有無를 勿論하고 그 語幹의 原形을 變하지 아니한다" (한글 맞춤법 통일안 18).

299 자세한 내용은 이기문 1977: 272f. 참조.

비음 [ŋ]의 음가를 가지며 이중 기능 Doppelfunktion을 하게 되었다. 이 같은 이중 기능으로 음절 불변성의 원칙은 변함없이 지속되게 되었다.

위 두 점이 현재 한국어를 기준으로 한 결정과 일치한데 확실히 《훈민정음》의 원래 구상과 배치한다.

(자유로운) 다발 구성을 보다 자세히 살펴보자면, 《통일안》의 제 1 항의 부기附記에서는 다음과 같은 중요한 내용이 담겨있다. "전기의 자모로 적을 수가 없는 소리는 두개 이상의 자모를 어울러서 적기로 한다" (한글 맞춤법 통일안 2). 여기서는 《훈민정음》의 다발 구성 규칙과 기본적으로 일치하는 것으로 보인다.

위의 제 1 항에서 소개된 글자 조합 규칙에서 사실상 모음에 해당되는 경우는 단 두 가지 뿐이다. 즉, 세 모음의 조합 〈ㅙ〉 (ㅗ + ㅏ + ㅣ) 그리고 〈ㅞ〉 (ㅜ + ㅓ + ㅣ)만이 있을 뿐이다. 또 이는 /w+æ/와 /w+e/에서 보듯이 각 두 개의 음소들의 조합일 뿐이라고 주장할 수도 있다.

자음에서는 단지 두 자음의 조합, 즉 첫소리에는 자음이 중첩된 형인 〈ㄲ ㄸ ㅃ ㅆ ㅉ〉만이 나타난다.[300] 여기에 더해 끝소리를 다룬 §11) 항에서는 다시 〈ㄲ〉과 〈ㅆ〉 외에 〈ㄳ ㄵ ㄶ ㄺ ㄼ ㄿ ㅀ ㅁ ㅄ〉이 포함된 11 개의 조합이

---

300 중첩음 [k']에 대한 표기로는 〈ㅺ〉대신에 보다 적절한 〈ㄲ〉이 사용됨이 논리에 맞다. 이기문 1977: 271f. 참조.

나타나 있다. 위의 조합 외에 또 다른 자음 조합이 가능한지에 대해서는《통일안》어디에서도 직접적으로 언급되고 있지 않다. 그러나 전반적으로 이《통일안》을 살펴볼 때 위에서 언급된 조합 가능성 외에는 자음이든 모음이든 어떤 다른 가능성도 허용하고 있지다.

이런 불명확한 입장은 또한 외국어의 표기를 다룬 제 60 조에서도 보인다. 외국어 표기를 위해 어떤 새로운 문자나 부호의 사용도 막고 있으며, 음소 문자적인 원칙을 적용되는 내용이다 (한글 맞춤법 통일안 48). 그러나 실제로는 특히 영어를 포함한 외래어 표기할 때 오래어 음절 다발을 해체하는 표기법이 현행 규칙으로 실행되고 있다는 것이 보인다.[301]

현대 한국어에 자유로운 음절 다발 구성의 상실 위에서 실례로 언급한 'spring'은 원음과 동떨어진 형태인 '스프링'으로 다소 불만족스럽게 표기되고 있다. 특히 원래 한 음절이 세 음절로 표현하는 것이 복잡하고 매력이 떨어뜨리는 느낌을 준다. 현대 한국어에 자음이나 모음 쌓기가 불가능하고, 또 이런 현상을 공식적인 정서법 규칙에서 전혀 언급하고 있지 않는 것은 특이할 만한 사실이다. 바로 영어를 한국어로 표기하는 규칙에서도 이런 다발 해체 방법만을 제시하고 있다. 언어가 발달함에 따라 현대 한국어의 자음 쌓기 Konsonantenhäufung는 얼마 되지 않은 몇몇 경우를 제외하고는 사라졌다.[302] 이는 음절의 끝부분 뿐만 아니라 음절의 앞부분도 마찬가지이

---

301 이/안 1999: 322ff. 참조.

302 자세한 내용은 이기문 1977: 273, 275 참조.

다. 음절 중간의 모음 쌓기 Vokalhäufung도 음성론적 음변화 phonetische Lautverschiebung의 경우에 한정되고 있다. 한국어 음절의 기본형이 오늘날에도 변함 없이 CVC 형을 따르고 있으나,[303] 자유로운 음절 다발 구성은 더 이상 가능하지 않다. 그래서 CCC형의 자음 쌓기는 CV+ CV+CV형으로 해체하여 나타낼 수 밖에 없다.

다시 《통일안》에서 중요한 내용을 간추면, 《통일안》은 관습상의 측면에서 한국어의 형태 음소적 원칙을 따르는 표기법의 기반이 된다. 구상상의 측면에서는 이 《통일안》을 통해서 고정된 CVC 구조 속에 글자의 이차원적인 배열이 변함없이 유지되고 있다. 그러나 이와 동시에 한글이 그 특성을 잃은 면도 찾아볼 수 있는데, 예를 들자면 몇몇 글자의 소실 그리고 자음과 모음의 자유로운 조합 가능성의 포기 (자유로운 음절 다발 구성) 등을 들 수 있다.

컴퓨터 상에서의 한글 표기와 관련하여 한글의 특성을 포기 또는 유지함을 통해서 특징지워지는 이 같은 실태는 분열 상을 보이고 있다고 싶다. 보다 자세히 나타낼 것이지만, (C) V (C)의 차례를 유지하며 구조적으로 불변하는 음절 기본형이 한글 자소의 간편한 입력에 유용하게 될 수 있을 것이다 (한글 오토마타 III 2.2.1.3 비교). 다른 한편으로 몇몇 글자의 삭제와 그 같은 결정이 옛한글의 표기 시에 적잖은 어려움을 주고 있다.

---

303 이기문 1977: 275 참조.

3.4.3 한글 음절 다발 및 '음절자'의 개수

한글의 전형적인 이차원적 글자 배열과 이에 따르는 음절과 음절 다발 의 핵심 의미를 살펴볼 때에는 쓸 수 있는 음절 다발의 개수에 대한 의문이 당연히 생긴다. 또한 이런 의문은 인쇄업자와 현재 와서 글자 폰트 개발자에게 관심 대상 되는 것이다. 앞에서 충분히 다룬 구상적 규칙에 근거해서 이 개수를 비교적 쉽게 밝혀 낼 수 있다.

《훈민정음》의 다발 구성 규칙은 한 음절 다발의 첫소리, 가운뎃소리, 끝소리 자리에 각각 최고 3 개의 자음자 또는 모음자로 된 조합을 허용한다. 한국어 자모에 17 개의 자음이 있기 때문에 다음과 같은 가능성이 나타난다. 즉, 17 개의 단일 자음, 172 개의 이중 자음, 173 개의 삼중 자음 그리고 마지막으로 1 개의 빈자리이다. 이 빈자리는 초성이 빠지는 '음절', 즉 반절反切을 표시할 때 필요하다는 생각에 기인한다 (이런 문맥에 '채움문자 Füllbyte'에 대한 자세한 개념은 III 3.3.5 비교).

가운뎃소리에 대해서는 위와 비슷하게 계산을 할 수 있는데, 단지 그 수가 11이고 빈자리가 없다는 것만 주의하면 된다. 마지막으로 끝소리에 해당되는 글자 수는 첫소리에서 보인 바와 마찬가지이다.

수학적으로 이런 사실을 아래의 방정식을 만들어 그 결과를 보면 다음과 같다.

$$(1 + 17 + 17^2 + 17^3) \times (11 + 11^2 + 11^3) \times (1 + 17 + 17^2 + 17^3) =$$

$$5220 \quad \times \quad 1463 \quad \times \quad 5220 \quad =$$

$$39{,}864{,}409{,}200^{[304]}$$

위 방정식의 결과로 나온 약 400억 개의 서로 다른 음절 다발은 상상할 수도 없을 만큼의 높은 수치다.[305] 이 수자는 놀랍게도 '한글은 어떤 경우라도 사용할 수 있다'는 정인지의 주장과도 배치됨이 없다 (인용문 2번 비교). 이 수자는 딜레마를 봉착하게 한다. 즉 어떤 인쇄소나 컴퓨터도 이런 엄청난 양의 (완성형) '음절자'에 대한 '조판'을 마련하지 못한다.

한글 '음절자'의 개수와 관련해서 나름대로 큰 의미가 부여되는 또 다른 수치가 제시되어 있다. 즉, 예를 들면 11,172 와 2,333 등이 있다. 400억 개에[306] 비하면 아주 작은 수치인 11,172는 《통일안》에서 제시된 오늘날 사용

---

304 추가적 음소에 대한 복자음자인 〈ᄛ ᅌ ᅗ ᄬ ᄫ〉은 여기서 계산에 넣지 않았다. 이마저 계산에 넣는다면 만들 수 있는 음절 다발의 수는 더 늘어날 것이다.

305 이 숫자의 위대함을 좀더 구체적으로 상상하개 하기 위해 다음과 같은 계산을 하면 되리라 생각한다. 어떤 사람이 하루 100개의 한글 다발을 쓰면 1년에 100 x 365 = 36,500 다발을 쓰게 되는데 약 400억의 한글 다발을 다 쓰고자 하면 39,864,409,200 : 36,500 = 1,092,175.59 년이 걸릴 것이다.

306 변정용이 계산한 값도 실제 이와 비슷한 39,856,772,340이다. 이는 위에서 제시한 수치보다는 약간 적다. 이 적은 수치는 첫소리가 없는 반절을 계산에서 제외했기 때문이다 (위의 내용 비교).
이 것은 이균하의 계산에 들어 가지만 그는 가운뎃소리 글자의 수가 69개인데, 이는 세 개 글자를 조합할 수 있다는 사실에 주의를 기울이지 않았기 때문이다. 그래서 그의 계산 값은 위보다 휠씬 줄어든 1,880,139,600이다. 이 계산 값은 또 가로 획이 세로 획에 앞선다는 규칙을 엄격하게 지킨 모음자 조합만을 계산에 포함시킨 결과이다.
변정용 1994: 74f.; 이균하 1992: 41f. 참조.

되는 첫 · , 가운뎃 · , 끝소리 글자 (조합)에 그 근거를 둔다. 이 수치가 결과 값으로 나오는 공식은 간단하다.

$$19 \times 21 \times (1 + 27) = 11{,}172 \,^{307}$$

그리고 2,333이란 수자는 11,172에서 가장 많이 쓰이는 '음절자'를 임의로 뽑아낸 결과이다. 이 수자는 구세대 컴퓨터의 제한된 재원으로 인한 기술적인 이유로 한정된 결과이다 (III 4 비교).

3.4.3.1 '무의미한' 음절 (다발)에 대한 문제

많은 양의 상이한 '음절자' 집합을 정리해 놓은 사실이 몇몇 음절 (다발)의 의미성에 대한 단순하지만 그 나름대로의 생각해 볼 가치가 있는 의문을 불러 일으킨다. 이 의문에 대한 해답은 문법성 Grammatikalität과 수용성 Akzeptabilität의 개념쌍에서 찾아 볼 수 있다. 《훈민정음》의 한글 체계는 '일반적으로' 사용하기가 수용될 수 없는 표기가 가능해야 할 다발들을 허용하고

---

307 19 개의 첫소리(글자)를 일련으로 표기하면 다음과 같다:
〈ㄱ ㄴ ㄷ ㄹ ㅁ ㅂ ㅅ ㅇ ㅈ ㅊ ㅋ ㅌ ㅍ ㅎ ㄲ ㄸ ㅃ ㅆ ㅉ〉,
21 개의 가운데소리(글자) 열은 다음과 같다:
〈ㅏ ㅑ ㅓ ㅕ ㅗ ㅛ ㅜ ㅠ ㅡ ㅣ ㅐ ㅒ ㅔ ㅖ ㅘ ㅙ ㅚ ㅝ ㅞ ㅟ ㅢ〉,
27 개의 끝소리(글자) 열은 다음과 같다:
〈ㄱ ㄴ ㄷ ㄹ ㅁ ㅂ ㅅ ㅇ ㅈ ㅊ ㅋ ㅌ ㅍ ㅎ ㄲ ㄳ ㄵ ㄶ ㄺ ㄻ ㄼ ㄽ ㄾ ㄿ ㅀ ㅄ ㅆ〉.
한편 김병선은 여기서 첫소리가 없는 음절 다발이 생략되어 있다고 지적했다 (II 3.4, 주석 263 번 비교) .

있다. 이 것으로 문법성의 사살이 확인된 것이다. 다음의 예는 한글 다발의 표기 가능성에 대한 허용 기준이 채택된 결과가 불러 일으키는 문제점을 잘 설명해 줄 것이다. 2,333 개의 '음절자'의 집합에는 물론 〈옷〉 이나 〈못〉과 같은 '음절자'가 들어 있다. 그러나 이 '음절자'의 음을 표시하는 [온] 이나 [몯]등의 '음절자'를 표기하는 것은 불가능하다. 왜냐하면 이 같은 '음절자'는 '무의미하다'고 판단하여 배제시켰기 때문이다. 그래서 단지 이 한글 체계에 맞지 않는 [*오ㄷ] 또는 [*모ㄷ]과 같은 형으로만 표현해 낼 수 있다.

현재에 와서 모든 컴퓨터에 11,172 '음절자'를 사용하게 되어서 이와 같은 문제가 당연히 없다. 하지만 자유로운 다발 형성을 포기하는 데서 생기는 문제가 근본적으로 해결 되지 않은 채 직접 보이지 않게 남아 있는 상태뿐이다.

4. 한글 표기법에 대한 귀결

한글의 이차원성과 관련하여, 표기 가능한 수많은 음절 다발 개수는 하나의 근본적인 과제를 던져준다. 물론 손으로 이 다발을 쓴다면 원칙적으로 모든 다발을 어려움없이 표기할 수 있다. 그러나 기계적인 수단을 쓰게 되면 분명히 넘어야 할 문제점과 맞부딪치게 된다. 이런 관점에서 세 가지의 해결책을 모색하였고 지금까지 아래와 같은 문제 해결을 시도해 보았다.

① 이차원성의 해체: 앞에서 다룬 '풀어쓰기' 방법으로 이차원성을

무시 해버림으로써 위와 같은 난제를 단숨에 해결하려 하였다.

② 자유로운 음절 다발 구성을 포기함: 이 방법은 역사적으로 수백
년 동안 식자나 인쇄 과정에서 이 방법을 사용했기 때문이다. 이
방법에 따라 '음절자'의 수가 실제로 쓰이는 것의 수만큼 급격히
감소하게 되었다 (사용 빈도의 원칙).

③ 각 글자를 조합해서 음절 다발로 만들기: 이 방법은 근본적으로
수기手記의 원리 handschriftliches Prinzip에[308] 따라 이차원성이 드
러나게 표기하려는 시도이다.

이 세가지 방법들의 유용성에 대해서 다음과 같이 생각해 볼 수 있다.

①에 관해서: 글자배열의 일차원성으로 인해 이 첫번째 방법을 통해서 수
기手記 원리를 전혀 무리 없이 자동 정보 처리 방식에서도 적용할 수 있지

---

308 자세히 살펴보면 이 원리와 실제로 수기手記하는 것과는 현저한 차이가 있다. 예를 들어 손으
로 직접 쓸 때는 우선 그래픽의 기본이 되는 점, 횡— 그리고 종선, 원 등으로 낱글자 Buchstabe
를 완성하여야 한다. 반면 컴퓨터로 쓸 때는 이미 완성된 낱글자 Buchstabe를 이용한다.
소위 여기의 필사의 원리 handschriftliches Prinzip란 복합적인 표기과정의 한 부분 즉, 각 낱
글자를 음절자로 완성하는 부분을 의미한다. 정신적 측면인 쓸 음절 다발의 구상과 이의 운동적
실현 motorische Ausführung은 고려하지 않았다. 이와 같은 구상은 오로지 인간의 정신 영역에
속해 있다. 그래서, 인간은 올바르고 보기에 만족할 만한 글자의 위치 선정을 해낼 수가 있다.
그러나 필기 도구인 컴퓨터에 있어서는 미리 생각하고 계획하는 기능이 빠져 있기 때문에 위와
같은 행위가 불가능하다. 이런 결함을 보완하기 위해서 한글 오토마타 Automat와 같은 기술적
인 과정을 거쳐야만 한다 (III 2.2.1.3 비교). (언제가는 구상력이 컴퓨터로 전이 될 수 있다는
가능성은 컴퓨터의 정신적인 조작을 위한 뇌 - 컴퓨터 - 회로에 대한 연구 프로젝트를 내놓는 결
과를 가져왔다. SMILJANIC 참조).
쓰기의 복합적인 과정에 대해서는 특히 KRASHEN 1984; SMILJANIC 2003 참조.

만, 이런 방식은 《훈민정음》에 내재하는 기본 원칙인 이차원성에 어긋나게 된다. 이런 이유로 이 방법에 대해서는 더 이상 논의하지 않겠다.

②에 관해서: **출발 배경** '음절자'를 줄이는 방법은 전통적인 인쇄술에서는 상당히 실용적인 해결책이었다. 그 이유는 해당 '음절자'가 없는 '긴급상황'에서 이 방법은 음절자를 새로 고안해서 만든 틀에서 찍어 내면 되었기 때문이다. 물론 자동 정보 처리 시에도 부족한 '음절자'를 해당 응용 프로그램 (폰트에디터)으로 그냥 만들어 내면 될 것이다. 그러나 이 방법도 정렬 sorting 과 같은 특정 자동화 프로세스에 쉽게 연결될 수가 없기 때문에 단지 임시 방편일 뿐이다.

앞으로 보다 자세히 다루겠지만 '음절자'를 감소시키는 방법은 정보처리 시에 실제 그 사용 가능성을 크게 떨어뜨릴 일련의 큰 기술적인 문제들과 마주치게 된다. 이렇듯 '음절자'가 장해 요소로 작용하여 자소 음소 단계에서의 연구가 실제로 불가능하게 됨으로써 컴퓨터 언어학에서 언어 분석을 위한 광범위한 영역들이 연구되지 않은 채 남아 있다.[309] 또 네트워크 내에서 데이터 전송 시에도 전송 시간 Durchsatzzeit과 전송률 Durchsatzrate에

---

309 예를 들면 소리/음과 음절과 관련한 분할, 언어의 자소론적, 음운론적 설명, 즉 "음성 언어적 형태의 표현을 문자 언어적 표본으로 전이 Überführung z. B. der lautsprachlichen Form einer Äußerung in eine schriftsprachliche Repräsentation" (LENDERS/WILLÉE 1998: 48) 를 들 수 있다. 언급한 문제가 된 분야는 LENDERS 1989; PIRAINEN 1989; WOTHKE 1989 참조; 그외에 정인상 1996.

서도 바람직하지 않은 결과를 보인다.[310]

완성형 이 방법의 핵심 문제점은 자형학 상의 '완성형完成形 Fertigform'에 놓여 있다. 즉, 이 완성형이란 전통적인 금속 활자의 원리에 그 기초를 두고 한글의 분리될 수 있는 낱자 하나 하나가 조합되는 방식이 아니라, 낱자가 이미 조합된 형식의 분리되지 않는 완성된 '음절자'를 표기하는 방법이다. 여기서 사용 빈도가 높은 한글 '음절자' (컴퓨터의 기술상의 용량 증가로 1,300 자에서 2,300 자, 그리고 결국은 11,172 자로[311] 늘어났음)는 총 398억 이상의 조합 가능한 음절 다발의 집합에 비하여 현저히 적은데다가 이 개수 또한 컴퓨터 작업상에 방대한 노력을 기해야만 잘 활용할 수 있다.

'음절자'의 표기를 위한 각 단계 우선 각 '음절자'의 자형을 나타내는 원도原圖를 만들고, 이어서 이 완성형을 디지털화하여 글자 데이터인 폰트 Font 에 저장한다. 한글의 데이터량은 (부가적으로 포함되어 있는 한자 때문에도) 아스키 ASCII폰트보다 몇 배나 더 크다. 각 음절자에는 ID번호가 하나씩 매겨지고, 이 ID에 따라 현재 통용되는 몇몇 한글 워드프로그램에서[312] 아스키 글자와 마찬가지로 해당 '음절자'가 완성된 형태로 표기된다. 그러나 이 방법을 효과적이라고는 말할 수 없다. 사람에게 적당한 입력방식은 보통 자판을 통해서 이루어진 것이다. 여기서 나타나는 중대한 문제는 다음 질문으로 표

---

310 동일한 견해는 오/최/박 1995: 141 참조.

311 이 수치는 '통일안'에 근거하고 있다 (계산에 대해서는 3.4.3 비교).

312 예를 들어 이미 언급한 워드프로세서인 HWP (Han'gŭl Word Prozessor)라고도 하는 '흔글' (소위 아래아 한글)이 있다.

현할 수 있다. 어떻게 연속적으로 입력된 일련의 낱글자의 열이 해당 완성형의 '음절자'와 연결될 수 있는지의 여부이다. 지금까지 이 문제의 해결책 역할을 한 것은 자판(입력)과 응용 프로그램 사이에서 작동한 한글 자동틀 / 오토마타 Automat로 불리는 (OS)프로그램이다. 이 오토마타의 역할은 간단히 말해서 자판으로 입력한 자소를 다발로 조합하고 이어서 '음절자' 집합 자료에서 해당 '음절자', 즉 완성형 글자를 찾아내고 이것을 화면에 나타내는 것이다.[313] 이어서 이런 완성형 글자로 된 '음절자' 또는 전체 텍스트를 종이에 인쇄하려면 인쇄 명령에 따라 다시 위의 오토마타가 컴퓨터와 프린터기 사이에서 작동하여야 한다.

여기서 간추려서 보인 바와 같이 각각의 컴퓨터와 주변기기 사이에서 작업이 실행되기 위해서는 각종 한글의 코드화가 선행되어야 한다 (Ⅲ 3 비교).[314] 이에 반해서 자판 내 주사 부호 Scancode를 감안하지 않으면 아스키 문자에서는 이런 현상이 일어나지 않는다.[315] 이런 번거로움은 소위 컴퓨터의 성능 Performance을 저하시킨다. 즉, '음절자'의 줄임과 깊은 관련이 있는 완성형으로의 표기는 번거로운 작업 과정으로 인해 컴퓨터의 성능에 제약을 가하게 된다. 그래서 지금껏 다룬 바를 통해 판단할 때 이 방법은 한글

---

[313] 소위 완성된 음절이 모니터 상에 나타나고, 사용 경험상 이 '음절'을 고치려면 '음절자' 전체를 지우고 다시 써야 하며, 낱글자만 고쳐 쓸 수는 없음을 알 수 있다.

[314] 각 부호화의 내용을 살펴보자면 첫째로 소위 오토마타 각 낱글자를 다발로 조합하는 부호화, 둘째로 '음절자'의 부호화, 셋째로 각각 1, 2 또는 3 바이트로 출력하기 위한 부호화 등이 있다. 이기성 1999: 184f. 참조.

[315] 이기성 1996: 140 참조.

표기에 있어서 최상의 방법은 아니라고 정의 내릴 수 있다.

이 방법의 최종 결정적인 단점은 가장 흔히 사용되는 '음절자'로 제한되는 방법 자체에서 찾을 수 있다. 이런 빈도수에 따른 '음절자'자 축소를 통해서는 한글의 역동성을 살려낼 수 없다. 말하자면, 한글의 자유로운 음절 다발 구성, 즉 인용문 2에서 언급한 한글의 광대한 표기 가능성을 포기하게 된다.

이런 이유로 '음절자'의 감축은 적절치 못한 해결책으로 판명될 수 있다. 그럼에도 불구하고 본 논문에서 이 방법을 계속 언급하고 있는 유일한 이유는 단지 이미 이 방법은 예나 지금이나 널리 퍼져 있기 때문이다.

③에 관해서: 지금까지의 설명을 바탕으로 볼 때, 원리적 뿐만 아니라 구조적으로도 한글의 규칙성에 전반적으로 부합하는 방법은 여기서 소개될 세 번째 방법임을 알 수 있다.[316]

조합형 자형학 상으로 이 방법은 소위 조합 또는 조립형 zusammensetzbare Form과[317] 이의 다양한 변이형 등으로 나타난다 (Ⅲ 3.5, 3.6 비교).

이 방법에서는 주변기기와 컴퓨터 사이에서 필요한 다양한 코드화/부호화 프로그램들이 더 이상 필요 없게 된다. 그리고 정보처리 과정에서 음절자 감축과 관련해서 발생하는 단점들이 원칙적으로 발생하지 않는다.[318]

---

316 동일한 견해는 오/최/박 1995: 141 참조.

317 후자인 조립형은 북한에서 사용함.
홍윤표 1995: 60 참조.

318 학계에는 이 방법이 선호되고 있다. 그러나 특히 표준화와 관련해서 공식적인 입장과 반대 된다. 이 같은 공식 정책이 현재 한글의 컴퓨터화를 막고 있다.

입력체계 자판을 이용해서 데이터를 입력할 때는 위에서 설명한 정보처리 시의 방법과 관계 없이, 한글 타자기에서 사용된 기존의 입력 체계가 계속 이용된다. 그 중에서 두 가지 방법, 즉 소위 '두벌식$_{式}$ Zwei-Set-Methode' 그리고 '세벌식$_{式}$ Drei-Set-Methode'이 사용되었다.[319] 여기서 '두벌식'은 모음과 자음 두 그룹의 글자들을 포함하며, 이에 반해 '세벌식'은 첫·, 가운 뎃·, 끝소리에 따른 상이한 글자들을 포함하고 있다. 《훈민정음》의 원리에 따르면 어떤 것이 마땅한지 조사할 필요가 있다 (III 2.1 비교).

다음 제 3부에는 철학·우주론적 한글 원리에 관한 지식을 정보처리 내에서 기본이 되는 몇몇 응용 부문에 접목을 시도 해보려고 한다. 그리고 이러한 노력을 위한, 지금까지 부호화 부문처럼 다양하고 셀 수 없이 많은 해결책들을 다루면서 오랫동안 찾았던 적절한 방도를 찾아내 보려고 한다.

---

319 이에 더해 네 벌식, 다섯 벌식도 있지만 그다지 주목을 받지 못하기 때문에 본 책에는 더 이상 고려하지 않겠다.

Ⅲ

자동 정보
처리에서의
한글

1. 한글의 자형학

1.1 자형학의 개념 정의

앞서 Ⅱ 부 3.4 장에서 다룬 연구 대상은 표기 방법상 graphotaktisch 으로 글자들을 합치는 규칙성 (특히 구조적 불변성과 자유로운 다발 만들기)이었다. 이는 한글 다발의 독특한 구조를 지니게 해 주지만 정서법적인 관습에 묻혀 있거나 혹시 부분적으로 왜곡되어 있기도 하다. 본 장에서는 글자의 배치 Buchstabenpositionierung 의 차원을 살펴 보도록 하겠다. 달리 표현하자면, 이 차원에서는 한글 글자들이 배치되면서 시각적·자형학적인 적용이 완료되며, 이는 한글의 음절 다발을 구성하기 위한 이차원적인 배치, 또한 그 다발을 가로나 세로로 배열하는 표기 방법으로 특별한 연구 도전이다.

그러면 자형학은

각각의 문자 Symbol (글자와 기타)의 디자인에 관한 학문으로서 문자들을 심미적이면서 또한 가독성 Lesbarkeit을 증가시키기 위해 일정한 크기로 비례시켜 음절과 단어의 표기상의 모양을 줄, 장 위에 결합함을 연구한다.[320]

---

320   MLS: 660 (자형학); EB: XXVI, 92 왼쪽 칸 참조.

연구 방법과 목적 《훈민정음》, 《동국정운》, 《월인천강지곡》의[321] 인쇄 면을 살펴보면, 글자, '음절자', 난 그리고 쪽 전체에서뿐만 아니라 중국어와 한국어의 서로 다른 글자 유형 사이에서도 고도의 균형과 짜임새가 갖추어져 있다.

그렇지만 앞으로 획의 굵기, 획 서로의 간격, 기타 여러 구성요소와 관련한 각 글자의 모양보다는,[322] 오히려 자형학의 관점에서 본 글자 조합에 대한 이론적 토대를 중심으로 살펴보겠다. 즉, 이미 결과로 얻어 낸 음절 다발을 구성하는 규칙이 종이 면적에 어떻게 실현되는 지를 살펴 보기로 한다.

이 규칙으로서 음절 다발을 형성하는데에 성음법, 부서법, 병서법 및 연서법이 여기 해당한다. 이는 공리적인 성격을 띠고 있으면서 우주의 상을 그리는 기능이 있다. 이 규칙과 한글의 세 가지 근본 특징도 일치한다. 이 독특한 특징은 이차원성, 구조적 불변성과 자유로운 다발 만들기가 그것이다.

아래의 연구는 다시 자동 정보 처리에서 한글 처리를 위한 한글, 즉 《훈민정음》의 원칙과 일치한 새로운 방법을 모색하고자 한다.

---

321 이 작품들의 자형학에 대한 상세한 연구는 박병천 (2000a) 참조; 《월인천강지곡》에 대한 개괄 역시 박병천 (2000: 226 - 232) 참조.

322 《훈민정음》의 자형에 관해 박병천의 자세한 실험적 연구 참고, 현대 한글 자형은 김진평 참고, 최초의 한글 자형학에 대한 체계적인 연구는 송현 참조.
박병천 2000a: 35 - 154; 김진평 1999; 송현 1985 참조.

1.2 한글 글자의 자형학적인 원형

논의의 출발점은 본 논문에서 당연한 것으로 전제되는 한글의 원래 자형을 추적하는 것이다. 《훈민정음》에서 다시 해당되는 부분을 인용하면서 기본 모음자와 자음자와 일치한 자소적 원형 및 자소 집합의 확대를 살필 수 있다.

| 56 | 글자의 형태를 얻는 것은 옛 중국 전서의 [원칙]과 같다. (서문 31b. 6-7)[323]

---

[323] 《훈민정음》에 실린 이 문장은 가장 많은 논란을 일으켰고 아주 상이하게 번역되었다 (아래 예문 비교). 저자는 여기 소개된 김영만의 설명이 고려되고, 논란이 된 원문 "상 형이자형이자방고전 象形而字倣古篆"에서 허사 而의 문법기능에 대한 저자의 의견도 따르겠다.

문제는 첫 두 문자와 끝에 두 문자이다. '상형象形'에서 상형문자라는 개념을 뜻한다는 가정은 별로 설득력이 없는 듯 하다. 이는 결국 상형문자 = 한글의 '음절자' (자字) = 옛 중국의 전서 (크기와 상관없이, 이에 관해 KARLGREN 참조) 라는 무의미한 주장일 뿐이다.

또한 (김영만이 인용한) 유창균의 의견도 적합하지 않다. 그에 따르면, 상형象形은 중 국의 육서 (六書, 글자 종류)중 기본 종류로서 소위 기초적인 문자 (또한 II 1 의 주 12 비교)를 의미하고, 고전古篆은 해서, 행서, 초서와 같은 서체중의 하나인 전서를 뜻한 다는 것이다. 그런데 중국 전서와 한글 다발 / '음절자'를 비교하면 아무런 유사점을 발 견할 수 없다.

새 글자인 한글의 우월성을 부각시키기 위하여 옛 중국 글자를 참고했다는 추측은 저 자가 보기에 《훈민정음》이 보여주는 객관적 입장을 고려할 때 그 방향이 빗나간 듯 하 다.

문제가 되는 이 두 부분을 독자가 이미 알고있는 소위 전제 지식으로서 이렇게 해석을 시도한 것 역시 만족스러운 결과로 이끌지 못하므로 '일반'언어로 다루는 것이 오히려 의미상 더 가까 운 듯 하다. 여기서 '而'를 부사적 기능을 하는 것으로 보면 (HAENISCH 참조) '상형'은 동사적 의 미로 증명되므로 잘 들어맞는다 (이상은 참조). 이로부터 얻어 지는 번역은, "글자는 [글자에 근 본이 되는 사물의]형태를 반영한다. 이와 똑같이 중국 옛 전서에도 그러하다." 또 《훈민정음》 56 번 인용문에 있는 번역은 더 자유로운 변이 형이다.

몇몇 유럽 언어로 번역된 것을 보면, "The letters, while depicting outlines, imitate the Old Seal" (LEDYARD); "Sie [die richtigen Laute] wurden der alten Jeonschrift nachgebildet" (FRANZ/TISCHERT); "Resembling pictographs, these letters imitate the shapes of the old seal characters" (LEE).

김영만 1987: 60 – 63 참조; KARLGREN 1975: 50 – 52 참조; 유창균 1966 참조; HAENISCH 1969: 40 참조; 이상은 1974: 11 – 66 참조; 신상순 1990: 32; LEDYARD 1998: 319; FRANZ/ TISCHERT 1980: 47; LEE, PETER H. 1993: 517.

| 57 | 정음 스물 여덟 자는 각각 그 모양을 본떠 만들었다. [...] 이렇게 어금니
소리 ㄱ은 헛 뿌리가 목구멍을 닫는 모양을 본뜨고 혓소리 ㄴ은 혀가 윗
잇몸에 붙는 모양을 본뜨고, 입술소리 ㅁ은 입의 모양을 본뜨고, 잇소
리 ㅅ은 이의 모양을 본뜨고, 목구멍 소리 ㅇ은 목구멍의 모양을 본떴다.
ㅋ은 ㄱ에 비해 소리가 더 강하게 나므로 획을 더하였다. ㄴ과 ㄷ, ㄷ과
ㅌ, ㅁ과 ㅂ, ㅂ과 ㅍ, ㅅ과 ㅈ, ㅈ과 ㅊ, ㅇ과 ㆆ, ㆆ과 ㅎ에서도 마찬가
지로 획이 더하여졌다. ㆁ만이 예외다. 반혓소리 ㄹ, 반잇소리 ㅿ도 마찬
가지로 조음할 때 혀와 이의 모양을 본떴으나 다른 체계에 속하기 때문에
가획은 무의미하다. (해례 5b.2 - 6a.4)

| 58 | 홀자는 천 · 지 · 인의 모양을 본떠 만들었고, 홀자에 삼재의 원칙이 갖
추어졌다. (해례 10a.8 - 10b.1)

| 59 | · 은 [...] 그 모양의 둥근 것이 하늘을 본뜬 것이다. (해례 8b.5 - 7)

| 60 | ㅡ 는 [...] 그 모양의 평평한 것이 땅을 본뜬 것이다. (해례 8b.7 - 8)

| 61 | ㅣ [...] 는 그 모양의 서 있음이 사람을 본뜬 것이다. (해례 8b.8 - 9a.2)

문신이자 서書에도 능했던 강희안(1417~1464)이 만들었다고 추측되는[324] 《훈민정음》의 한글 자형을 아래 분류에서 얻을 수 있다.[325] (밑줄 친 글자는 글자의 기본 형태를 지시한다. 이것에서 유래한 형태들이 자음의 경우에는 기본 형태 아래에 수직선상으로, 모음의 경우에는 밑줄 친 기본 형태 오른쪽에 나열되어 있다.)

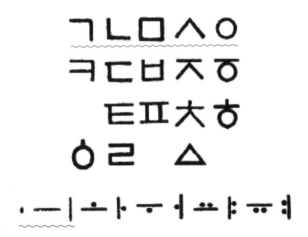

【그림 8】《훈민정음》에서 한글 자형의 원형

---

324 박병천의 이러한 추측을 뒷받침해주는 중요한 사실은, 아마도 강희안이 8명의 훈민정음 학자들 중 중심 인물로 《훈민정음》 창제 작업에 참여했고 더욱이 1455년 소위 을해 乙亥 (1445) 한글 활자체를 만든 것으로 유명하다.
박병천의 설명에 의하면, 《훈민정음》에 나오는 한자는 세종 대왕의 셋째 아들인 안평대군의 서체라고 확신되어지고 있다.
박병천 2000a: 49 참조; 위의 을해자를 보려면 손보기 1982: 278 - 283 참조.

325 해례 7b와 9b장에 300 dpi 선명도로 스캔된 것이다. 여기에 보이는 글자의 크기는 원본과 일치하지는 않지만 글자들간의 크기 비례는 같다. 스캔에 본으로 소위 사진판이 사용되었다 (II 3.1.4.1 비교).

1.3 글자체의 발전

한글 자형의 원형에서 분명히 드러나는 것은, 선이 같은 굵기로 되어 있고 선의 양끝이 둥글게 끝이 나는 점이다.[326] 여러 글자가 형성되어 있는 뚜렷하고 동시에 둥글게 되어 있는 정각이 현저하다. 이러한 자형의 특징은 이미 언급한《용비어천가》나《동국정운》과 같은《훈민정음》창제와 동시에 혹은 창제 바로 후 만들어진 활자 간행본에 나타난다.

이 출판물들은 목판본과 활자본에 대한, 총 4단계에 걸친 한글 자형사 중의 첫 단계에 해당하는 것이다.[327]

한글 자형학에서 창작과 새로운 방향이 정립되는 이 첫 단계는 1446년에서 1526년까지의 비교적 짧은 것이다.

1459년에 출판된《세종 어제 훈민정음》은 특히 자형학상 획의 같은 굵기를 보면 앞 단계와 친족 관계인 듯 하나, 이미 한자 서체 요소를 가지고 있다. 예를 들어 가로획의 끝이 두꺼워진다거나 뾰족하게 내려가는 세로획 등이다.

---

326 훈민정음 체이면 본 논문에는 EBS한국교육방송공사에서 개발한 훈민정음 폰트를 사용한다. 다음 홈페이지에서 다운로드할 수 있다.
https://about.ebs.co.kr/kor/organization/font?tabVal=hunmin

327 이 단락의 내용은 주로 박병천에 의한 것이다. 그는 1945년까지의 시기를 3단계로 나누었고, 이는 다시 각각 2단계로 세분화되어 있다. 그런데 그는 1945년 이후의 많은 발전을 언급 하지 않았다. 자료 평가는 되어있지 않지만, 약 4세기 때의 한글 '음절자'의 방대한 분류를 홍윤표가 했다. 오/최/박 공동 저자 팀은 인쇄용 문자에 관한 박병천의 설명과 의견을 일치 시키고 여기에 손으로 쓴 서체를 추가하며 상호 교환 관계를 밝혀, 더 세분된 역사적 발전 단계에 이르게 된다. 1945년 이후의 시기도 적절한 자리가 매겨진다.
박병천 2000a: 25 – 31; 홍윤표 1998: 100 – 219; 오/최/박 1995: 121 – 131 참조.

곧고 굵은 선으로 된 첫 단계의 서체와는 대조적으로 이미 두 번째 단계에서는 휘어지는 선이 붓 글씨체풍의 가벼움을 나타내 주는 새로운 서체가 선보인다. 가장 성공한 서체중의 하나로 소위 1795년에 나온 정리 I자整理 I字가 있다. 그런데 이 짜임새 구성을 가진 서체는 예외로 간주된다 (그림 9(b) 비교).

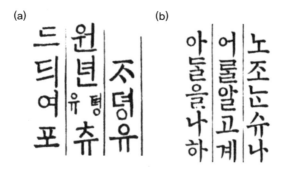

【그림 9】 한글자
(a) 한글 갑인Ⅶ 자甲寅 Ⅶ 字 (1772) | **(b)** 한글 정리 I 자 (1795)[328]

왜냐하면《세종 어제 훈민정음》에 나타나는 전반적으로 정확하게 마무리 작업이 되지 않은 작은 한글자체로 장기간의 불우한 정치적 상황으로 인해 또 다른 특징을 보여 주기 때문이다. 두 번째 단계는 1527년에서 1893년까지 이르는 장기간에 걸친 불황기로 일컬어진다.[329]

---

328 그림은 손보기 1982: 379, 395 에서 발췌.

329 1527년은《훈몽자회》가 출판된 해이다. 1893년은 한글이 국문 Landesschrift으로 공식 선포되기 전의 해이다 (II 3.1.5 비교).
박병천 2000a: 25 참조.

첫 번째 단계와 달라 두 번째 단계에서 널리 볼 수 있는 자형학적인 특징으로는, 성의 없이 한글 인쇄자, 인쇄판을 (그림 9(a) 비교) 들 수 있다. 또한 대부분의 글자들이 길이가 긴 형태적 특징을 가지고 있다.

19세기 말 조선에 도입된 서양 인쇄술과 개화기를 전환으로 소위 한글의 새벽 기가 시작된다. 20세기 초반까지 목판이 만들어졌다 하더라도 이미 오늘날 인쇄 활자의 전 단계인 금속 활자로 대체되었다.

원도 활자 시대原圖活字時代, 즉 본격적인 전문 글자 도안의 시기라 해도 좋을 네 번째 단계는 현재에 해당한다. 이 단계는 사실 디지털 시대와 같이 시작된다. 디지털화를 통해 새 글자체의 도안에 지금까지 생각하지 못한 가능성이 제시되기 때문이다. 이는 새 한글 글자체의 고안 · 보급을 지원하고[330] 이와 관련된 권리측면을 중시할 목적으로[331] 1998년 설립된 한국 글꼴 개발 연구원의 활동에서도 나타난다. 더욱이 그래픽 도안 내지 글자체 도안은 한국의 (전문)대학교에서도 높은 위치를 차지하고 있다. 약 260여 대학에서 이 분과가 운영되고 있다.[332]

---

330 매년 출판되는 글꼴에 새로운 발전 단계들이 소개되어진다. 박병천 (1998: 7 - 52)은 1998년까지 한국에서 개발된 글자 모양에 대한 개관을 했다.

331 박종국 1998: 2 참조.

332 한재준 2000: 368 - 375 참조.

1.4 이서체 異書體 Allographen

홀소리 글자의 경우 《훈민정음》이 반포되고 1년 뒤인 1447년에 나온 《용비어천가》에서 이미 〈ㅗ ㅏ ㅜ ㅓ〉가 오늘날까지 사용되고 있는 〈ㅗ ㅏ ㅜ ㅓ〉로 대치된다.[333] 이 것은 기본 세 글자 〈·ㅡ ㅣ〉가 분류되는 천지인 삼재의 상호 작용에 근본 바탕을 두는 철학적 사상과 글자의 모양을 서로 분리 시키는 것과 같다 (인용문 58 - 61 ; II 3.2 비교).

이와는 반대로 자음에서는 모음의 경우처럼 급격한 변화가 아닌 대부분 미미한 영역에서 느린 변화를 한다. 다음의 글자에서 가장 눈에 띄는 변화를 볼 수 있다.

〈ㅅㅈㅊㅎ〉에서 〈ㅅㅈㅊㅎ〉으로 변화했고 이것은 아마도 손으로 또는 붓으로 쓸 때 리듬감을 주고 가볍게 놀리게 하기 위함인 듯 하다.

1.5 음절 다발 조합에 의한, 위치에 따르는 이서체

한글에서 이서체가 자소의 위치와 음절 다발안에서의 분포를 기초로 하여 생기게 되고, 이것이 첫과 끝소리의 글자인지, 끝소리가 있는 혹은 끝소리가 없는 수직·수평적 모음에 관한 글자인지는, 오늘날의 아래 두 글자모양의 예에서 나타난다.[334] 〈ㅏ〉와 〈ㅗ〉, 〈ㄹ〉과 〈ㅈ〉의 다양한 글자모양을 확실히 볼 수 있다.

---

333 홍윤표 1998: 212ff. 참조.

334 '98 한글 글꼴: 320, 321에서 발췌.

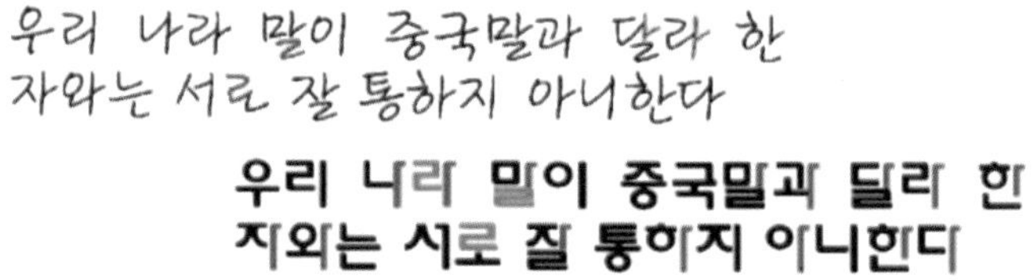

우리 나라 말이 중국말과 달라 한
자와는 서로 잘 통하지 아니한다

우리 나라 말이 중국말과 달라 한
자와는 서로 잘 통하지 아니한다

【그림 10】 한글 이서체의 현대적 형태

《훈민정음》을 다시 살펴보면, 이서체의 다양성이 애초부터 있었던 것은
아니다. 자소 〈ㄱ〉은 몇 세기를 거치는 동안 낱자 아니면 음절 다발/음절
자'에서 그 모양과 크기가 변화된 좋은 예이다.[335] 15세기 당시에는 첫소리
글자에 쓰인 〈ㄱ〉이든 끝소리글자에 쓰인 〈ㄱ〉이든 그 형태와 크기는 변함
이 없었다. 그래서 '음절자' 〈국〉으로 조합했을 때 이것을 180°도로 회전하
면 〈논〉이 된다.[336] 이렇게 《훈민정음》에 나오는 두 '음절자'에서 180°도로
회전만 하면 새 '음절자'가 만들어지는 또 다른 '음절자'들이 더 있음을 알 수
있다 (해례 29a.6, 29b.1).

【그림 11】 15세기의 '회전 음절자'

---

335 더 상세한 설명은 홍윤표 1998: 93f. 참조.

336 그림 11의 왼쪽 두 '음절자'는 《동국정운》에서 나온 것이고 박병천의 책 (2000a: 207)에서 발췌
된 것이다.

그런데 16세기가 경과하는 동안 〈ㄱ〉은 이미 끝소리 글자가 첫소리 글자보다 작아지고, 가령 〈각〉에서처럼 가운뎃소리 글자 앞에서 〈ㄱ〉의 세로 줄기가 눈에 띤다. 이것은 바로 첫소리로만 사용되고 세로 줄기가 왼쪽 아래로 흘러내리는 〈가〉의 이서체를 나타낸다. 이 서체는 16세기 초 이미 사용되었음이 확인되었지만 19세기 말에 와서야 널리 사용되었다.[337]

〈ㄱ〉은 오늘날 대표적인 세가지 표준 이서체가 있고, 이들 각 형태는 한 '음절자' 안에서 차지하는 위치에 따라 서로 분명하게 구별된다. 시간이 지남에 따라 자연히 글자 모양의 심미성을 반영한 표준형들도 생겨났다. 이때 문자에 대한 기대의 만족도는 완성형이나 조합형의 두 자형적 모델에서 나타나듯 자형적 모양의 기술적 한계에 부딪친다.

1.5.1 완성형 Fertigform

완성형의 자형 모델에서는 인쇄용 내지 화면에 나타내기 위한 기본 단위로 완전한 '음절자'를 사용한다. 이것은 전통적인 모델로서 제한된 범위에서만 사용 적합하고, 처음부터 《훈민정음》에 깃 든 자유로운 다발 만들기 형성 원칙을 적용할 수 없는 단점을 가지고 있다 (II 3.4.1 비교). 이 모델로는 실제 한글 조합 원리로 가능한 약 400억의 음절 다발을 표시하는 것이 불가능하다. 하드/소프트웨어의 기술 발전과 특히 유니 코드의 (III 3.7 비교) 도입을 통

---

337 홍윤표의 설명에 따르면, 글자 형태 변이가 수도가 아닌 지방에서 만든 간행물에서 흔히 볼 수 있다.
홍윤표 1998: 99 참조.

해 현재까지 최대한 한글 11,172 자를 (II 3.4.3 비교) 표현할 수 있다. 정확히 이 분량이 현대 한국어를 거의 전부 표현하는 데 필요한 분량이다. 서술한 바와 같이 자유로운 다발 만들기 형성 원칙이 배제되었다.

(정)네모틀 형성 특징 실질적인 필요성이 없는데도 현재 '음절자'인 한글 완성형은 보통 정사각형의 모양을 갖고있다.[338] 한국에 널리 사용되고 있는 이에 대한 전문 용어로 '네모틀 글꼴'이 있다. 이것은 정사각형의 정확한 표현은 아니다. 가능한 오해의 소지를 방지하기 위해 물론 여기서는 '음절자'를 둘러싸는 시각적 정사각형의 윤곽선을 말하는 것이 아니라, 가상선임을 말해 두어야 한다. 이는 완성형 자형모델에서는 가상의 정사각형 틀 안에 부어져 주조되는 글자 내지 '음절자'가 항상 틀 가장자리까지 메워져야 함을 의미한다. 달리 말하면 작은 수의 자모로 이루어진 '음절자'이든, 많은 수의 자모로 구성된 '음절자'이든 아래의 예에서 보듯이 항상 같은 면적을 차지한다.

고 과 꽈 꽤 꿩 가 개 깨 깽 구 귀 꿔

이외에도 위의 각 '음절자'의 첫소리 글자 〈ㄱ〉은 그 크기와 모양이 분명

---

338 한자와 똑 같은 네모형의 모양을 본떴다고 그 이유응 들 수 있는데, 이는 한글과 한자의 혼합 표기 방법에서는 실용적인 장점이 있기는 하지만, 상대적으로 '음절자'는 고정되어 있는 것과 같은 단점이 있다. 더욱이 네모꼴의 폰트 생산과정 (도안 → 디지털화 → 처리)은 특히 손이 많이 가고 비용도 만만치 않음을 지적할 수 있다. 현대 폰트 발전에 대한 개관은 박병천 (1997: 238f.).

하게 구별됨을 직접 확인할 수 있다. 각 글자의 위치가 얼마만큼의 반경 내에서 각 '음절자'에 변이하는지는 여러 '음절자'가 겹쳐진 다음 그림에서 알 수 있다.

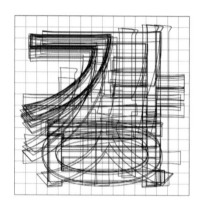

【그림 12】 겹쳐 써진 여러 한글 '음절자'들[339]

본 논문의 범위 내에서는 이러한 흔히 말하는 자형적 특징인

- 네모형

- 네모틀 가장자리까지 확장과 이에 상응하여

- 글자의 크기, 형태, 위치 변화가

---

339 인터넷에 발표된 조석호의 글에서 발췌. 저자는 이 글에서 특히 한글을 컴퓨터에 표시 할 때, 그래픽 화소와 관련된 여러 가지 한계점에서부터 만곡선 내의 회색도에 이르기 까지 흔히 발생하는 문제점을 다루고 있다.

한글의 철학적 · 우주론적 기본 원칙과 전적으로 일치하는지에 대한 문제가 당연히 제기된다.

이 질문에 대한 대답을 다음 단락들에서 찾아보겠지만, 먼저 역사적인 생겨난 사실로 확정할 수 있는 것은, 이 특유의 형태를 가진 자형 모델이 오늘날 한국 독자에게는 유일하게 잘 알고 있는, 익숙한 글자형태인 것 같다.[340] 이는 바꿔 말하면, 관습적 규범에서 벗어나는 것은 반대감에 부딪침을 가능할 수 있다.

1.5.2 조합형 Zusammensetzbare Form

조합형의 자형 모델은 이미 서술했듯이 한글의 원리, 그 중 특히 자유로운 다발 만들기 원리를 적용할 가능성을 열어준다. 그런데 이 모델에서도 역시 사소한 것이 문제가 된다. 이유는 음절 다발의 조합에 적합한 기본 단위들(자모)이 서로 다른 수의 집합으로 나타나기 때문이다 (III 3.2.2.2 비교).

이러한 자모의 수는 우선 (오늘날 한글의 24 자소에 해당하는) 28 자모만 포함하는, 또는 첫 · , 가운뎃 · , 끝소리에 사용되는 45 자소 ($17+11+17$[341])를 포함하는, 이미 언급한 '두벌식' 내지 '세벌식 방법'과 관련이 있다. 그런데 이것으로도 다른 가능성들에 충분하지 않다. 즉, 바로 '세벌식 방법'을 위한 자모의 수가 전혀 다르게 정의될 수도 있는데, 예를 들어 원래 28 (24) 자모에 추

---

340 오/최/박 1995: 137; 송현 1985: 157 등 참조.

341 끝소리에는 소멸되고 '남은' 8 자소만 여기 충분하다고 할 수 있다 (II 3.3.3.2 비교).

가하여, 《통일안》에서 오늘날의 한글을 표시하는데에 충분하다고 하는 음소 내지 자소 조합도, 모두 67 (19+21+27) 개가 정확히 합해진다 (II 3.4.3 비교).[342] 북한의 상황도 포함시키면 더 많은 자모의 수가 조합형의 현황을 더욱더 복잡하게 만든다.

자형학적인 관점에서 볼 때, '두벌식'이나 '세벌식 자판 구조'에 상관없이 모든 조합형에는 한 가지 전형적인 문제가 발생한다. 개별 음절 다발의 구성요소는 전체로 디자인 된 완성형 '음절자'처럼 조화롭게 조합되지 않는다. 조합형에서는 가상의 네모 경계선이 중요하지 않다. 이것은 국내 전문서에 탈네모틀 글꼴, 즉 사각틀을 벗어나는 서체로 알려져 있는데, '음절자'의 외곽틀 모양이 정사각형이 아니라 직사각형임을 뜻한다.[343]

이는 특히 자음·모음 자소에 해당하는 형태가 각각 하나뿐인 '두벌식 방식'에서 쉽게 증명된다.

탈네모틀 형태 특징 처음 한글습득을 시작하는 어린이들을 대상으로 실시한 간단한 테스트를 보면,[344] 대부분의 어린이들이 확연하게 서 있는 직사각형 (탈네모틀 글꼴)으로 글자를 쓰는 경향이 있다. 이는 손으로 글씨를 쓸 때 직사각형 글씨체를 원형으로 보아도 의의가 없을 것이다. 이와 반대로 정사각형 (네모틀형) 글씨체는 오히려 숙련된 서기에게서 또는 인쇄활자에서 가장

---

342 그 예로 타자기 자판이 있다 (III 2 비교).

343 한국어에 가변폭 글자체 Proportionalschrift는 현재까지 실제로 라틴어 문자에만 관련시켰지, 한글과는 연관되어 있지 않다. 그런데 바로 이 직사각형 (탈네모틀)의 글자형태가 가변폭 글자체를 대표할 수 있을 것이다.

344 오/최/박 1995: 145f. 참조.

확실하게 찾아볼 수 있다. 한글 다발을 낱자로만 조합하는 한글 타자기는 직사각형체만을 유일하게 보여준다.

자동 정보 기술 분야에 조합형을 구현하려는 첫 진지한 시도중의 하나는, 똑같은 이름의 잡지책 제목으로 상표기능을 가지는, 1984년에 개발된 '샘이 깊은 물체'를 들 수 있다.

【그림 13】 '샘이 깊은 물' 인쇄활자체

이 서체에서 음절 다발을 둘러싸고 있는 서로 다른 크기의 직사각형틀이 눈에 띤다. 이 서체는 그 구조에서 각각의 낱자가 변수처럼 조합된 블록 조립 방식을 연상케 한다. 〈ㅁ〉의 모듈방식은 아래와 같다.

【그림 14】 샘이 깊은 물체의 모듈

여기서도 음절 다발의 상이한 너비와 높이가 다시 나타난다.

글자 전체의 균형 탈네모틀 글꼴에서는 네모틀 글꼴에서 찾아볼 수 없는 글자의 조화와 직접 연관되는 문제가 생긴다. 네모틀 글꼴에서는 '음절자'가 수직·수평으로 똑같이 배열되어 있지만, 탈네모틀 글꼴에서는 이것이 불가능하고 다소 불안정한 느낌을 준다.[345]

기준선의 문제 이것을 어느 정도 조정하려면 다발이 그에 따라 배열되는 기준선의 위치가 고정되어야 한다. 가로 쓸 때 음절 다발 기준선을 중앙이나 위나 아래에서나 할 수 있다. 음절 다발 위에서 이루어지는 기준선에 걸린 글자 모양을 흔히 보는데 그 모양이 빨랫줄 같아 빨래줄 글씨꼴[346] 이라는 이름이 붙여졌다.

늦어도 이 논점에 와서, 한글을 자동 정보 처리에서 자형학적으로 적용해 온 길은 지금까지 평탄치 않았다는 것을 알 수 있다. 이때《훈민정음》의 원리와 일치하는지, 그렇다면 얼마나 일치하는지, 구체적으로 네모틀 글꼴이 옳은 형태인지 아니면 탈네모틀 글꼴이 옳은 것인지, 어디에 기준선이 그어져야 하는지에 관해 의문이 제기될 수 있다. 그렇다면《훈민정음》원전을

---

345 하지만 그것으로 판독성과 가독성을 높혀 주는 효과가 독특한 형태때문에 생길 수도 있다.

346 한글의 원래 자형에 적절한 예로 1985년 안상수에 의해 도안된 흔히 말하는 '안체'가 선정되었다. 안체는 1988년 이래로 일간신문 '스포츠 서울'에 표제 활자로 사용되고 있다.
여기 사용된 글자의 예에 대해 정확성을 기하기 위하여 참고할 것은, 실제 조합형을 말하는 것이 아니라 완성형을 잘 본떠 만든 것을 뜻한다. 한 단어 내에서 문제가 되는 글과 씨 사이의 부자연스럽게 넓은 간격을 볼 수 있다.
오/최/박 1995: 139 참조.

살펴보는 것이 이 다음 순서로 적합하겠다.

1.6 한글 원래의 자형[347]

《훈민정음》이 인쇄될 때에도 직접 음절 다발을 쓰지 않고 '음절자'만이 사용됐다는 것은 당연한 것으로 보인다. 하지만 여기서 중요한 것은 이 '음절자'는 먼저 손으로 쓴 템플릿에 의해 만든 것이 틀림이 없다 (II 3.1.4.1 비교). 이 '음절자'는 한글의 원래, 즉 이상의 특징이 되는 자형에 관한 조사의 대상으로 사용해도 문제가 없다.

따라서 한글 음절 다발의 자형적 구조를 이해하기 위해 아래에서 두 가지 방법으로 접근 가능하다. 첫 번째 방법은 한국에서 이미 실용화된 경험적 기하학적 방법이며 두 번째 방법은《훈민정음》의 철학적·우주론적 원리를 토대로 한 기준에 접근한다. 이 두 번째 방법은 아직 연구되지 않았다는 것이다.

1.6.1 '경험적 기하학적' 방법

세 명의 수학자로 구성된 저자 팀이[348]《훈민정음》의 〈해례본〉에 나오는 '음절자'에 근본이 되는[349] 가장 단순한 기하학적 원칙을 찾아내게 되는데,

---

347 최/이/박 (1996: 36f.)은 원전에 충실한 자형학이 결여되어 있음을 호소한다.

348 최/이/박 1996: 36 - 64 참조.

349 최/이/박 1996: 43.

세 가지 음절 구성요소인 첫 · , 가운뎃 · , 끝소리 글자의 크기와 위치를 통계적으로 수치를 내어 계산한 것이다. 이 팀은 여기서 모든 원래 다발인 '음절자'는 다 똑같은 면적을 차지하지 않는다는 명백한 관찰에서 출발한다. 이것은 (가로, 세로, 가로 · 세로 혼합형으로 된) 가운뎃 소리 글자에 따라 끝소리 글자가 있는 '음절자' (받침 글자) 혹은 끝소리 글자가 없는 '음절자' (민글자)의 상이한 윤곽선에서 그 원인을 찾는다. 이 연구의 목적은 '음절자'/음절 다발의 각 부분의 상호 비례관계에서 이미 발견된 규칙성을 이용해《훈민정음》에 나오는 약 190 개에 미치지 못하는 적은 수의 '음절자'를 표시할 뿐만 아니라, 모든 다른 가능한 '음절자'/음절 다발을 나타내는 것이다. 이 저자팀은 이를 증명할 글자의 예들을 제시할 수 있었다. 그러나 안타깝게도 가장 단순한 기하학적 원칙을 찾아내려고 했던 그들의 목표는 도달할 수 없는 듯 보인다. 왜냐하면 첫 · , 가운뎃 · , 끝소리 글자 세 변수의 상호 의존성을 분명하게 표현할 수 있는 수학적 공식을 제시할 수 없었기 때문이다.

그러나 여기 간략히 소개된 이 연구를 통해 본 논문의 연구 목적을 확고하게 해주는 두 가지 요점은 다음과 같다.

① 음절 다발의 면적에 따른 크기는 근본적으로 같지 않고, 다발을 구성하는 글자, 특히 가운뎃 소리와 또한 끝소리의 글자의 수에 따라 하나의 변수로 나타낸다. 이는 비례에 따른 크기다.

② 한편 음절 다발은 임의로 확대되지 않는다. 오히려 각 글자들이

'음절 결합체' 안에서 서로 서로 맞추어진다. 따라서 이는 음절 다발 의 주위로 가상선을 전제로 한 비례성으로 볼 수 있다.

이 결론은 이미 몇 번 언급한 원형의 자형학에 입각한 박병천의 연구에 의해 더 정확하게 이해 된다. 이 연구에 의하면 받침이 없는 음절 다발은 대부분이 가로로 나타나고, 받침이 있는 다발은 상하로 긴 직사각형의 모양이 우세하게 나타난다는 것인데[350] 구체적인 크기는 글자의 수에 따른다.[351]

박병천의 연구는 《훈민정음》에서 전체 글자 모양의 조화를 목적으로 시각적인 눈속임과 각 자소와 다발에 이러한 눈속임의 조정에 주의를 기울였다는 점을 밝혔다. 그 예로 자소 〈ㅅ〉과 〈ㅿ〉는 다른 자소들 보다 폭이 넓다.[352]

전체 글자 모양과 전통적으로 위에서 아래로 내려가는 세로 글줄에 나타나는 음절 다발의 배열과 연관지어 박병천은 균형축을 잠깐 언급한다. 한 음절 다발을 둘러싸는 모든 직사각형틀은 가로·, 세로 중심축을 가지고 있다.[353] 이 축의 교차점과 직사각형의 중심과 일치함은 말할 것도 없다. 여기서 기본선을 정하는데 참고가 된다.

---

350 박병천 2000a: 96, 105, 110, 124f. 참조.

351 자세히 살펴보면 이는 음절 다발안에 있는 가로·세로획의 수에 달려 있다. 가령 〈ㅂ〉은 세로획이 2 개 밖에 되지않는데 〈ㅃ〉는 5개나 된다.
박병천 2000a: 99 표 25: 113 표 40 참조.

352 박병천 2000a: 100ff. 참조.

353 박병천 2000a: 99, 102, 113, 122 참조.

송현 역시 일찍이 한글 자형학에 관한 그의 철저한 연구에서 특별한 근거를 제시하고 있지는 않으나 가로 · 세로 두 중심축에서 출발한다. 그는 한글에서 중심축과 경계선은 라틴어 글자에서처럼 각 글자와 관련되는 것이 아니라, 글자로 조합된 음절 다발과 이 음절 다발이 차지하는 면적과 관련되어져야 옳다고 주장하였다.[354]

1.6.2 철학적 · 우주론적 원리에 입각한 자형학

한글의 자형학적 문제를 외부에서 측정과 비교를 통해 해결하려고 하는 위의 연구는 음절 다발의 모양에 대한 중요한 정보를 가져다준다. 즉, 비례성, 중심축, 중심점이다. 그 반대로 내부에서 철학적 · 우주론적 원리를 고려하는 그 길은 아직까지 아무도 가지 않은 것 같다.[355] 여기서는 이 역방향의 연구를 시도할 목적으로 기본글자, 음절 다발에 나타난 철학적 · 우주론적 원리를 자형학에서도 찾을 수 있다는 가정하에 조사하겠다. 이로써 구체적인 연구의 목표는 손으로 쓰는 글씨의 원리, 즉 모든 글자의 자유로운 다발 만들기 에 있다. 이것은 한글표기를 위한 유일하게 적절한 방법으로 (II 4 비교) 판명되었다.

앞 장 (II 3.2.4 와 3.2.8 비교)에서의 가장 중요하고 본 논문의 맥락과도 관련

---

354 송현 1985: 149, 159 참조.

355 한태동은 이러한 성찰에 접근하여 단어 문자의 모양에서 9개의 영역으로 나누는 자연의 근본 원칙과 《주역》에 나타나는 유사점을 언급하기에 이른다. 그러나 놀랍게도 그는 여기서 《훈민정음》과 한글과의 유사점을 간과한다.
한태동 2003: 5 – 12 참조.

되는 결론은 한글의 다발은 소우주로 파악해야 된다는 것이다. 다발의 구성 요소인 자소는 "공간 · 시간의 구조물"에[356] 있지만 오늘날의 자형학의 실제에서는 이차원적인 면적에 한정된 것이다.

자형학적 의미에서 이 소우주에 대해 더 자세히 기술하기 위해 본 논문의 "한글의 철학 · 우주론적인 바탕"과 "한글 음절 다발의 구조: 글자 조합의 규칙성"이라는 장에서 (II 3.2, 3.4 비교) 이미 언급한 몇몇 인용문 (6 – 9, 13 – 15, 41 – 53)의 내용을 요약하고 첫 결론을 맺기로 한다.

① 음양의 상호 작용을 통해 오행에 일치하여 글자가 생성된 후에 (하도, 위수 등등) 그 다음 차원에서 음절과 음절 다발이 형성된다. 음양이 계속 작용하면서 천지인 삼재가 결정적인 역할을 한다. 〈태극도〉에서 이 두 차원은 3 번째와 4 번째 원에 해당한다 (그림 2 비교). 이 두 원 사이에 집개 기능을 하는 것은 가운데의 작은 원으로 상징된 사람이다. "사람에 무극이 현실이며, 음양과 오행이 묘하게 얽혀 있기 때문이다" (해례 11a.6 – 7),[357] 혹은 "그러나 이렇게 만들어진 만물의 가치를 완전히 알려면 사람이 비로소 이 만물을 돌보고 힘써야만 한다" (해례 12b.5 – 6).

그 자명성으로 인해 이미 진부해져 버린, 그러나 놀라운 사실이 여

---

356 GRANET 1971: 116과 기타.

357 이 인용문과 다음의 인용문은 인용문 15 와 9에서 발췌.

기서 얻어지고 다시 한번 한글과 성리학적 사상의 밀접한 관계를 보여준다. 먼저 첫 번째 차원에서는 철학적·우주론적 특징을 갖춘 개별 자소들의 집합만이 있다. 두 번째 차원에서 유일하게 사람만이 이 자소를 의미 주는 음절 다, 단어로, 텍스트로 조합할 수 있는 것이다. 이미 확인되었듯이 〈태극도〉의 세 번째, 네 번째 원은 이 두 차원에 상징적이다.

② 음양과 천·지·인 삼재의 규칙성은 음절/음절 다발의 완성 차원에서 유효하다. 이 규칙성은 시간과 공간에서 '기하학적' 대응물을 가지는데 여기서는 우선 평면만이 관심의 대상이 된다.

③ 평면 개념을 정확하게 하기 위해 인용문 46~48을 다시 살펴볼 필요가 있다. 한글의 한 음절 다발은 최대한 9 개의 기본 글자를 가질 수 있는데 각각 첫·가운뎃·끝소리 글자 3+3+3이다.

④ 한글 다발이 우주의 상을 모사한다는 사실을 고려하면, 숫자 9 위로 통해 소위 '명당明堂'[358]을 쉽게 연상시킬 수 있다. 9 개의 공간을 가진 "명당은 어느 정도 밀집된 우주의 상을 인식하는 달력

---

358 옛 중국의 예식관에 대한 상세한 설명은 SOOTHILL 1952 참조.

의 집을 나타낸다".[359] 또한 이미 언급한 〈하도〉와 이와 관련되는 위수에 대한 설명은 명당과 한글 다발의 근본이 되는 동일한 우주론적인 구조를 지시한다 (II 3.2.5.2 비교). 아래는 위수를 사용하여 사계절의 대응물, 오행과 방위로 나타낸 〈하도〉가 뒤따른다.

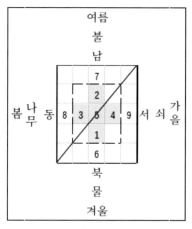

【그림 15】 〈하도〉와 위수

비록 《훈민정음》에 '명당' 개념이 직접적으로 언급되지 않았다 할지라도 한글 다발과 의미적으로 유사함이 암시되기 때문에 한국 자형학에 적절한 새로운 해결책을 모색하기 위하여 이 방향으로 계속 추적하는 것은 가능하고 정당하게 보인다.

---

359 Granet 1971: 76; 같은 책 136, 154와 기타 참조.

1.6.2.1 윤곽 모양

Marcel GRANET는 여러 군데에서 '명당'의 건물 기본 면적을 정사각형으로 기술하고 있으나,[360] 또한 원래 구조도 지시하고 있다. "그래서 명당의 (사각) 면적은 가로·세로 81×63의 직사각형이다."[361] 이것은 9:7의 비례 관계이다.

이로부터 역추론하여 한글 다발에 해당하는 바깥 경계선이 얻어진다. 계속해서 여기서 귀결되는 것은, 모든 다발이 비록 최대한 9개의 기본 글자를 가지고 있다고 해도 ("우주 만물은"[362] 논리적으로 이 세계 안에서만 존재한다는 원칙에 따라) 이 경계선을 넘어설 수 없다는 것이다. 이는 개별 글자들이 가상의 경계선 안에서 서로 서로 맞추는, 경험적으로 이미 밝혀진 비례성 ②를 증명한다 (III 1.6.1 비교).

1.6.2.2 음양에 따른 면적 배분

이 점에서 이렇게 정해진 면적 배분에 대한 복합한 문제가 제기된다. 이 문제를 더 구체적으로 표현하면, 첫·, 가운뎃·, 끝소리 글자는 경계선 안에서 어떤 영역에 분류되는지, 혹은 철학적 연관성을 놓치지 않기 위해 삼재는 어떤 영역에 분류될 수 있는지이다.

먼저 천지 내지 음양에 따른 '대략적인' 면적 배분은 오행의 다차원적인

---

360 GRANET 1971: 131 기타 참조.

361 GRANET 1971: 190.

362 II 3.2.2의 〈태극도〉 비교.

관계 그물망과 삼재간의 대응들 (II 3.2.6 – 3.2.8 비교) 기초로 하여 왼쪽 아래와 오른쪽 위 사이가 대각선으로 고정되어, 왼쪽은 (그림 15에서 붉은 테두리의) 양의 윗 삼각형, 오른쪽은 음의 아래 삼각형이 됨을 확인할 수 있다. 이것은 《훈민정음》의 해당 인용문과 (44 와 9) 일치한다. "· ㅡ ㅗ ㅜ ㅛ ㅠ 와 같이 둥글고 가로로 쓰인 가운뎃 소리 [글자]는 첫소리 [글자] 아래에 놓인다. ㅣ ㅏ ㅓ ㅑ ㅕ 와 같이 세로로 쓰인 가운뎃 소리 [글자]는 첫소리 [글자]의 오른쪽에 놓인다" (해례 24b.6 – 8)와 "첫소리는 움직이는 역할을 하니 하늘의 일이고, 끝소리는 이 움직임을 멈추게 하니 땅의 일이다" (해례 12a.8 – 12b.2).

1.6.2.3 중심점 규정[363]

〈하도〉의 중앙에 수 상징 5와 10으로 나타나 있는 음과 양이 동시에 있다. 이에 관해 GRANET는 '명당'과 관련하여 상술한다. "이것은 (원래 이원성의 또 다른 증거인데) 중심점과 단일성 자체가 이중으로 있음을 뜻하고, 지상 영역 위에 하늘의 영역이 있고 아래에 위가 있으며, 결국 중심은 천지가 합치되는 축점을 나타낸다."[364]

《훈민정음》에 나오는 대응들이 바로 눈에 띈다. 인용문 15에 다음 문장이 있다. "· 는 하늘의 수로는 5이고 흙이 생겨 나는 자리다. ㅡ 는 땅의 수로는

---

363 이 중심점은 사각형에서 왼쪽 아래 모퉁이에 있는 좌표의 제로 또는 디지털화된 부호의 수학적 관계점과 같은 것이 아니다.
      KAROW 1992: 14 참조.

364 GRANET 1971: 218.

10이고 흙을 만들어 내는 자리다"(해례 11a.4 - 6).

우주론적인 모델인 '명당'을 한글 다발의 자형학적 모델에 적용한다는 것은, 자소 〈·〉와 〈ㅡ〉는 수 상징Emblem 5를 가지고 중앙에 위치함을 뜻한다. 흥미롭고 중요한 사실은, 삼재의 세 번째인 인ㅅ은 어디에 위치하느냐 하는 문제다. 그러면 앞으로 다시 되돌아가서 달력의 집 '명당'이 어떤 기능을 했는지 관찰해 보기로 한다. 군주, 즉 사람은 계절이 바뀜에 따라 그에 해당하는 공간에 머문다. (그림 16에서 '명당' 안에 진노랑색으로 강조한 좌표축의 교차선에 있는 5 공간을 말한다.) 사람은 이때 오행의 상호 생성순환을 따르면서 인간사회, 즉 지상의 우주론적 질서를 대신한다.[365]

군주의 이러한 상징적인 행위에 인간은 하늘과 땅 사이에서 움직이며 어떠한 일정한 위치도 차지하지 않음이 나타난다. 《훈민정음》에 똑 바로 선 사람을 상징하는 자소 〈ㅣ〉이 나타나며 이에 상응하는 인용문은 다음과 같다. "ㅣ만이 자리도 수도 없다. 사람에 무극이 현실이며 음양과 오행이 묘하게 얽힌다"(해례 11a.6 - 7).

이는 구체적으로 자소 〈ㅣ〉이 중심에서 나타날 수도, 또는 중심 외부에서 나타날 수도 있음을 의미한다. 이와 같은 가능한 자유 배치성은 〈ㅣ〉와 〈·〉로 결합된 모든 글자, 즉 폐쇄 모음과 그의 글자에 적용된다.

---

365 GRANET 1971: 76; SOOTHILL 1952: 30 - 51 참조.

1.6.2.4 직사각형 '명당'에서 글자배치

인용문 44와 45에서 고정된 중성의 글자모양은 초성의 위치를 정한다는 규칙은 구체적으로 〈 ㅣ 〉가 있는 세로글자는 초성을 왼쪽으로 밀어내고 나머지 다른 글자는 위로 밀어냄을 의미한다. 예를 들어 CVC (자음+모음+자음) 같은 단순한 음절 다발의 경우를 자세히 관찰하면, 자소들은 진노랑으로 강조한 '명당'에서 좌표축의 교차선 위에 분포한다. 이를 구체화하기 위해 한글 다발의 두 가지 기본형을 살펴본다.

물론 이 기본형이 한 단계 발전한 자형학적 모양이라고 말할 수는 없다. 그러나 첫눈에 다발들이 서로 다른 면적을 차지하고 있음을 알 수 있다. 서로 다른 높이의 직사각형 (탈네모틀형)이 가로로 나란히 배열되면 글자가 불안정하게 보일 수 있다. 이것은 이미 서술한 것처럼 흔히 말하는 빨랫줄 글씨꼴에서는 기준선이 한글 다발위에서 그어짐으로써 조정된다. 불안정한 글자모양은 원래 한글 창제 원리에 맞는 세로 배열일 때는 그리 문제가 되지 않는다.

분명한 것은, 위의 기본형이 《훈민정음》에 규정된 음절 및 음절 다발 형성 규칙을 따르고 있다는 점이다. 즉, 음양에 따르고 하늘 – 사람 – 땅 '삼화음'의 또 다른 단계에서의 설정이다.[366]

---

[366] 또한 KINDERMANN 1994: 18 참조.

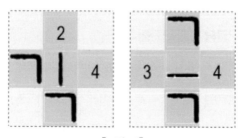

【그림 16】
도식 '명당'에 포함되어있는 한글 다발의 두 가지 기본형

1.7 자동 정보처리에서 한글 다발 형성에 대한 해결안

기본 구상 이러한 맥락을 기초로 하여 한글 다발을 형성할 때 손으로 글자를 쓸 때의 원칙을 가능한한 구현하기 위하여 자동 정보처리 과정에서 철학적 · 우주론적 체계를 직접 사용하는 것도 가정할 수 있다.

구체적인 구상은 '명당'의 9 개 영역이 그 정해진 위수를 기초로 바로 방향이 설정되고 그에 상응하는 글자가 채워지는 것이다. 이 방법의 장점은 각각의 낱자에 이르기까지 한글 다발을 직접, 무제한으로 언어학 정보를 처리하는 데 있다. 이것은 현대 한국어에서뿐만 아니라 옛 국어에도 가능하다.

전제 조건 손글씨의 원칙은, III 3.4 장에서 설계된 단순한 부호를 사용하면 실현 가능하다. 이 부호의 특징은 《훈민정음》의 28 자모의 목록을 넘지 않고 닿자 · 홀자의 직접적인 구별이 가능하다. 원래부터 담아 있는 순서에 따라 결국 자소들의 나머지 다른 특성이 표현되는데, 가령 홀자에서는 세로로 또는 가로로 나타난다.

'명당'이면 그림 15와 16에 사용된 모델은 적합하지 않다. 위수가 축의 교차선에 정렬되어 네 모퉁이에 공간이 비어 있기 때문이다. 또 다른, 마찬가지로 전통적인 모델이 있는데 첫 번째 모델과 직접적인 연관관계가 전혀 없는듯 하지만 오히려 더 합목적적이다. 이 모델은 팔방으로 나아가고 첫 번째 주축의 오른쪽 각을 접거나 7 – 2와 9 – 4의 숫자쌍의[367] 자리를 바꾸면 생긴다. 그리하여 다음과 같은 정렬이 얻어진다.

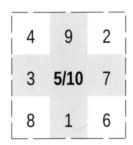

【그림 17】
'명당'과 1에서 10까지의 위수 정렬

예상되는 문제점 이 모델은 평균 2~3 글자로 된 현재 한국어의 한글 다발에서 비교적 유효할 것이다. 그러나 9 개 영역 모두 특히 가로, 세로 홀자로 동시에 채워지면, 다발이 점차 복잡해지므로 이 모델은 바로 한계에 부딪칠

---

367 GRANET 의 상세한 설명에서, 즉 "두 가지 배열(네모틀 또는 좌표축 교차선)에 [...] 똑같은 전제 체계를 바탕으로" (139 쪽) 둔다. 이러한 결론을 맺을 수 있다. 예를 들어 수 1 에서 10 (5)까지 위로 올라가면, 마치 오행의 상호 생성에서처럼 (II 3.2.5.3 비교) 유사하게 무한 문자가 나온다. 여기의 네모틀형식의 배열에서 온갖 추측을 물러 일으키는 흥미롭고 신비한 네모틀이 하나 발견된다. 즉, 모든 가로줄 · 세로열의 합계나 두 대칭축의 합은 각각 15 가 된다. 이는 중앙에 땅과 하늘의 수 상징인 5와 10의 합에 해당한다.
GRANET 1971: 130 – 148; NEEDHAM 1959 참조.

것임을 예견할 수 있다. 그래서 각 글자의 배치는 바로 9 개의 공간만으로는 정의하기가 어려워진다. 만일 첫과 끝소리 글자 밑에 발음 구별 기호로 〈ㅇ〉을 추가하면 채워질 자리가 각각 세 개씩 더 늘어나면서 문제가 심각해진다.[368]

이미 글자 몇 개만으로 구성된 일정한 한글 다발들이 자형적인 불규칙성을 보 여주기 때문에,[369] 컴퓨터 환경에 세부적 망이 해결책을 제시할 수 있을 것이다. '명당'의 아홉 공간이 다시 각각 아홉 공간으로 나누어져서, 총 81개의 작은 탈네모틀형이 생긴다 할 지라도 철학적 · 우주론적 기본 원칙과 일치함에는 변함없다.[370]

아래의 표는 일련의 한글 다발들을 한눈에 볼 수 있도록 글자의 위치와 변화를 보여주는데 이는 간단히 말하자면 아홉 공간의 '명당'내에서 유효하다. (원 안의 수는 앞서 나온 글자의 위치를 다음 글자의 입력을 통해 각각 밀어냄을 의미한다. 빨간 숫자는 모음 글자를 지시한다.)

ㄱ	가	각	갔	고	곡	곩	ㄱㄱ	까	깍	깎	...
5	③5	351	35⑧1	⑨5	951	9516	③5	357	3576	357①6	...

【표 15】다발 열과 글자의 위치 밀어내기

---

368 이 발음 구별 기호도 철저히 음절 형성 규칙의 지배를 받으나, 이 기호와 일반 〈ㅇ〉과 분리하기 위하여 글쇠 조합 Tastenkombination 을 추가하여 입력해야 한다.

369 자형의 불규칙성들은 추가로 커닝 (글자 엇물리기), 힌팅과 같은 현대 글꼴 기술을 통해 제거된다. WALK 1996: 167 (Hints) 참조.

370 GRANET은 '명당' 구조에서 숫자 81도 중요한 단위를 나타낸다고 상술하여 분명히 한다. GRANET 1971: 188ff. 참조.

앞서 아홉 공간의 '노란 터'를 보면서 위의 표를 기초로 하여 위치 변화 를 쉽게 알 수 있다. 즉, 원래 중앙의 공간 5 에 자리하고 있던 〈ㄱ〉은 세로 모음 글자 〈ㅏ〉의 입력으로 공간 3 으로 밀린다. 세 번째 낱자로 한 자음 글자가 앞 서 두 글자의 첫 번째 아래에서 자리 1 에 위치하게 된다. 자리 1 을 차지하는 같은 자음 글자가 계속해서 그 옆에 기록되면 위치 8 로 자리를 옮긴다.

위의 한글 다발들이 기본 유형 (패턴)을 나타내고 있음은 특별히 설명할 필 요가 없다. 그러므로 여기 선별된 글자들은 이에 상응하는 다른 닿자, 세 로/가로 홀자로 대치될 수 있다. 이 패턴에서 프로그램 개발에 큰 어려움 없 이 그에 상응하는 알고리즘을 만들 수 있다.

다음의 표는 완전한 것이 아니다. 한글 다발의 첫 네 글자, 부분적으 로 첫 다섯 글자만 고려되었기 때문이다. 상상할 수 있는 아홉 글자 모두 를 목록화하지는 않겠다. 적은 수의 글자로도 이미 위치 변화의 자동화가 일어나기 때문이다. 이 표는 총 11,172 '음절자'에 해당하는 다발들이 (II 3.4.3 비교) 간단한 아홉 공간의 모델로 표현 가능함을 분명하게 해 준다 (청 색 칸). 그러나 음절 형성 규칙을 완전히 적용한 더욱 복잡한 음절 다발을 나타냄은 불가능하다. 자형적 관점에서 볼 때 종종 불만족스러운 결과가 나온다.[371]

---

[371] 이 모델은 개별 구성요소에 기초를 둔 CJK 글자의 폰트 개발 모델에 의한 인식에 설계하여 더 좋은 결과를 만들 수 있을 것이다. SHAMIR/RAPPOPORT 1999 참조.

입력	ㅈ = 자음 ㅁ = 모음 ㅁㄱ = 모음가로 ㅁㅅ = 모음세로	'명당'안의 위치	비고
제1글자			
ㅈ	ㄱ	5	
ㅁ	ㅏ	5	
제2글자			
ㅈㅈ	ㄱㄱ	③ 5	
ㅈㅁㄱ	고	⑨ 5	
ㅈㅁㅅ	가	③ 5	
ㅁㅈ		5 1	
ㅁㅁ	ㅏㅏ	5 7	
제3글자			
ㅈㅈㅈ	ㄱㄱㄱ	③ 5 7	
ㅈㅈㅁㄱ	꼬	④ 9 5	자형학적으로 만족 못 함
ㅈㅈㅁㅅ	까	3 5 7	
ㅈㅁㄱㅈ	곡	9 5 1	
ㅈㅁㄱㅁㄱ	고ㄴ	9 5 7	자형학적으로 만족 못 함
ㅈㅁㄱㅁㅅ	과	9 5 7	
ㅈㅁㅅㅈ	각	3 5 1	
ㅈㅁㅅㅁㄱ	가ㄴ	3 5 7	
ㅈㅁㅅㅁㅅ	개	3 5 7	
ㅁㅈㅈ		5 1 6	자형학적으로 만족 못 함
ㅁㅈㅁ			불가능함 (→ 새 음절)
ㅁㅁㅈ		5 7 6	자형학적으로 만족 못 함.
ㅁㅁㅁ	ㅏㅏㅏ	③ ⑤ 7	
제4글자			
ㅈㅈㅈㅈ			불가능함
ㅈㅈㅈㅁㄱ	ㅺ	④ ⑨ ② 5	
	ㄱㄱㄱ가		본 모델로 정의 불가능함
ㅈㅈㅁㄱㅈ	꼭	4 9 5 1	자형학적으로 만족 못 함
ㅈㅈㅁㄱㅁㄱ		4 9 ③ 5	
ㅈㅈㅁㄱㅁㅅ	꽈	4 9 5 7	
ㅈㅈㅁㅅㅈ	깍	3 5 7 6	
ㅈㅈㅁㅅㅁㄱ	까ㄴ		본 모델로 정의 불가능함
ㅈㅈㅁㅅㅁㅅ	깨		본 모델로 정의 불가능함
ㅈㅁㄱㅈㅈ	곢	9 5 1 6	자형학적으로 만족 못 함
ㅈㅁㄱㅈㅁㄱ			불가능함
ㅈㅁㄱㅈㅁㅅ			불가능함

	입력 순서		코드	비고
	ㅈㅁㄱㅁㄱㅈ		9 5 7 6	자형학적으로 만족 못 함
	ㅈㅁㄱㅁㄱㄱ		9 ③ ⑤ 7	자형학적으로 만족 못 함
	ㅈㅁㄱㅁㄱㅁㅅ		9 ③ ⑤ 7	자형학적으로 만족 못 함
	ㅈㅁㄱㅁㅅㅈ	곽	9 5 7 6	
	ㅈㅁㄱㅁㅅㄱㄴ	과ㄴ	④ ③ ⑤ 7	
	ㅈㅁㄱㅁㅅㅁㅅ	괘	4 3 5 7	
	ㅈㅁㅅㅈㅈ	갃	3 5 ⑧ 1	
	ㅈㅁㅅㅈㅁㄱ			불가능함
	ㅈㅁㅅㅈㅁㅅ			불가능함
	ㅈㅁㅅㅁㄱㅈ		3 5 7 6	
	ㅈㅁㅅㅁㄱㅁㄱ			본 모델로 정의 불가능함
	ㅈㅁㅅㅁㄱㅁㅅ			본 모델로 정의 불가능함
		객	3 5 7 6	
	ㅈㅁㅅㅁㅅㅁㄱ	개ㄴ		본 모델로 정의 불가능함
	ㅈㅁㅅㅁㅅㅁㅅ			본 모델로 정의 불가능함
	ㅁㅈㅈ		5 ⑧ ① 6	
	ㅁㅈㅈㅁㄱ			불가능함
	ㅁㅈㅈㅁㅅ			불가능함
	ㅁㅈㅁㅈ			불가능함
	ㅁㅈㅁㅁㄱ			불가능함
	ㅁㅈㅁㅁㅅ			불가능함
	ㅁㅁㅈㅈ		5 7 ① 6	
	ㅁㅁㅈㅁㄱ			불가능함
	ㅁㅁㅈㅁㅅ			불가능함
	ㅁㅁㅁㅈ		3 5 7 6	
	ㅁㅁㅁㅁ			불가능함
제5글자	ㅈㅈㅈㅁㄱㅈ		4 9 2 5 1	
	ㅈㅈㅈㅁㄱㅁㄱ		4 9 2 5 7	자형학적으로 만족 못 함
	ㅈㅈㅁㄱㅈㅈ	꾝	4 9 5 ⑧ 1	자형학적으로 만족 못 함
	ㅈㅈㅁㅅㅈㅈ	깟	3 5 7 ① 6	
	ㅈㅁㄱㅁㅅㅈㅈ	곿	9 5 7 ① 6	
	ㅈㅁㄱㅁㅅㅁㅅㅈ	괙	4 3 5 7 6	
	ㅈㅁㅅㅁㅅㅈㅈ	갟	3 5 7 ① 6	
제6글자	ㅈㅁㄱㅁㅅㅁㅅㅈㅈ	괙	④ ③ ⑤ 7 ① 6	
	...	...	...	

【표 16】 입력 순서에 따른 위치 변형

문자 입력시 특수성 다음 장에서 다루어질 '한글의 입력: 자판'에 앞서 먼저 간략하게 몇 가지 위에서 기술한 '명당'에 따른 음절 다발 형성 체계에서 도출된 결론을 제시하겠다.

오늘날 워드 프러세서에서 한글 자소를 연달아 입력할 수 있다. 이는 자음자들이 원칙상 자동적으로 첫소리 글자에 오든지 또는 끝소리 글자에 오든지 적합한 위치에 있게 된다는 것을 의미한다. 이때 프로그램은 두 가지를 유익하게 이용한다. 첫째는 CV(C) (자음+모음+[자음]) 형태의 구조적 불변성의 원칙과 둘째는 《통일안》에 규정된, 제한된 자소 조합이다. 이와 결부된 결정 작업은 흔히 말하는 한글 자 동틀에 의해 처리된다 (III 2.2.1.3 비교).

한글의 구상 특징을 실현하는 위에 소개된 '명당'에 의한 한글 다발 형성 원칙 에는 다음 다발로 자동적으로 넘어 가는 것은 한정된 범위 내에서만 실행되는 데, 실제로 다발의 끝자리, 즉 끝소리 자리에서 세 자소가 있을 때만 제한된다. 그 외에는 어디에서 다발이 끝나야 하는 지를 프로그램에 알려 주어야 한다.

이외에도 주의해야 할 점은, '명당'에 의한 위치 밀어내기와 관련된 자동 기능을 무효화 하는 또 다른 기능이 있어야 한다. 자소를 직접 일정한 위치에 놓아야 할 경우에 이런 기능이 필요하다.

2. 한글의 입력: 자판

모든 유형의 문자는 일반적으로 자판을 통해 컴퓨터에 입력된다. 자판은 모니터 및 인쇄기와 더불어 인간과 컴퓨터 사이를 연결해주는 중앙 인터페이스다.[372] 따라서 이 자판에서 기술적인 측면과 인체가 요구하는 측면을 상호적으로 적절히 맞추어야 한다. 이상적인 조화는 인체 공학적 해결 방식이다. 이 두 분야는 여러 개개 측면을 보여 준다. 가령 인간이 자판으로 작업할 때 자판의 종류 (연질 / 강질 고무로 된 키), 자판을 쳤을 때 내려가는 깊이와 올라오는 반응 강도, 특히 자판의 배열이 중요한 의미를 가지고 있다.

이 장에서의 주요 관심사는 위에서 마지막으로 언급한 관점인 자판 배열인데 기능키를 제외하는 자료 입력키에 한정하여 다루겠다. 바로 이 자판 배열과 관련하여 인간의 작업 습관이 또한 무시할 수 없는 중요한 역할을 한다. 잘 알고 있듯이 일단 한번 습득한 것은 잊어버리는 것이 아니라 새로운 것으로 대체 하기 어렵다. 이 관점은 대략적으로 소개한 자판 배열 연구에서 직·간접적으로 자주 언급될 것이다. 전체 맥락의 이해를 돕기 위해 먼저 자판의 기능 방식에 관해 간략히 언급하겠다. 이어서 현재까지의 자판 배열을 조사하고 이것을 토대로 하여 《훈민정음》에 비추어 평가를 하고자

---

372 PC 시스템에서 이 인터페이스의 중요성은 소위 타이머 직후에 프로그램으로 바꾸지 못 한, 고정된 IRQ 채널 (제1번)이 자판에 할당된다는 점에서도 알 수 있다.
인간과 기계 사이의 의사 소통에 관한 기초적인 연구에 대해서는 GEISER 1990 참조.

한다. 이렇게 하여 《훈민정음》의 원리와 일치하는 해결책을 찾는 것이 이 논문의 목적이다.

2.1 자판의 기능

컴퓨터 자판에는 글자 글쇠가 있는데 타자기에서처럼 해당 글자를 쳤을 때 실제 바로 해당 글자가 생기는 것이 아니라 자판의 고기능성과 유연성이라는 이점을 의미하는 간접적 방법을 통해 만들어진다.

자판은 일반적으로 가는 케이블로 컴퓨터와 연결되어 있다. 글쇠는 각각의 모든 정보를 특정한 전선을 통해 컴퓨터 본체에 보내는 것이 아니라 보통 5개, 최근에 4개만의 심선으로 구성된 케이블을 통해 보낸다. 글쇠들 밑에는 자판 매트릭스 Tastaturmatrix가 있는데 각 글쇠는 이 매트릭스 하나의 요소로 분류되어 매트릭스의 가로세로열의 교차점 위에 있게 된다. 자판 안에 설치된 조절기 Controler가 매트릭스를 일정한 시간 간격으로 스캔하여 내리치고 다시 튀어 올라온 각 글쇠의 매트릭스 위치에서 스캔 코드가 만들어진다.[373] 이 코드는 컴퓨터의 메인보드에 있는 기본 기억 장치 BIOS에 자판의 해당 정보연결선을 통해 연속적으로 전달된다. 일반적으로 BIOS가 먼저 예를 들어 아스키코드 ASCII-Code의 문자를 모니터에 나타낼 수 있도록 스캔코드에 배열한다. 아스키 문자 대신에 가령 한글 자소와

---

373 CL: 612 (Scancode) 참조.

같은 다른 문자도 올 수도 있다.

2.2 한글의 자판 배열에 대한 현재까지의 시도

원래 타자기와 자판은 서로 떼어놓을 수 없는 하나의 단위었는데 현재에 와서 분리된 것으로 보아야 한다. 이것은 한글 자판도 마찬가지이다. 1900년부터 시작되는 한글 자판의 역사를[374] 연구하다 보면, 한글 자판 개발 자체에서와 자판의 수용과 보급 때 나타나는 두 가지 어려움의 원인을 발견하게 된다. 먼저 한글 타자 시에는 일차원의 라틴어계 문자와 달리 큰 기술적 제약이 따르는 한글의 이차원적 구조를 원인으로 들 수 있다. 가령 기술상의 불편을 반영하는 네벌식 또는 다섯벌식 자판 역시 복잡하게 구성되어 있다. 1949년부터 세벌식 자판 구조가 널리 사용되어 왔었으나 1969년 놀랍게도 네벌식 구조가 타자기의 표준 규격으로 결정되었다. 이 결정에 대한 이유는 두벌식 자판과 제한적인 호환성이었다고 볼 수 있다. 이러한 추세는 1970년부터 애플 컴퓨터가 보급되면서 서서히 바뀌기 시작하여 1983년에 두벌식 자판이 표준으로 정해지기에 이른다. 이와 관련하여 앞서 언급한 두 번째 인체와 관련된 원인에 대해 말하겠다. 자판 사용에서 연습을 통해 얻어진 습관은 지금까지의 어려움을 철저히 해결해준 기술적인 발전에 역행하여 계속되고 있다. 발전을 부분적으로 가로

---

374 오/최/박 1995: 82 – 85의 간략하면서도 자료가 풍부한 이에 관한 단락 참조.

막는 이 상황은 한글 자판에만 국한된 것이 아니라 라틴어 문자를 입력하는 자판에도 해당한다. 잘 알려진 바와 같이 타자기에의 글자 입력 시 속도를 내기 위한 것이 아니라 오히려 반대로 타자 시 활자대 Tastaturhebel 들이 엇물리는 것을 정확히 피하기 위한 것이었다.[375] 기술의 발전은 컴퓨터 영역에서 이 문제를 해결해준 반면 자판의 배열은 변함 없이 예전 그대로 머물러 있다.

현재 상황에 대한 언급으로 짧은 역사적 개관을 마치겠다. 이렇게 전승된 자판의 배열과 그 이전부터 있었던 타자기의 한계점은 바로 오늘날까지도 계속 되고 있는 두벌식 또는 세벌식 자판을 고집하는 이들에게는 서로 간에 전혀 보람이 없는 의견 분쟁의[376] 원인이 될 수도 있다. 아마도 두벌식 자판 방식과 풀어쓰기가 일치한다는 선입견, 반면에 세벌식 자판 방식과 한글의 규칙에 적합한 이차원적 표기가[377] 일치한다는 선입견은 그 분쟁의 많은 참가자들의 머릿속에 바꿀 수 없는 현실로 지금까지 고착되어 있다는 것을 결

---

375 MARTIN 1949: 56f 참조.

376 박홍호 1992: 161.

377 풀어쓰기 대 모아쓰기를 뜻한다 (II 3.4.1.5 비교).

국 오해로까지 이르게 되었다.[378]

서양에서처럼 한국에서도 글쇠의 자모 배열을 한층 발달된 기술적 다른 가능성들에 적용해보려는 시도가 수 없이 행해졌으나 지금까지 이렇다 할 성과가 없었다.

이러한 시도를 일일이 열거하는 것은 본 논문의 목적에 맞지 않으므로 오히려 오늘날에도 계속 널리 사용되는 '두벌식과 세벌식'이라는 자판 방식(II 4 비교)만 관찰 대상이 될 것이다. 이 방식들에 대한 비판적 평가와《훈민정음》의 제자 원리의 입각에서 해보는 새로운 생각들은 그 원리와 일치된 모형을 모색하기 위한 것이다.

2.2.1 두벌식 자판

2.2.1.1 남북한의 표준자판

아래 자판 배열 Layout을 보면 바로 알 수 있듯이 자판이 두 영역으로 구성되어 있다. 자음 자소는 왼쪽에 모음 자소는 오른쪽에 배치되어 있다 (좌자우

---

378 이와 같은 객관적인 학문의 연구를 힘들게 하는 유쾌하지 않은 부차적 현상들은 본 논문에서는 표면적으로만 언급되겠다. (가령 진용옥도 불평을 호소했다.) 그렇지만 이와 관련한 배경을 알려줄 정보들은 더 나은 학문의 성과를 평가하는 데 중요한 듯하다. 예를 들어 박흥호는 아래에서 언급한 두벌식 / 세벌식에 대한 연구의 저자이며 또한 세벌식을 개발한 공병우(아래와 비교)의 연구소 연구원이기도 했다. 또한 세벌식 자판 방식을 맹렬하게 지지한 송현 역시 연구원이었다. 송현은 자신의 홈페이지에 모든 논쟁점들을 정리해 놓았다. 두벌식 자판을 주장한 대표적 인물로 장봉선 (1917년 생)이 있는데 '풀어쓰기 방법'의 도입을 주장한 점은 특히 주목할 만하다. 그러나 앞서 말했듯이 이 두 점(두벌식과 풀어쓰기 그리고 세벌식과 모아쓰기)을 근본적으로 잘 불리하지 않으면 안 된다.

진용옥 1996a: 23; 박흥호 2003; 송현 1989: 38ff., 70ff.; 장봉선 1989: 113ff.; 한재준 2000: 226 (장봉선) 참조.

모左字右母). 한가지 예외가 있다면 (라틴어 자판에서 〈B〉자 위치에 해당하는) 모음 〈ㅠ〉 글쇠이다. 이 글쇠만 원래 오른손이 아닌 왼손으로 쳐야 한다.

【그림 18】남한의 표준 자판 1982 (33 개 한글 자소를 갖추고 있는 26개의 글쇠[379])

위의 자판 배열은 1982년 남한에서 국가 표준 (KS C 5715 1997년부터 KS X

---

379 종종 참고 문헌에는 (가령 박홍호) 기본 자모만 갖춘 자판 배열이 보이고 전환키나 윗글쇠를 이
용하여 동시에 사용할 수 있는 다른 자모는 찾아 볼 수 없다. 이 경우에는 기본 그룹 내지 제 1
그룹, 즉 두 단계의 첫 단계만 보여짐을 뜻한다. 본 논문에서는 두 단계를 함께 제시한다.
본 논문에 실린 다양한 자판 배열에 관한 그림들은 안마태의 홈페이지에서 받은 자판 이미지
(keyboard_new.gif)를 기초로 삼아서 각 자판 구성 방식에 맞게 바꾸어 만들어진 것이다. 이 그
림들은 특히 특수 문자와 관련하여 표준 규격에 완전히 일치하는 전체 배열이 아님을 밝힌다.
그러나 이를 통하여 한글 자소 배열을 일목요연하게 상상할 수 있으리라고 믿는다. 한국에서 자
동 정보 처리에 사용되는 자판에 빠지지 않은 영문 글자는 한글 글자 위치를 찾는데에 또한 도
움이 된다. 그래서 의도적으로 '소문자 a는 건반 C01에, 소문자 m은 건반 B07에'등과 같은 방
식의 문자와 해당 글쇠 위치 표시표는 생략한다.
한글 문자는 제 1 그룹에, 로마자는 제 2 그룹에 해당한다. 독일어 개념 정의는 아래 DIN규격
의 참고 목록 참조.
박홍호 1992: 168; http://ahnmatae.across.co.kr/image/keyboard_new.gif (03.08.20);
Norm DIN 2137-2 (1995): 2-8 (14-19) 참조.

5002)[380]으로 결정되어 보급되었다.[381]

북한의 표준 자판도 (9265–93) 마찬가지로 왼손(자음) 오른손 (모음) 해당의 두 영역으로 기본 분류되어 있는데 31 개의 자소 건반의 수 (남한: 33 개 글쇠)와[382] 자소 배열에서 남한과 비교할 때 확연히 구분된다.

【그림 19】 북한의 표준 자판 1993 (31개 한글 자소를 갖춘 26 개의 글쇠[383])

---

380 참고 자료는 KS규격 C5715 (1982) 참조.

381 부호화 분야에서도 마찬가지로 한글 자판 표준 결정에 관해 해당 공공 기관의 통일된 의안을 찾아보기 어렵다. 1969년 필요한 기초 연구가 해 놓은 '네벌식' 타자기 자판 규격으로 정해졌다. 동시에 미리 과학적으로 공인된 응용성에 관한 조사도 없이 전신용 텔레프린터에는 풀어 쓰기 두벌식 자판이 채택되었다. 1982년 과학 기술처는 한 보고서에서 자동 정보 처리 분야에서 이전신용 텔레프린터용 자판 규격의 도입을 찬성하였고 1985년에는 기계식 타자기에까지 확대되었다 ('자판 통일' 이름으로 알려졌음).
박홍호 1992: 164 참조.

382 남한의 자판과 비교해 볼 때 자소 〈ㅒ, ㅖ〉가 없다. 이 두 자소는 복모음 자소로 간주되어 'ㅑ와 ㅣ', 'ㅕ와 ㅣ' 글쇠를 각각 조합하여 만들어진다.
이만영 1996: 26 참조.

383 일부 남한에서 발표된 글에는 잘못하면 자소 〈·〉이 〈ㅏ〉위에 잘못 배치되어 있다.
이만영 1996: 25 기타 참조.

2.2.1.2 공동 자판

위의 설명은 1996년 연변에서 개최된 공동 회의에서 남북한 및 중국에서 온 학자들에 의해 제작된 소위 공동 자판의 경우에도 해당된다.[384] 공동 자판 배열은[385] 북한 방식과 유사하다. 또한 주목할 만한 점은 오늘날 한글 자모에 더 이상 사용하지 않는 ⟨ㅿ ㆆ ㆁ ·⟩의 네 자소도 포함되어 있다.

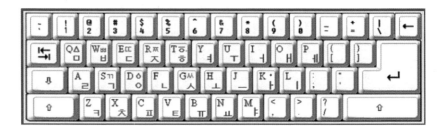

【그림 20】 공동 자판 1996 (33 개의 한글 자소를 갖춘 26 개의 글쇠)

세 종류의 자판은 자모 배열에서 서로 구분되는데 공통점도 보여준다. 가장 중요한 것은[386] 아래와 같다.

• 두벌식

• 자음자소로 이루어진 좌판 (예외로⟨ㅠ⟩도 포함)과 모음 자소로 이루어

---

384 II 3.1.5 의 주 54 비교.

385 진용옥 1996a: 21 참조.

386 더 상세한 설명은 이만영 1996: 25f. 참조.

진 우판[387]

- 〈ㅐ ㅔ〉를 개별 자소로 다룸

- 이중 자소 〈ㄲ ㄸ ㅃ ㅆ ㅉ〉를 단자소 〈ㄱ ㄷ ㅂ ㅅ ㅈ〉위에 배치

2.2.1.3 한글 오토마타

두벌식은 한 한글 다발이 항상 첫·, 가운뎃·, 끝소리 글자 (CVC)의 근본 구조를 가지고 있는《훈민정음》의 기본적인 다발 형성 원칙을 적용한다. 그래서 모음으로 시작하는 음절의 경우에도 이 구조를 그대로 적용하려면 무성의 첫소리 글자 자리에 글자 〈ㅇ〉을 두면 된다는 것은 누구나 알고 있다 (II 3.4.1.1 비교). 이 원칙은 자판 입력과 사용 프로그램을 이어 주는 소규모 프로그램인 소위 한글 오토마타에도 그대로 적용되어진다.[388] 두벌식 자판으로 쓰여진 현대 한국어의 경우에는 다음과 같은 도식에 따라 한글 오토마타가 작동된다.

---

387 이러한 분할은 왼손 가중률을 높이고 오른손잡이들에게는 쉽게 피로감을 줄 수 있다. 정희성은 이러한 이유에서 이것을 뒤바꾼 자판을 개발했는데 바른손이라 불리어진다. 정희성 1996: 208ff. 참조.

388 운영 체제 OS인 윈도우즈에는 중국어 일본어 한국어용으로 서로 다른 버전이 있는 IME (Input Method Editor)가 몇몇 다른 프로그램 모듈과 함께 작업하여 오토마타의 기능을 가지고 있다. 상세한 설명은 오/최/박 1995: 232f. 참조.

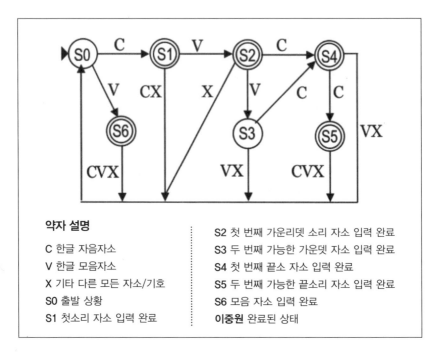

약자 설명

C 한글 자음자소

V 한글 모음자소

X 기타 다른 모든 자소/기호

S0 출발 상황

S1 첫소리 자소 입력 완료

S2 첫 번째 가운리뎃 소리 자소 입력 완료

S3 두 번째 가능한 가운뎃 자소 입력 완료

S4 첫 번째 끝소 자소 입력 완료

S5 두 번째 가능한 끝소리 자소 입력 완료

S6 모음 자소 입력 완료

이중원 완료된 상태

【그림 21】 두벌식을 사용하여 나타내는 현대 한국어용 한글 오토마타[389]

장단점 오토마타의 중요한 장점은 한글 자소를 계속해서 입력할 수 있고 오토마타가 자음자소를 첫 음절 다발의 끝에 아니면 두 번째 다발의 머리에 정확하게 오도록 하게 하는 기능을 가진다. 주로 세벌식 자판을 지지하는 사람들이 한글 오토마타, 즉 두벌식의 단점으로 꼽는 것은 소위 도깨비불 현상이다. 이방식은 두 음절 다발 (음절자) 사이에 자음 자소의 위치가 빨리 바뀌어, 눈을 피로하게 하는 것이다. 위에서 언급한 원칙을 토대로

---

389 여러 저자들이 두벌식용 한글 오토마타를 만들었는데 이 중에서 이강수가 고안한 것은 맞지 않다. HWP 프로그램에 있는 한글 오토마타가 실용에 확인된 바와 같이 복잡 한 반면에 효과적이다. 이강수 1993: 91; 림덕선 1994: 10; 최준호 1999 (내장 한글 시스템이라는 단락) 참조.

하면 두 번째 다발의 첫소리 자리에 올 자소는 먼저 앞 다발의 끝소리 위치에 잠시 있다가 두 번째 다발의 모음자소가 입력되면 재빨리 원래 자기자리로 옮겨간다. 예를 들어 도깨비라는 단어를 보면 다음과 같다.

$$도 + ㄲ \rightarrow 돆 + ㅐ \rightarrow 도깨 + ㅂ \rightarrow 도깻 + ㅣ \rightarrow 도깨비$$

두번째로 문제 될 점은 가령 '깎고'에서와 같이 〈ㄱ〉이 세 번 연달아 입력되어져야 할 때이다. 이와 같은 경우 단순한 자동틀에서는 복자음자가 어디에 속하는 지를 결정할 수 없다. 가령 이론상 '깍꼬' 혹은 '깎고'가 보여질 수 있다. 바로 이 문제를 해결하려면 〈ㄲ〉복자음자가 새로운 자소로 정해져야 한다.[390] (즉 한글 자동틀에서는 두 번째 〈ㄱ〉이 입력되면 음절 다발 (음절자) 시작 위치나 끝 위치에 가게 되면 현재의 음절 다발 (음절자) 조립이 끝나고 이 다음 음절 다발로 넘어 간다.)[391]

2.2.2 세벌식 자판

자음 · 모음자소 두 그룹으로 나누는 것을 기초로 하는 두 벌식과는 대조적으로 세 벌식은 한 음절 다발(음절자)를 구성하는 첫소리 · , 가운뎃 · , 끝소리 글자의 기능에 따라 구분됨을 알 수 있다. 이는 (자음자소로 이루어진, 혹은 부분적으로 모음자소로 이루어진) 복자음자가 조합되어지는 것이 아니라 이미 하나로

---

390 진영옥 1996a: 22 참조.

391 분명하게 짚고 넘어가야 될 것은 두벌식은 입력에만 관련된다는 점이다. 그 다음으로 컴퓨터내에서 한글 오토마타를 이용하여 세벌식으로 계속 작업이 이루어진다.

완성된 것이 있는데 주로 소위 《통일안》에서 정해진 범위에 제한된 것이다 (II 3.4.3. 주 55 비교).

세벌식 자판에는 세 종류가 알려져 있다. 그 중 두 종류는 컴퓨터에 사용될 목적으로 특수하게 만들어졌다고 할지라도[392] 세벌식의 기본 구상을 나타내기 위하여 본 논문에서는 공병우公丙禹(1906~1995)가[393] 개발한 최초의 형태를 소개하겠다. 이것은 1991년 '세벌식 최종'으로 완성되었다.[394]

---

[392] 두 종류로는 소위 '세벌식 390' (PC, 예를 들어 윈도우즈 XP와 HWP에서 찾아 볼 수 있다)이며, 시프트키를 전혀 사용하지 않는 '순 아래 세벌식'이 있다. 대부분의 자음 조합 그리고 문장 기호와 기타 다른 기호를 독자적인 글쇠 배열을 보여 주는 맨 처음 형태는 (그림 22 비교) 오래 전부터 맥킨토시 컴퓨터에 선택할 수 있다.
안마태 2002: 4장; http://members.direct.co.kr/~paero3/sebul_k/sebul_k.htm 참조.

[393] 한국 최초의 안과 의사중에 하나였던 공병우는 약 40대부터 한글 타자기와 한글 타자기 자판 개발 연구에 몰두했다. 세벌식 자판 방식에 근거를 둔 타자기는 1950년에 이 분야에서 처음으로 개발된 작품이었다. 그는 단순한 방법으로 한글을 타자기로 표현하는 것에 성공했다. 이것은 그 당시 한국이 처한 정치 · 경제적 어려운 상황에서 그의 높은 업적으로 인정되었다. 그는 자서전에서 6.25 전쟁때 타자기 개발이 어떻게 그의 생명을 구했는지 설명하고 있다. 나중에 여기에 추가로 한글/영어용과 한글/일어용의 2개 국어로 된 타자기가 개발되었다. 공병우의 세벌식 타자기는 한국에서 널리 사용되었다. 이러한 업적으로 공병우는 유명해졌고 사후 오늘날에도 높은 명성을 누리고 있다.
그의 자서전에 관해서는 공병우 1989 참조.

[394] 이 방식은 공병우에 의해 타자기 자판과 컴퓨터 자판의 일치를 주장하는 데 옳은 것으로 정해졌다. 이 주장은 기술 개발과 관련하여 볼 때 한글에서는 더 이상 의미가 없다.
안마태 2002: 4장 참조.

【그림 22】공병우의 세벌식 (최종) 자판 (58 개의 한글 자소로 된 39 개의 글쇠로 구성)
붉은 색: 첫소리 글자, 파란 색: 가운뎃소리 글자, 녹색: 끝소리 글자.

2.2.3 두벌식 자판과 세벌식 자판의 평가

2.2.3.1 효율성

앞서 소개한 자판 배열에 관해 해당 문헌에는[395] 주로 자소의 출현 빈도수와 이의 수학적 평가에 기초한 조사와 비교가 있는데 이들은 여러 부족한 점으로[396] 인해 하나의 추세로만 간주된다. 이에 다음과 같은 항목이 고려되어졌다.

- 전환키 사용함을 따로 고려한 타자 횟수

- 각 손가락 당 타자 횟수

- 첫소리 · , 가운뎃 · , 끝소리 글자에 따른 타자 횟수 그리고 자음과 모음 글자 (복자음자는 제외)에 따른 타자 횟수

- 타자간의 이동 경로의 거리

---

[395] 정희성 1996; 정희성 2001; 안마태 2002; 강영민 1996 참조.

[396] 빈도 수의 결과는 잘 알려져 있는 대로 각 말뭉치와 기타 다른 요소에 영향을 받는데 한국어의 경우 남북한에서 사용되고 있는 서로 다른 철자법과 같은 특수성을 들 수 있다. 그 때문에 서로 다르게 설계된 자판 배열은 놀라운 사실도 아니다.
컴퓨터 언어학에서의 말뭉치에 관한 문제점은 BERGENHOLZ/MUGDAN 1989 참조.

- 자판열과 손가락에 따른 타자 횟수

- 연타連打와[397] 좌우 손 전환에 대한 다양한 종류의 조사.

다양한 일련의 시험에서 이미 언급한 바 있는 두벌식 내지 세벌식 자판의 경우 전체적으로 볼 때 다소 설득력 있는 결과가 도출되었다. 이것은 세 열로 된 자판 글자키에 의해 상대적 손(가락) 부담률을 분류한 것이다. 대다수 사람들이 오른손잡이라는 사실을 전제로 할 때에는 북한의 자판 배열이 남한의 것보다 더 효율적인 수치를 나타낸다. 아래의 표에서 보듯이 공동 자판이 전체적으로 가장 적절한 수치를 보여준다.[398]

	왼 손			오른 손		
	남한 자판	북한 자판	공동 자판	남한 자판	북한 자판	공동 자판
상열	0.404	0.338	0.291	0.2296	0.303	0.303
중열	0.5632	0.63	0.677	0.5657	0.658	0.658
하열	0.0328	0.032	0.032	0.2047	0.039	0.039
	1.000	1.000	1.000	1.000	1.000	1.000

【표 17】 자판 삼열 글자키와 관련한 좌우 손의 사용 요구의 비교

위의 도표를 이해하기 위해 참고할 사항은 자판 배열의 이상적인 형태는

---

397 이는 같은 손가락으로 서로 다른 글쇠를 여러 번 연속적으로 칠 때를 말하며 한국어에서는 같은 글쇠를 치는 경우가 빈번하다.

398 모든 수치는 정희성의 2001 : 5장, 단락 3.6 (1 – 3)에서 그대로 인용된 것이다.

되도록이면 중간 열에 배열된 글쇠를 제일 많이 사용하는 것에다가 왼손보다 오른손의 부담이 더 크다는 것이다. 실제로 공동 자판이 가장 이상적이고 남한에서 사용되는 자판은 가장 부적절한 것으로 증명된다.[399]

아래 표는 1억 2천 개의 '음절자'를 기초로 한 커퍼스를 사용한 한 연구는 세벌식 자판에 관한 자료를 포함하여 이해를 돕는 비교 자료를 보여주고 있다.[400]

	세벌식 자판 (공병우)	남한 표준 자판	북한 표준 자판
발명년도	1949	1969	1993
벌 개수	3	2	2
자소 개수	58	33	31
중열 작동	53.4%	55.74%	60.7%
왼 손 : 오른 손	57.04 : 43.42	56.82 : 42.18	58.1 : 41.9
상열 자소	19	7	5
상열 작동	0.88%	2.09%	1.79%
숫자열 자소	15	0	0
옛 자소	0	0	0
글쇠 동시 작동	0%	0%	0%
효율	130% (침작)	100 %	120% (침작)

【표 18】 다양한 자판 배열의 비교 자료

---

399 위에서 언급한 그의 연구에 안마태도 북한의 자판이 더 효율적이라고 하지만 그리 신통치 않다는 결론을 내린다. 즉 남한의 자판에 왼손 대 오른손 비율은 56.82% : 42.18%, 북한의 왼손 대 오른손 자판 비율 58.1% : 41.9%, 다시 말하자면 거의 유사하다.
안마태 2002: 8장 참조.

400 이미 여러 차례 각주에서 언급한 안마태의 연구, 즉 안마태 2002: 1, 2장 참조.

작업의 비효율적인 양손 배분은 위 도표에 나타난 계산을 통해 더 분명해진다. 그런데 자료의 신뢰도와 관련하여 다소 미심쩍은 부분이 있다. 타자할 때 과연 북한 자판에 중간열 Grundreihe의 글쇠를 집중하여 사용함으로써 양손 사용 요구의 비효율적인 비례가 해결 가능한지의 여부이다. 이외에도 세벌식 자판에 관한 개별 자료는 미흡하지만 높은 수준의 효율성에 이르고 있다. 또한 남한 문화부의 요청으로 특별히 시행된 남한 표준 자판과 세벌식 자판 (종결판)의 비교연구도[401] 역시 명확한 결과를 보여주지 않는다. 이 연구의 저자는 자료 처리 결과를 두 방법 모두 동일하다고 설명하면서도 결론에서는 분명하게 세벌식 자판을 지지하고 있다.[402]

이 결과는 앞서 언급한 두벌식과 세벌식 자판 지지자들간의 논쟁과 비슷한 상황과 연관이 있을 것이다 (Ⅲ 2.2 비교). 그런데 효율성에 관한 설문 조사에서 확인된 사실은, 복잡하고 구식화된 것으로 판단된 세벌식 자판을 사용하는 사람들이 적다고 하는 점이다.[403]

---

401 이 연구에서는 7~12세용 교과서에 있는 여러 텍스트를 입력하여 컴퓨터 프로그램을 이용해 계산 측정된 것이다.
박홍호 1992: 177 - 196 참조.

402 박홍호 1992: 202f. 참조.

403 한국의 대학생1000명을 대상으로 실시된 설문 조사에서 사용하고 있는 자판에 대한 질문에 648명이 대답했다. 이에 따르면 96.6%가 두벌식 자판 그리고 3.4%만이 세벌식 자판을 사용한다는 것이다.
김병선 1994: 87 참조.

2.2.3.2《훈민정음》의 원칙과 일치점

바로 앞에서 언급한 연구에서 뿐만 아니라 다른 문헌에도 종종 보이는 주장이 주의를 끈다.[404] 이에 의하면 세벌식 자판의 높은 가치를 한글의 구조적 특징 (첫·, 가운뎃·, 끝소리 자모로 이루어진 음절 다발 형성)과의 일치에서 보았고 그 때문에 세벌식 자판이 '더 과학적'이라는 것이다.

이미 본 논문의 방법론적인 근거를 설명한 바와 같이 (I 2.3.3 비교) 한글의 과학성은 《훈민정음》의 원칙과 일치할 때만이 옳다고 볼 수 있다. 여기서 비판의 대상이 된 과학성의 여부는 표면에 그칠 뿐이다. 이유는 '세벌식' 하나의 관점이 고려되어졌을 뿐, 이와 직접적 연관 관계에 있는 좌우 손의 배분이나 개별 손가락의 배분과 같은 또 다른 관점은 전혀 고려되지 않았기 때문이다. 놀랍게도 이러한 복합적인 문제는 지금까지 《훈민정음》의 관점에서 해결해보려는 시도는 단 한번도 없었다. 오로지 언급한 바 있는 글쇠의 사용 빈도수만을 문제 해결에 사용했다.

그러므로 먼저 두 자판의 유형과 자모의 두벌식 및 세벌식 배열에 관한 《훈민정음》과의 일치점을 확인하는 조사가 행해져야한다.

이에 관해《훈민정음》이 인용문 1, 7, 9, 10과 40에서 간접적으로 말한다.

• 정음은 단지 스물 여덟 글자뿐이다. (해례 18b.1)

• 이는 첫소리 자체 내에 음양, 오행, 위수가 있음을 뜻한다. (해례

---

[404] 이기성 1996: 142ff. 참조.

7a.7 - 8)

- 첫소리와 가운뎃소리, 끝소리를 합하여 이루어지는 음절에 대해 말하면, 이는 움직임과 멈춤은 서로 근본이 되고 음과 양이 서로 바뀜을 뜻한다. 움직임은 하늘이요 멈춤은 땅이니 움직임과 멈춤 두 가지를 겸한 것은 사람이다. [...]

  첫소리는 움직이는 역할을 하니 하늘의 일이고, 끝소리는 이 움직임을 멈추게 하니 땅의 일이다.

  가운뎃소리는 첫소리가 생겨나는 것에 이어 끝소리가 완성되도록 하니 사람의 일이다. 한 음절의 핵심은 가운데소리에 있는 바, 첫소리와 끝소리는 가운데 소리와 결합하여 음을 완성한다.

  이는 천지가 만물을 생성하는 것과 비교할 수 있다. 그러나 이렇게 만들어진 만물의 가치를 완전히 알려면 사람이 비로소 이 만물을 돌보고 힘써야만 한다. (해례 12a.3 - 12b.6)

- 먼저 가운뎃소리가 깊거나 얕으며, 닫혀 있거나 열려서 발음된다. 이에 답하여 첫소리가 오음과 청 · 탁으로 만들어지니 첫소리는 끝소리와 같아진다. 이는 다시 만물이 땅에서 나서 다시 땅으로 돌아감을 보임이다. (해례 11b.7 - 12a.3)

- 끝소리(글자)에는 첫소리(글자)를 다시 쓴다. (예의 3b.6).

이러한 맥락에서 매우 중요한 듯 보이는 것은 또한 인용문 11의 구절인데 이해를 돕기 위해 다시 한번 여기에 싣겠다.

| 62 | 끝소리에 첫소리를 다시 사용하는 것은 [후자의] 추진력과 양이 되는 것에 있고 또한 멈추어서 음이 되는 것에 있다. 하늘을 상징하는 건에 는 실제로는 음과 양이 똑같은 비중으로 되어 있고 편재하다. 시작의 힘은 끝도 없이 돌고 돈다. 사계절의 변화는 하나의 원과 같다. 마지막 계절이 그래서 첫 계절이 된다; 겨울은 봄에 항복해야 한다. 이는 또한 첫소리가 끝소리가 되며 끝소리가 첫소리가 되는 것과 같음을 뜻한다.

(해례 12b.6 – 13a.4)

오늘날 언어학적 그리고 자형학적 관점에서 볼 때 두벌식이나 세벌식을 결정하는 것은 그리 어려운 일은 아닌 듯 하다. 음절 다발 조합에 의한, 위 치에 따르는 이서체에 관한 단락을 토대로 유추하면 (III 1.5 비교) 세벌식 에 의한 두 개의 자음 자소군, 즉 다발을 시작하는, 그리고 끝내는 자음 자소들 은 《훈민정음》에 나오는 17 개의 기본 자음 자소로 된 이서체 Allograph의 특수형으로 볼 수 있다.[405]

이에 의하면 세벌식과 《훈민정음》의 일치는 명백해 보이는 듯하지만 이 러한 결론을 내리기는 이르다. 왜냐하면 메타 차원으로 일컬어 본 《훈민정 음》의 철학 · 우주론적인 관계가 완전히 무시되기 때문이다 (II 1.2 비교). 《훈

---

405 이러한 논증 방식은 독일어 알파벳에 적용할 수 있다. 독일어 자모는 26개이지만 문자로 완전 하게 나타내려면 대, 소문자와 움라우트 그리고 ß가 추가로 필요하다. 그래서 총 59개의 개별 문자가 된다.
독일어의 자모와 이서체에 관해 GÜNTHER 1988: 82, 86 참조.

민정음》의 철학·우주론적인 관계는 나머지 세 개의 차원, 즉 자소 생산, 자소-음소-대응, 다발 형성을 서로 묶어준다. 오행에 의해 정해진 순서일지라도 자소들은 첫 번째와 두 번째 차원에서는 개별적으로 존재한다. 인용문 6번과 7번은 이 내용과 부합한다. 이를 다른 말로 설명하자면 다음과 같은 결과가 나온다.

① (제1과 2 차원에서) 총 자소 수는 28 개뿐이지 58 개가 아니다. 왜냐하면 음양, 오행 그리고 위수에 추가되는 (조합) 글자의 배정이란 생각할 수 없기 때문이다. 쉽게 말해 사계절 병렬이나 동서남북이외의 추가적 계절, 방위 등을 생각할 수 없다.

이 결론은 자유로운 다발 형성 원칙의 관점에서도 증명된다. 특정한 '음절자'의 끝자리에 복자음자 Digraph가 아닌 이미 정해진 자음자소의 조합 (예 〈값〉에서 〈ㅄ〉)으로 58 단위 (14 첫소리 글자, 15 가운뎃소리 글자, 29 끝소리 글자)까지 확대된 문자집합은 자유로운 한글 다발 형성에 걸림돌이 된다.[406]

《훈민정음》에 의하면 인간은 세 번째 차원에서 비로소 관여하게 되고 개개 자소를 말이 되도록 소우주를 상징하는 음절 다발을 조합한다. 이 사실

---

[406] 유니코드 (III 3.3.8 비교)에서 이 문제는 'Hangul Jamo'라는 소제목 아래에 도입된, 세벌식 방법을 이어주는 238 단위 (31 및 32 표)로 인해 더 심해진다. 김경석은 두벌식 방법이 유니코드의 엄청 확대된 문자집단을 나타낼 수 없기 때문에 세벌식을 옹호한다. 하지만 이 확대된 문자집단을 두벌식으로 나타낼 수 없다는 그의 우려를 이하의 설명으로 없앨 수 있다. 유니코드 III 3.3.8; 김경석 1995: 315–318 참조.

은 인용문 9의 마지막 문단에 다시 반영된다. "이는 천지가 만물을 생성하는 것과 비교할 수 있다. 그러나 이렇게 만들어진 만물의 가치를 완전히 알려면 사람이 비로소 이 만물을 돌보고 힘써야만 한다." (해례 12a.3 - 12b.6) 그러므로 여기에도 다음 결론이 해당된다.

② 자음 자소는 세 번째 차원에서야 비로소 음절 다발의 첫소리 글자 내지 끝소리 글자의 특별한 기능을 지니게 된다.

세벌식에서 자음은 처음부터 음 (끝) 아니면 양 (시작)으로 기능이 분리되어 정해져 있다. 인용문 12에 표현되어 있는 순환하는 에너지에 관한 이미지가 ("시작의 기운은 끝도 없이 돌고 돈다"; 해례 13a.1) 세벌식 과 연관 시키는 것은 억지로만 가능하다.

타자기가 제시하는 기술적인 가능성에 한정시켰을 때 현대 한국어에서 세벌식 방법은 충분히 《훈민정음》의 원칙에 근접한다. (적어도 이 방법으로 끝소리 글자를, 가령 〈ㄴ〉을 분리하여 쓸 수 있게 한다. 이것은 현재 두벌식으로는 원칙적으로 컴퓨터에서도 나타낼 수 없다.) 그러나 이것 역시 아래 보이는 정인지의 주장을 충족시키지 못한다.

| 63 | 스물 여덟 글자를 사용하여 무한정 조합이 가능하다. 스물 여덟 글자로 조합하는 것은 단순하고 요긴하며 분명하고 포괄적이다. (서문 32a.1 - 2)

세벌식은 《훈민정음》의 원칙과 일치하지 않다는 것이 확실해졌다. 마찬

가지로 두벌식도 이 원칙과 부합하지 못 한다. 이미 설명하듯이 (II 4 비교) 두 벌식이란 왼쪽 손이 자음 자소, 그리고 오른쪽 손이 모음 자소를 입력하는 것은 《훈민정음》에서는 내용적으로 이와 비슷한 기록을 찾을 수 없다. 다음 장에서 이에 대한 보다 자세한 설명을 하기로 한다.

2.3 《훈민정음》의 원칙을 바탕으로 한 새로운 자판 배열

여기서 《훈민정음》의 원칙에 따라 새로운 자판 배열을 찾아 보려는 의도는[407] 다음과 같은 틀림 없는 인식과 연결되어 있다. 즉 한글 다발은 하늘, 땅, 사람이라는 삼재와 오행이 우주적이고 다차원적으로 얽히고 설키는 상징적인 우주의 상이라는 인식이다 (II 3.2 비교). 여기서는 자판과 그의 글자 배열을 마찬가지로 이 체계와 관련시키자는 생각에 가깝다. 이러한 시도는 지금까지 단 한번도 행해지지 않은 것으로 보인다. 이런 시도가 마땅하다는 것은 다음과 같은 생각에 의한 것이다. 즉 오행과 한글 자모 사이의 관계와 오행과 한 손의 다섯 손가락 사이의 관계를 기초로 하여 한글 자모와 손가락사이에

---

407 새 자판 배열 (〈ㅊ ㅋ ㅌ ㅍ〉을 바로 입력하지 않는 45 개의 글자로 된 세벌식 방법)에 대한 안마태의 노고를 여기서 언급하지 않을 수 없다. 바람직하게도 그는 자주 《훈민정음》과의 일정한 연관관계를 지적했는데 가령 기본 자음 〈ㄱ ㄴ ㅁ ㅅ ㅇ〉이 일정한 음성학적인 순서에 따라 [사실상 오행의 생성 순서의 역행] 그가 개발한 새 자판 배열에서 중열에 배치되어 있다는 것이다. 이러한 자판은 여러 개의 자소를 동시에 입력하는 것, 가령 〈ㅏ +ㅣ → ㅐ〉를 가능하게 하는 것 같다. 이것은 다른 자판 배열과 비교할 때 가장 높은 효율성을 나타내는 것이다 (도표 16 비교). 그러나 그의 연구에 관해 지적할 사항은 분명히 광범위한 말뭉치를 사용했지만 결국 그의 연구도 빈도수에만 관련된 것뿐이라는 것이다.
안마태 2003: 6, 17, 19, 39; 안마태 2002: 2 장 참조.

도 추이적 관계에 따라 직접적인 연관성을 나타내는 등가 체계가[408] 생겨난다 (I 2.3 비교).

2.3.1 이론적 기초

인간과 기계 사이의 의사소통 응용 모델로 이해할 수 있는, 오행을 이용한 손가락과 자소의 배정은[409] 세 단계로 나누어 생각할 필요가 있다.

① 좌우 분할

② 자판열의 분류 (중열, 상열, 하열)

③ 각 글쇠에 대한 배정

좌우 분할 가령 〈태극도〉와 그에 관련된 방주에 반영되는 확실한 결과에 의해 이루어진다 (II 3.2.2 과 3.2.6.2 비교). 이에 따르면 왼쪽 반을 차지하는 자소는 양의 성질을 띠고 오른쪽 반을 차지하는 자소는 음의 성질을 띤다. 이와 관련해서 모음과 자음 자소에 적용할 수 있는 확실한 결과가 있는데 이것은 한글 자모 순서를 찾아낼 때에 나온 결과이다 (II 3.3.3.1 비교). 모음 자소의 경

---

408 PORKERT의 심오한 저서로 알려진 *Die theoretischen Grundlagen der chinesischen Medizin* (한의학의 이론적 기초) 초판의 부제가 바로 '등가 체계'이다.
PORKERT 1973 참조.

409 이 연구 방법은 수 천년 동안의 실제 경험을 바탕으로 논쟁의 여지 없이 더욱 정확한 결과에 이른 전통적인 철학 · 우주론적인 사상을 응용한 한의학에 적용한 방법이다.
PORKERT 1991: 1 - 4 참조.

우는 《훈민정음》이 표준으로 삼고 있는 〈하도〉(그림 3과 4 비교)와 이와 관련된 설명 역시 추가된다.

자판열 자판열의 분류에 대한 해결은 《훈민정음》에는 직접적으로 참고될 만한 것을 전혀 찾아볼 수 없다. 그러나 바로 이 점에서 《훈민정음》의 철학·우주론적 기본 사상을 연관시킴으로써 새로운 방향을 제시하는 가능성이 열린다. 각 글쇠로의 배정은 《훈민정음》에서 근본이 되는 오행과 자소간의 분류 방식으로 하면 문제의 반은 이미 해결되어 있다. 단지 여기에는 자소와 손가락간의 분류만이 없다.

자소의 두 주요 분류 기준을 제시하는 것 외에도 (오행의 생성 순서, 음양을 통하여 모음에 끼치는 하늘의 영향, 강함과 유함으로 땅이 자음에 끼치는 영향, II 3.2.5.1, 3.2.5.2, 3.3.3.1 비교) 이미 알고 있는 인용문 6 - 8을 통하여 《훈민정음》이 근본적으로 개개 자소에 그의 모든 특성이 포괄되어 있다는 점은 다시 확인할 수 있다.

- [글자는] 그 자체로 천, 지, 인 삼재와 음양 이기의 오묘한 의미를 지닌다. 이는 예외 없이 모든 글자에 다 해당된다. (서문 31b.8 - 32a.1)

- 이는 첫소리 자체 내에 음양, 오행, 위수가 있음을 뜻한다. (해례 7a.7 - 8)

- 마찬가지로 가운뎃소리도 음양, 오행, 위수를 가지고 있다. (해례 11a.8 - 11b.1)

2.3.2 좌우 기본 분할

위의 생각을 출발점으로 하여 전체 자판에서 좌우 기본 분할은 왼쪽 반은 양, 오른쪽 반은 음으로 기본 분배됨을 확실하게 알 수 있다.

【그림 23】 음양에 따른 자판 기본 분할

2.3.3 자판열의 분류

자판열의 결정에 대한 설명으로는 〈태극도〉의 다섯 원 중에 두 번째 원에서 알 수 있듯이 음양의 상호 교차가 자판열에 직접적으로 응용될 수 있다는, 첫눈에만 엉뚱하게 보이는 가정을 세울 수 있다. 그래서 다음에서 음양 오행의 법칙에 근거한 실증 연구 통하여 이 가정을 증명해 보겠다.

좌우 기본 분할에 따라서 양은 왼쪽에 음은 오른쪽에 위치하도록 이 두 번째 원을 펴보면 세 열이 바로 얻어진다. 이렇게 하면 손의 해부학적 구조에 의해, 글자를 입력하는 세 자판열로 연결 고리가 쉽게 만들어진다. 세 개로 된 자판열은 현재 대부분의 자판에 응용되고 있다.

내부에 세 원이 집중되어 있는 큰 원이 그려져 있는 방식은 음양이 고정된 공간으로 나란히 있는 것이 아니라 상호 작용하고 있음을 강조한다. 즉 주희의 해당되는 해설은 "☽ (음)은 ☾ (양)의 근원이며 ☾ (양)은 ☽ (음)의 근원이다" 한다 (ZHOU 2.13).

이러한 사실을 고려해 볼 때 음양의 교차 단계는 다음과 같이 세 자판열로 나누어진다.

(양)   (음)

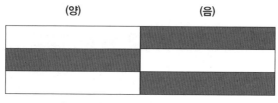

【그림 24】음양 교차 단계로 된 자판열

위 결과는 일단 구체적 응용 가능성이 없는 것이다. 각각 자소에 자판열의 특정한 자리를 지정할 수 있기 전에 먼저 음양의 교차 단계의 법칙을 자세히 살펴 볼 필요가 있다.

2.3.3.1 음양 교차 단계

위에 언급한《태극도》의 원은 실제로는 끊임없이 움직이는 음양의 교차 과정의 핵심을 나타낸다. 이 핵 속에 불 (양)과 물 (음)에 해당하는 '리離'와 '감坎' 두 팔괘가 두 개의 반원 형태로 나타난다. 즉 ☲와 ☵에 해당된다. 이는 순환하는 교차 과정 내에서 "모든 변화의 축점軸點"을[410] 가르킨다. 팔괘의 내부 구조, 특히 음양 획의 위치와 그와 관련되는 성질에서 자판열의 배열 방식에 대한 답을 얻을 수 있다는 중요한 의미를 부여할 수 있다.

---

410 Bohn 1998 : 581.

음양이기가 이렇게 서로 영향을 주고 받으면서 그들의 세력을 확대하고 감소하는 현상은 관찰 방식의 정밀도에 따라 달라진다.[411] 이 교차 관계는 자세히 살펴보면 단계적으로, 즉 2의 거듭제곱으로 진행하는 농도의 세분화로 기술될 수 있다.[412] 가장 낮은 분할 (2^1)을 통해 이미 잘 알려져 있는 음양의 이미지가 생긴다. 획으로 나타낼 때[413] 각 이기는 한 개의 획으로, 즉 음은 끊어진 획 (--)으로 양은 이어진 획 (—)으로 대신할 수도 있다. 그 다음 단계 (2^2)에서 이기가 각각 음과 양으로 나누어지는 2 단계 처리 과정이 진행된다. 변화의 전체 과정은 이로써 '사상四象' 개념에 해당하는 네 단계를 거친다. 각 단계는 두 개의 획으로 표시된다.

세 번째로 세제곱(2^3)은 불과 물이 속하는 팔괘와 동일한 여덟 단계로 된다. (그런데 이것은 오행 중 두 단계와 똑같은 이름으로 된 것과 직접 일치할 수 없다.)

이론상 무한정 거듭 제곱을 붙일 수 있지만 실제로는 2의 6승(2^6)까지만 끝나며 이것이 육효六爻 모양으로 된 64 개의 문자 Symbol를 순환시킨다. 양의 성질을 띠는, 끊어지지 않은 여섯 획으로 된 ☰는 '건乾 하늘'을 나타낸다. 계속해서 32 개의 문자에 모든 획이 끊어진 획으로 바뀌며 순환하는 문자인 '곤坤 땅'이 만들어진다. 그 다음 문자는 새로운 순환의 시작을 암시하는 '복復'이라 불리는데 여기서 거꾸로 음성의 획들은 양성의 획으로 대체된다.

---

411 Wɪʟʜᴇʟᴍ 1924: IV – VI 참조.

412 정보 기술 분야도 이진법에 근거한 사실에 유사점이 눈에 띤다.

413 이 선은 예언할 목적으로 사용된 서양톱풀 Schafgarbe *Achillea*의 여러 형태의 긴 줄기에 기인한다.

2.3.3.2 음양선의 양적 측면

더욱 구체화 되는 음양 교차 진행에 대한 설명에 이어서 획 자체에 주목할 필요가 있다. 이미 2의 2승 (2²) 단계의 '사상四象'을 통해 음성과 양성을 띠는 획이 양量적인, 즉 에너지 energetisch와 관련된 면으로 보충해야 할 것이 분명해진다. 이러한 인식을 통하여 조사하고자 하는 불과 물 팔괘 양과 음 획의 양量적인 면으로 더 정확하게 규정하는 구체적인 과제가 주어진다.

다음 방법은 해답을 제시할 것이다.

- 양적 관점에서 동심적 반원을 규정함
- 불과 물의 팔괘를 해당 음양 반원에 투영함
- 이웃 팔괘에서 동일한 위치에 있는 선들을 비교함 (변화로 인해 획의 양 量을 유추할 수 있다)

첫 번째 해답은 특히 한의학에서 알려져 있는, 음양이 늘어나고 줄어드는 여섯 가지 에너지 단계에 근거하는 것이다.[414] 특성을 파악하기 위해 우선 무작위로 참고 문헌에서 일정한 특성을 가져왔는데 가령 '열린 개開'와 '닫힌 합闔'과 같은 표현다. 흥미로운 것은 한글의 모음과 관련하여 이미 언급되었는데 여기서는 '개開'를 그의 변이형 '벽闢' (표 11 비교)으로 일컫는다. 아래는

---

414 PORKERT 1991: 29 – 39; 《신 동의학 사전》 2003: 궐음 (144), 소양 (587), 소음 (589), 태음 (1175), 태양 (1172), 양명 (730); 곽동열 1997: 228 – 230 (양의 올바른 위치, 즉 왼쪽 오른쪽 이 고려되지 않았다) 참조.

닫힘과 열림이 오행과 관련된 특성이다.

- 소양少陽: 축점, 오행의 땅[415]

- 양명陽明: 닫힘, 내부, 오행의 나무

- 태양太陽: 열림, 외부, 오행의 불

- 궐음厥陰: 닫힘, 내부, 오행의 쇠

- 소음少陰: 축점

- 태음太陰: 열림, 외부, 오행의 물.

  태양과 태음을 분류하는 데에는 전혀 어려움이 없다. 이것은 소음과 궐
음에서도 마찬가지다. 이는 또한 음양이 서로 저울질하고 있는 중앙의 원이
삼재 중의 하나인 인간을 상징하고 있다는 사실을 바탕으로 한다. "움직임
은 하늘이요 멈춤은 땅이니 움직임과 멈춤 두 가지를 겸한 것은 사람이다"
(해례 12a.4-5).

태양 太陽 ·   · 태음 太陰
소음 少陰 ·   · 소양 少陽
양명 陽明 ·   · 궐음 厥陰

【그림 25】음양의 세 단계

---

415 이사봉 1991 : 480에 따른 것임.

그림 25에서 나오는 결과는 직접적으로 개별 획의 서로 다른 양이 여기서 더욱 잘 표현되어 나타남으로써 위에서 언급한 두 번째 해결책을 통해 증명되고 보충된다.

【그림 26】물/불 팔괘를 음양에 반영

"왼쪽은 위에 우선이며 오른쪽은 아래에 우선이다"는[416] GRANET의 전체 시스템의 함축적 공식에 맞게 음양의 원래 반원은 이 그림에서 위로 또는 아래로 향하고 있음을 주목해 볼 필요가 있다. 이에 따르면 양성의 우세는 아래에서 위로 확대되고 음성의 경우는 그 반대가 된다.

이로써 음양의 단계를 근거로 자판의 배열을 정확히 나눌 수 있다.

		양	음	
외/개/합	火	태양 太陽	궐음 厥陰	金	내/합/개
	土	소음 少陰	소양 少陽	土	
내/합/개	木	양명 陽明	태음 太陰	水	외/개/합

【표 19】음양의 단계에 따른 자판열의 분할
외/개/합 = 외부/열림/닫힘 내/합/개 = 내부/닫힘/열림 (적색은 《훈민정음》에 의한 것)

---

416 GRANET 1971: 281.

속성 '닫힌'과 '열린'이 특별히 주목을 끈다. 이들은 이미 언급했듯이 모음 자소의 순서를 결정하는 중요한 기준이 되기 때문이다.[417] 《훈민정음》에 의하면 자소 〈ㅗ ㅜ〉(오행의 물에 해당)와 〈ㅜ ㅛ〉(불)는 닫혀 있고 반대로 〈ㅏ ㅕ〉(나무)와 〈ㅓ ㅑ〉(금)은 열려 있다 (인용문 15 비교). 이로써 위 표와 정 반대를 확인할 수 있다. 이 점에 관해서는 전문서적에서도 서로 일치하지 않고[418] 앞으로도 계속 이에 관한 논의가 요구되는 점을 미루어 볼 때 《훈민정음》의 분류 방식 사용은 본 논문의 관점에서는 결코 잘못된 것이 아니다.

2.3.4 개별 글쇠의 분할

왼손 및 오른손용 자판열의 배열이 어떠한지에 관해 최소한 이론적으로 설명되어졌다면 마지막 단계로 자소를 개별 글쇠에 배치하는 일이 남아 있다. 기본적으로 《훈민정음》은 이미 설명한 오행의 우주적 체계에 인간의 장기를 통합함으로써 이에 관해 명확한 해결 방안을 제시한다.[419] 구체적 문제 해결을 위해 중국 송나라 때의 사마광司馬光(1019~1086)이 쓴, 《훈민정음》의 저자들에게는 절대적으로 알려져 있던 중국서 《절운지장도切韻指掌圖》를 들

---

417 표 9; HUWE 2000a: 51 - 54 비교.

418 PORKERT 1991 : 34ff., 특히 주 67 참조.

419 여기에 전통 한의학(漢醫學 또는 그 한국의 독특한 상황을 강조하기 위하여 韓醫學)의 넓은 시야가 열린다. 한의학의 철학적 관점을 광범위하고 구체적으로 소개한 책으로 곽동열: 1997 참조.

수 있다.[420] 이 책에는 손가락을 오행에 따라 분류한 그림이 있다 (그림 27 비교).[421] 여기에 다음과 같은 조합을 보여주는 왼손이 그려져 있다. 즉 엄지손가락–물, 집게손가락–불, 가운뎃손가락–나무, 약손가락–금, 새끼손가락–흙. 이것이 원래 생성 순서이다. 《훈민정음》에는 오행에서 나무와 불의 위치를 바꿈으로 인해 생성 순서가 이미 언급한 바와 같이 변형되어 있다 (II 3.2.5.1 비교).

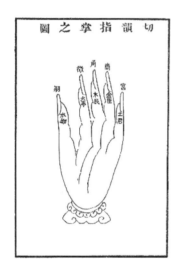

【그림 27】 손가락과 오행의 분류
손가락 끝 위에 쓰인 글자는 오성五聲이고 중간
줄의 오행의 아래에는 다섯 가지 사회적 산물
(엄지손가락부터 시작해서) 본질, 사물, 백성, 신하,
군을 뜻한다.

---

420 《훈민정음》과 내용상 유사한 것은 제외하고라도 (강규선 참조) 이 작품은 시간적으로 《훈민정음》과 동시에 한자의 한국식 발음을 연구하기 위해 1448년에 제작된 《동국정운東國正韻》의 서문에 언급되어 있다 (강신항 참조).
강규선 2001: 161 – 169; 강신항 2003: 213 참조.

421 특히 수지침에 관한 최근 한국 문헌에도 이와 견줄만한 인간의 장기에 적용하여 분류한 수지도를 볼 수 있다. 필자가 볼 때 수지침은 지금까지 중국보다 한국에서 더 많은 각광을 받고 있는 것 같다. 중국 문헌에 나오는 설명과 비교할 때 중국에서는 오행의 순서가 생성에 따르지 않고 상호 생성 과정에 따르고 있는 점이 눈에 띤다. 본 논문에서는 전자 즉 생성 순서에 기준한다 (II 3.2.5.1 비교).
유태우 1998: 51 참조.

자소 – 손가락 분류를 통해 자판 배열을 하는 것은 마지막 단계에서 그리 복잡하지 않다. 이때 절대적인 전제 조건은 한글 28 글자 각각에 글자 본연의 자기 자리를 자판에 분류하는 것이다.

《훈민정음》이 가르키는 순서대로 (인용문 30과 36 비교) 먼저 모음자, 그 다음 자음자들이 글쇠에 배정된다. 모음자에 대한 기준은 표 9 (II 3.3.3.1)이며, 자음자는 II 3.3.3.1의 주석 26에 있는 표이다. 이 표에서 글자들이 양(왼쪽), 음 (오른쪽)과 음+양(가운데)으로 분별됨을 적용시킬 수 있다.

모음자에 있어서 우선 삼재인 하늘, 땅, 사람에 글자와 손가락 사이에 서로 관련이 없다는 것이 두드러진다. 〈·〉과 〈一〉의 경우에는 모든 손가락과 글쇠가 가능하다는 것을 미루어 볼 수 있다. 〈ㅣ〉의 경우는 반대가 해당된다. 사람은 음과 양을 함께 지니고 있다 (인용문 9 비교). 따라서 해당되는 글쇠는 음 (오른쪽) 손과 양 (왼쪽) 손으로 자유지재로 동작 시켜야 하는데 소위 QWERTY 자판에는 Y를 위한 글쇠가 가장 적당하지만 사실상 이 글쇠는 오른쪽, 즉 음 손으로 작동하게 된다.

기타 모음자의 배정에는 다음 세 기준이 해당된다. 즉 음/양 (왼손/오른손), 오행 (손가락), 열림/닫힘 (자판열)이며 자음자의 배정은 음/양 (왼손/오른손), 오행 (손가락) 그리고 음과 양의 강도(자판열)가 중요하다.

다음과 같은 자판 배정이 결과로 나타난다.

		양					음				
	새	약	가	집	엄	엄	집	가	약	새	
합	·	ㅊ	ㅗ	ㅋ	ㅛ	ㅣ	ㅖ	ㄹ	ㅓ		개
	ㅂ	ㅈ	ㄷ	ㄱ	ㅎ	ㅇ	ㆁ	ㄴ	ㅅ	ㅁ	
개	ㅍ	ㅑ	ㅌ	ㅏ	ㆆ	ㅠ		ㅜ	ㅿ	ㅡ	합
	土	金	火	木	水	水	木	火	金	土	

【표 20】 '음양 자판' 배정 (왼손 중심)

엄 = 엄지손가락 / 집 = 집게손가락 / 가 = 가운데손가락 / 약 = 약손가락 / 새 = 새끼손가락

위의 자판 배정 결과에 의하면 오른손보다 왼손에 더 많은 부담을 주게 된다. 이 결과는 결국 만족스럽지 않다. 왜냐하면 사람의 대다수가 오른손 잡이인 사실과 잘 맞지 않기 때문이다. 〈태극도〉에 왼쪽에 양과 오른쪽에 음이 배치된 것은 틀림이 없지만 문제는 이 것을 어떤 시각에서부터 봐야 하는 것이다. 사람인 경우는 정확하지만 물건인 경우는 그렇지 않다. 옷이 면 앞과 뒤를 보면서 왼쪽과 오른쪽을 쉽게 구별할 수 있다. 자판인 경우에 는 더 어렵다. 본 책에는 자판을 치는 자의 왼손과 오른손의 맞은 편이 바로 자판의 왼쪽과 오른쪽으로 보았다 (주관主觀의 시각). 그러나 자판은 사람에 향 하는 쪽과 사람과 떨어지는 쪽이 있다는 것을 생각하면 자판의 왼쪽은 사람 의 오른손, 그리고 자판의 오른쪽은 사람의 왼손과 서로 마주 있다 (객관客觀 의 시각). 이런 교차를 따르는 자판 배정은 오른손잡이에게 인체공학적으로 좋은 결과를 가지게 한다.

	음					양					
	새	약	가	집	엄	엄	집	가	약	새	
개		ㅓ	ㄹ	ㅕ	ㅣ	ㅗ	ㅋ	ㅛ	ㅊ	·	합
	ㅁ	ㅅ	ㄴ	ㆁ	ㅇ	ㅎ	ㄱ	ㄷ	ㅈ	ㅂ	
합	ㅡ	△	ㅜ		ㅠ	ㅎ	ㅏ	ㅌ	ㅑ	ㅍ	개
	土	金	火	木	水	水	木	火	金	土	

【표 21】 '음양 자판' 배정 (오른손 중심)

엄 = 엄지손가락 / 집 = 집게손가락 / 가 = 가운데손가락 / 약 = 약손가락 / 새 = 새끼손가락

2.4 음양 자판의[422] 설계

적절한 자판이라면 철학·우주론적인 원칙에 기초하는 자판 배열의 장점을 모두 사용하는 것일 것이다. 어느 정도까지는 인체 공학적 인식이 고려된 다.[423] 다음의 설계에서는 이에 맞게 엄지손가락용 자판과 양쪽 집게손가락으로 누를 수 있는 〈ㅣ〉용 자판이 추가되어 있다.

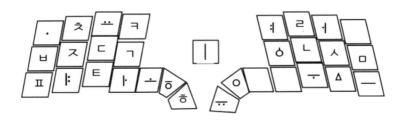

【그림 28】 음양 자판 (왼손 중심)

---

422 세종자판과 훈민정음자판이라고도 불림.

423 Zɪᴘᴘ 1981 참조.

3. 한글의 부호화 방식

3.1 인간과 기계의 접점

자연어의 문자를 기계로 처리할 작업은 부호화를 전제 조건으로 필요하다. 달리 표현하면 데이터의 입출력은 오로지 중개 역할을 하는 부호를 통해서만 가능하다.

자판, 스캐너 또는 마이크를[424] 통해서 입력하고 모니터, 프린터기, 모뎀 또는 저장 장치들로 출력한다. (모뎀과 저장장치는 다시 간접적인 입력 장치로서의 기능도 할 수 있다.) 다시 말해 부호화는 컴퓨터와 주변 기기 사이의 모든 상호 작용에 중요한 역할을 한다. 또한 자모별 소팅이나 맞춤법 검색등과 같은 컴퓨터 내부 연산 수행도 그에 관여하는 부호화 없이는 불가능하다.

적어도 기본적인 라틴어 자모에 대해서는 기본 아스키 ASCII 또는 안시 ANSI 코드가 광범위하게 사용되며[425] 상호 작용하는 데 있어서도 아무런 문제점을 보이지 않고 있다. 그러나 한글과 관련해서는 위의 아스키 경우처럼 상호 작용이 성공적으로 나타나지 않으며 입력 · , 내부 연산 · 그리고 출력 부호가 (현재 대부분의 경우에 있어서) 동일하지 않다.[426] 이 세가지 수행 영역

---

424 이 같은 인간과 기계의 접점은 새롭고 미래 지향적인 연구에서 그 중요성이 현저하게 더해가고 있다.
HESS 2002 참조.

425 부분적으로 아스키에 대한 비판적 시각을 담은 부호화 역사에 대한 문헌은 특히 인터넷에서도 광범하다. 예를 들면 다음과 같은 저서가 있다.
SEARLE 1999; COHEN 1998; 그 밖에도 BOHN/FLIK 1999: 169 - 176; LUNDE 1999: 74 - 76.

426 상이한 조합 가능성에 대한 개관은 작으나마 이기성 1996: 140 참조.

간의 상이한 부호 구성 방법으로 인해 장애가 발생하고, 이 장애를 없애기 위해 추가적인 변환이 필요하게 되고, 이 여러 차례의 변환은 전반적인 컴퓨터의 작업 수행에 부정적인 영향을 미치게 된다. 1987년 처음으로 광범위한 지지를 받은 표준 코드(III 3.3.6.2 비교)를[427] 도입하기 전에는 26여 개나 되는 상이한 부호화 방식이 있었다.[428]

3.2 부호화에 대한 개념 정의

하지만 여기서 부호화 방법들의 정확한 개수가 관심 대상 되지 않다. 일단 한글 부호화가 아주 복잡한 영역이라는 인상을 받게 된다. 사실상 한국의 전문 서적들의 내용은 해당 개념과 명칭에 있어서 혼선을 일으키고 있다. 우선 KSC 5601-1987 또는 최근에 쓰이는 KS X 1001 등의 표준에 대한 명칭들, 1 바이트 코드, 2 바이트 코드, N 바이트 코드 등의 전문 용어들 그리고 마지막으로 널리 알려진 완성형 또는 조합형 등이 동시에 사용되고 있다.

　여기서 간단히 보인 바와 같이 이렇게 서로 얽힌 개념과 형식들에 대해 보다 나은 시야를 얻고, 또 논의를 체계적이고 보다 안정되게 이끌어 가기 위해서는 우선 부호화에 대한 정의를 내려야 할 것이다. 부호화란 다음과 같이 정의 된다.

427　그 전에 확정되었던 표준 부호들에 대해서는 오/최/박 1995 : 68 참조.

428　이/정 1991 : 80 참조.

> "한 기호 집합의 기호들을 다른 기호 집합에 상응하는 기호들로 배정함."[429]

이 정의를 육하원칙을 응용해서 다음과 같이 간단하게 표현할 수 있다. 무엇이 어떻게 무엇과 연결되는지? 여기서 위의 두 집합은 Mm과 Mc이라고 하며,[430] m은 '수기된 기호'이며 c는 '컴퓨터상에서 표기된 기호'를 의미한다. Mm은 의미가 있건 없건 간에 표기 가능한 모든 한글(글자 그리고 음절 다발)을 포함한다. 그러나 앞에서 언급된 '어떻게'에 해당하는 이 두 집합의 함수函數도 역시 부호화의 중요한 부문이므로 간과해서는 안된다. 왜냐하면 이 함수에는 어떤 경우라도 일대일 대응관계 eineindeutig, 즉 두 집합의 원소들 사이에 양방향으로 일대일 관계가 성립되어야 하기 때문이다.

'무엇과'라는 것이 Mc, 즉 컴퓨터 상에서 표기된 기호 집합(또는 이것의 부분집합)을 의미한다는 사실이 특히 강조될 필요 없다. 이 집합의 요소들은 모니터나 프린터에 나타나게 되며, 또 소위 부호표에 기록된다. 그런데 바로 이점에서도 불일치가 나타나며, 또한 이미 언급한 '바벨탑의 부호 혼란 현상' Babylonisches

---

429 CE: II, 675 (Codieren).

430 여기서 부호화의 실상을 나타내기 위해 집합 이론을 도입했다. 저자가 아는 바로는 국내에서 해당 분야의 어떤 문헌에서도 이 집합 이론이 응용되지 않았다. 집합 이론을 적용하면 한글의 부호화를 특히 문자 상태와 규칙성의 관점에서 관찰할 수 있는 장점이 있다.
집합 이론으로 부호화의 각 단계를 나타내고, 개념을 명확하게 응용하고, 한글 부호형에 대한 널리 인정 받는 전문 용어 체계를 세울 수 있다.

Codegewirr의 근원을 여기서 찾을 수 있다. 부호화는 원래 매우 간단한 일이지만, 집합 원소를 결정하는 것부터 적잖은 어려움에 봉착하게 된다.

3.2.1 기호집합: 원소와 구조

소위 '무엇이'와 '무엇과'에 해당하는 집합과 그 집합을 구성하고 있는 원소를 우선적으로 살펴보기로 한다. 인용문 2번에 쓰인 《훈민정음》의 내용은 다음과 같다. "이 문자는 어디서나 아무 문제 없이 사용할 수 있다. 바람소리나, 두루미 울음 소리, 수탉의 홰치는 소리, 개 짓는 소리 등과 같은 모든 소리를 이 문자로 전혀 무리 없이 표현해 낼 수 있는 것이다." (서문 32a.6 - 8).

거의 400억에 달하는 음절 다발 속에 의도된 한글의 광범위한 사용 가능성을 무시하지 않으려면 수기된 기호 집합인 Mm과 컴퓨터 상에 표기된 기호 집합인 Mc이 일치해야 한다. 집합 이론적으로 말하자면 두 집합은 그 크기가 동일해야 한다는 의미이다. 달리 표현하면 부호화는 수기된 기호 집합과 컴퓨터 상에 표기된 기호 집합이 일치해야 한다는 전제를 깔고 있다. 즉 $Mc = Mm$이어야 한다.

이를 위해 자모 문자의 부호화가 그 문자의 효율성을 살려야 한다. 다시 말하면 해당 언어를 가장 작은 기호 집합으로 표현할 필요가 있다.

3.2.1.1 철학·우주론적 원리에 따른 기호 집합의 원소

결과를 먼저 살펴보면, Mc와 Mm이 같게 하기 위해서는 오로지 철학 · 우주론적인 원리를 적용시켜야만 한다. 즉 두 집합은 그 나름대로의 순서에 따라 배열된 28 글자만을 포함하고 있어야 한다.

한글을 자유롭게 사용하고자 하면, 다른 말로 반복해서 한글로 만들 수 있는 약 400억이나 되는 음절 다발을 다 표현하고자 하면 현재까지 사용한 각각 '음절자'에 부호를 부여하는 방법은 절대 불가능하다. 그러나 본 논문에서 최초로 제시하는 바와 같이 단지 28 자만을 부호화하고 이를 다른, 즉 자형학의 차원에서 음절 다발로 조합한다면 위의 목적이 달성 가능하다. 이러한 절차는 바로 9번 인용문 내용에 곧잘 들어맞는다. "이는 천지가 만물을 생성하는 것과 비교할 수 있다. 그러나 이렇게 만들어진 만물의 가치를 완전히 알려면 사람이 비로소 이 만물을 돌보고 힘써야만 한다"(해례 12a.3 – 12b.6).

3.2.1.2 철학·우주론적 원리에 따른 기호 집합의 구조

이 층면이 위 단락에서 이미 언급되었지만 그 중요도를 볼 때 목차에서도 나타나는 단락으로 다루어져야만 한다. 즉 일대일로 대응하는 집합 원소들의 결합을 가능케 하기 위해 원소들에 특정한 내부 질서를 부여해야 한다. 이를 위한 기준으로는 철학 · 우주론적 원리와 일치하는 자모순(II 3.3.3.2 참조)만 적용하기가 가능하다. 이렇게 정리된 글자들이 국내외 표준을 따르는 부호표의 일정한 영역에 배열하는 문제는 일단 다루지 않기로 한다.

3.3 지금까지의 부호화 방법

3.3.1 기호 집합의 원소에 대한 기준

최소의 기호 집합으로 표기한다는 기본 원리는 지금까지 한글의 경우에 단지 부분적으로만 실현되었다고 볼 수 있다. 한 실례로 완성형이란 자형학상의 모델에 대해 생각해 보면 Mc와 Mm간에는 두드러진 불균형이 나타난다.

'한글 표기법에 대한 귀결'(II 4 비교)에서 언급된 문제점은 근본적으로 집합 원소들을 결정하는데에 옵션이 다양하다는 이유에 찾는 것이다. 집합 구성의 기준들로는 지금까지 아래의 범주들이 사용되었다.

- **(낱)글자** 앞에서 말한 바와 같이 집합은 단지 한글 자모의 글자들로만 구성될 수 밖에 없다. 그러나 28 되는 낱글자만으로 구성된 집합은 실제로 아직까지 존재하지 않았다. 집합의 원소들에는 아예 고정된 이중 또는 삼중의 겹글자(복자음자 Diagraphen나 삼중음자 Trigraphen와는 별개임)가 확장 기호로 포함되어 있었다.

- **기능** 한글 글자가 한글의 음절 다발에서 첫소리, 가운뎃소리 그리고 끝소리 기호로[431] 기능함에 착안해서 바로 이 같은 특성을 기준으로 삼을 수 있다.[432] 이런 기준에 따라 구성된 집합에서는 몇몇 자음자가 이중적으로 나타나는 점에 주의해야 한다.

- **'음절자'** 마지막으로 완성된 '음절자'로 구성된 집합도 만들어졌다. 여기서는 이 '음절자'의 개수, 즉 집합의 크기가 관심의 대상이 된다 (II 3.4.3 비교).

---

[431] 여기서는 음절 다발에서의 기능을 강조하기 위해 '글자'대신 '기호'를 사용하였다.

[432] 자판상에서 한글 입력을 위한 두 벌씩이나 세 벌씩도 음절 다발의 기능과 관련이 있다 (II 4 그리고 III 2 비교).

Mc(무엇과)의 원소가 어떤 것이 가능한지에 대한 위의 고찰만으로도 한글의 부호화가 얼마나 어려운 일인지를 충분히 보여주고 있다. 즉, 여기서 원칙적으로 서로 양립할 수 없는 다양한 구성 기준들을 살펴보았다. 이 기준들이 원칙적으로 양립 불가능한 이유는 이들 기준을 통해 원소의 개수가 각각 다르게 나타날 뿐만 아니라, 결국에는 다양한 자형학상의 표기방법과 연관된 상이한 함수가 그 결과로 나타나기 때문이다. 만약 구성 기준이 (낱)글자가 된다면, 이 글자들은 음절 다발로 결합되어야 한다. 그러면 이것은 조합형을 의미하게 된다 (II 4; III 1.5.2 비교). 완전한 '음절자'가 구성 기준이면 이는 완성형을 의미한다 (II 4; III 1.5.1 비교).

적절한 집합 원소를 찾을 때의 어려움은 다음과 같은 사실에서 기인한다. 한국 문헌상에서는 위에서 설명한 각각 다른 구성 기준들 사이에 구별하지 않고 위의 기준들이 부분적으로 서로 혼합되어 있다는 사실이다.

집합 원소를 위한 균일 기준 문자를 만들 수 있도록 Mm과 Mc의 원소를 정확한 바탕위에서 선별되어 야 한다. 이 바탕으로 다시 철학 · 우주론적 원리를 이용할 수 있다. 이 원리에 따라 다음 두 가지의 기준에 주목해야 한다.

① 일대일로 대응하는 집합 원소의 배열순을 확보함과
② 한글의 공리적 다발 구성 규칙 (이차원성, 구조적 불변성, 자유로운 다발 구성)의 충족함.

첫 번째 기준은 근원적인 의미를 가진다. 글자를 컴퓨터상에서 표기하기 위해서는 이 기준은 기본적인 선행 조건이다. 두 번째 기준은 아래의 세 개의 점은 마법 삼각형을 이루는 관계이다.

- 《훈민정음》 체계와의 일치 Systemkonformität (예를 들어 '풀어 쓰기'는 이 것을 지켜지지 않음),
- 음절 다발의 총수,
- 자형학적 측면.

3.3.2 함수 방법에 관한 기준

집합 원소들의 함수를 의미하는 '어떻게'에 해당되는 차원도 역시 그 복잡함이 덜하진 않다. 함수는 바이트와 비트로 진행된다. 1 바이트가 보통 7 내지 8 비트로 구성됨을 볼 때 다양한 조합 가능성이 있음을 알 수 있다. 더구나 위 집합의 원소, 즉 (낱)글자나 '음절자'는 적어도 1 바이트 아니면 2나 3 바이트, 또는 이론적으로는 원하는 만큼 많은 수의 바이트로 나타낼 수 있다.

아래의 표에서 함수 방식의 복잡함있에 대한 첫 인상을 받을 수 있다. 왼쪽 행에는 Mm이며 오른쪽은 Mc이 놓여 있다. 이 양쪽 행에 실린 내용이 서로 보완적이다. 낱 글자들은 다발로 조합되어야 하는 반면에 '음절자'는 그 자체로 하나의 완성된 형을 취한다. 중앙의 (회색으로 표시된) 양쪽 칸에는 함수 방법이 나타나 있다. 첫 번째 칸(중앙 왼쪽)은 한 원소를 함수하는데 필요한 바이트 개수, 즉 고유의 함수 방법이 있으며 두 번째 칸(중앙 오른쪽)은 한 음절

담발이나 '음절자'를 함수하는 데에 필요한 바이트 개수를 알려 준다. 이 세 번째 칸에 실린 바이트 개수는 문헌 상에서 자주 해당 함수 방법의 명칭으로 쓰인다[433] (예외는 각진 괄호로 표시하였음).

M_m 함수할 (집합)원소	← 함수 방법 →			M_c 표기되는 형태
	한 원소에 대한 바이트 개수	한 음절자에 대한 바이트 개수		
자소	1 바이트 = 1 자소	가변적 variabel	(7 비트 씩) N 바이트	조합형
			(8 비트 씩) N 바이트	
글자 (첫, 가운뎃, 끝소리 구분)	1 바이트 = 1 글자가		(8 비트 씩) N 바이트 [열린 조합 한글형 Offene Han'gŭl Methode]	조합형
자소 (확장)	1 바이트 = 1 자소		3 바이트	조합형
음절자	2 바이트 = 1 가음절자	고정적 fest	(8 비트 씩) 2 바이트	완성형
음절자	2 바이트 = 1 가음절자		(8 비트 씩) 2 바이트	완성형
글자리 (첫 ·, 가운뎃 ·, 끝소리자) 또는 '음절자'	2 바이트 = 1 글자 또는 2 바이트 = 1 가음절자	최소 6 바이트 또는 2 바이트 [유니코드]		조합형 및 완성형

【표 22】한글의 함수 방법

이어서 함수 방법과 이에 해당되는 각 집합을 다룰 때 각 방법에 대한 설명에만 주목할 것이 아니라 그것의 장점과 단점에도 주의를 기울여야 할 것이다. 그 다음에는 이 여러 방법들이 《훈민정음》이 내포하고 있는 원리와

---

433 변정용 1994: 80외 참조.

어느 정도 일치하는가 하는 점을 비판적인 시각으로 고찰하고 있는데 이 문제는 본 논문에서 특히 중요하게 다뤄지고 있다.

결론을 먼저 알려 주면, 지금까지 사용된 어떤 방법도 《훈민정음》의 원리를 완수하지 않는다는 사실이다. 이 것은 놀라운 것이 아니다. 부호화와 《훈민정음》 두 분야를 연결하는 시도가 아직까지 없었기 때문이다.[434] 그래서 한글을 철학·우주론적 원리에 기초하여 부호화를 해 본 것이다.

지금까지 논의되고 실제적으로 사용되는 부호화를 잘 이해하기 위해 우선 이와 밀접한 관련이 있는 자형학적 방법, 즉 완성형 또는 조합형(들)의 관점에서 이를 살펴봄이 필요하다.

3.3.3 부호화 그리고 자형학

3.3.3.1 완성형

이 자형학 방법은 각 '음절자'가 기호 집합에 단어문자 형식으로 넣게 된다. '음절자'는 그래픽 모양에 전체적으로 수정 보완되었기 때문에 한 특정한 서체에 속하게 될 뿐만 아니라 위에서 언급한 매직 삼각형 중 자형학적 측면의 기준을 완전히 완수한다.

이에 반해 매직 삼각형 중 문제가 되는 것은 다발의 총수와 《훈민정음》

---

434 적어도 제목으로 봐서 변정용의 논문은 하나의 예외다. 그러나 그는 성음법(II 3.4 비교)과 같은 《훈민정음》의 공리에만 제한한다. 그는 정확한 개념으로 표현하지 않지만 실질적으로는 음절 다발을 자유롭게 형성하는 주장을 한다. 하지만 그는 세벌식을 사용하는데, 이는 앞에서 본 바와 같이 《훈민정음》의 원리에 배치된다 (III 2.2.3.2 비교). 변정용은 《훈민정음》에 의거한 부호화를 요구하지만 이에 대한 구체적인 안을 제시하고 있지 않은 것 같다.
변정용 1996: 1 – 4, 11.

체계와의 일치라는 두 측면이다. 유니코드가 도입되기 전까지 '음절자' 집합의 크기는 물론 한정되어 있어서 현대 한국어 맞춤법에 의한 11,172 '음절자'를 포함하는 집합의 일 부분집합 뿐이었다. 그래서 이 부분집합은 결코 '자연스러운' 집합이 아니라 중요하다고 정하게 된 '음절자'들만 포함하게 되었다. 그래서 이 부분집합의 크기는 일정하지 않고 다양하게 나타나는데, 아래에서 자세히 설명된 '7 비트 2 바이트/완성형'은 1,382 개의 '음절자', '8 비트 2 바이트/완성형'에서는 2,350 개의 '음절자'를 포함한다.

마지막으로 매직 삼각형에의 《훈민정음》 체계와의 일치라는 측면을 감안할 때 음절 달발 구성 규칙을 완전히 무시되고 있다.

3.3.3.2 제諸 조합형

설명한 바와 같이, 완성된 '음절자'로 작업하는 완성형과는 달리 조합형이라는 자형학적인 모델은 '낱부분들'이 특정 규칙에 따라 하나의 '음절자'로 조합된다.[435] 모든 조합형의 특성을 일반적으로 설명하자면 조합영은 Mm의 특정 부분 집합으로만 다발 구성 규칙을 통해서 현대 한국어를 위한 11,172 개의 기호뿐만 아니라 이것의 수 배나 더 큰 옛글을 포함하는 Mc를 만들어 낼 수 있게 고안되었다. 일반적으로 매직 삼각형안의 훈민정음 체계와의 일

---

435 집합 이론에 근거해서 본 논문은 낱낱의 원소가 다발로 조합되는 모든 방식에 대해 집합 Mc의 특징을 나타내는 명칭인 '조합형'을 사용한다. 이 점에서 저자는 의도적으로 한국 내의 학자들을 따르고자 하지 않다. 예를 들어 변정용 논문에는 조합형이 소위 '8 비트 2 바이트 형'(III 3.3.6.1 비교)에만 해당되는 듯하다.
변정용 1996: 8 참조.

치이라는 측면에서 볼 때 다발 구성 규칙을 원칙적으로 따르고 있다고 볼 수 있다. 물론 이 조합형을 얼마만큼 널리 사용하는가는 다시 이 집합의 크기와 집합 원소에 의해서 결정된다. 집합 원소는 구체적으로 다음과 같다.

- 오늘날 24 자 또는 전통적인 28 자 또는 겹글자들로 나타나는 한글의 낱자,

- 첫·, 가운뎃·, 끝소리 글자 형태로 되어 있는 음절 다발의 기능에 의한 요소.

위의 첫 번째 기준인 한글의 낱자를 바탕으로 하는 부호화 방법을 국내 문헌에는 가끔 '낱자형'이라고 부른다.[436] 이 방법은 놀랍게도 소위 초창기의 'N 바이트' 또는 '멀티 바이트 형'에서만 찾아 볼 수 있다 (III 3.3.4.1 비교). 특징은 그의 기호 집합은 오로지 자음자 및 모음자 부분 집합 원소들로 이루어진다는 것이다. 이 방법에 대한 다른 명칭인 '자모형字母形'이 이런 특징을 잘 나타내고 있다.[437] 이 부호화 방법은 결과적으로 한 다발에 가변적인 바이트 수를 배당하게 된다. 방법은 '정음형正音形(III 3.3.4.2 비교)에도 해당되지만, 사실 '정음형'은 위에서 말한 음절 다발의 기능적 요소를 기준으로 하는 두 번째 기준의 대표적인 형이다.

---

436 여기서 특히 변정용 1994: 77 참조.

437 이미 지적했듯이 같은 'Jamo'라는 용어가 소위 유니코드에서는 음절 구성소(첫, 가운뎃, 끝소시 글자)를 의미하고 자음과 모음을 의미하진 않는다.

두 번째 기준, 즉 음절 다발의 기능 성분으로 된 기호를 '3 바이트 형'과 '2 바이트 형'들이 사용한다 (III 3.3.5, 3.3.6 비교). 후자는 한국 문헌에서 자주 조합형과 동일한 의미로 쓰여지는데, 실제로는 정확하지 않는 표현을 통해 개념의 축소나 혼란을 야기한다. 위 부호화 구성 방식들에는 집합 원소들의 총수가 자모 체계 내의 자모 개수를 경우에 따라서 현저하게 초과하고 있음을 알 수 있다. 예를 들어 '정음형'에서는 총수가 45자이며, '8 비트 2 바이트/조합형'(III 3.3.6.1)에는 부분 집합인 끝소리 글자만 해도 27 자에 달한다. 이 끝소리 글자 부분 집합에는 기본 자음인 〈ㄱ, ㄴ, ㄷ〉뿐만 아니라 겹자음인 〈ㄲ, ㄳ, ㄵ〉등이 포함되어 있다. 뒤에 언급될 '유니코드/조합형'(III 3.3.8)은 또 하나의 변형이다. 이 같이 두 번째 기준에 근거를 두고 있는 부호화 방법들을 한국에서는 오해의 소지가 많은 이름인 '자소형字素形'이라고 흔히 부르고 있다. (오해의 소지가 있다는 의미는 여기서는 자소 Graphem란 첫, 가운뎃, 끝소리 글자로서의 음절 다발의 기능과 위치라는 특별한 의미를 내포하고 있기 때문이다.)

위 두 기준에 근거하는 각각의 부분 집합들이 큰 차이를 보이고 있음을, 즉 그 크기가 상이함을 확실히 엿볼 수 있다.

표 20번과 그림 29번에서 확인된 상이한 부호화 즉 함수 방법에서 오는 혼란은 각 집합 내에서 집합 원소들의 배열 질서가 서로 다르므로 더욱 가중되고 있다. 하나의 예를 들면 여러 '2 바이트 형'에 대한 부호표들이 상이하다 (III 3.3.6 비교).

자형학적 측면에서 볼 때 위 방법들은 표기를 위한 원소의 개수가 한정된 이유로 충분히 납득시키는 결과를 내지 못한다. 그러나 조금 위에 언급한 '2

바이트 형'은 첫ㆍ, 가운뎃ㆍ, 끝소리 글자를 분리함으로써 보다 유연하여[438] 만족할 만한 글자형을 제시하고 있다.

각 부호 구성 방법에 깔려 있는 아이디어와 그 것의 장단점을 살펴보기 위해 비트/바이트로 표시되는 각 부호화 방법을 보다 자세히 알아보기 전에 다음의 도표로 그 상관 관계를 분명히 하고자 한다. 부호화 방법들의 함수 기준이 서로 교차되어 있음이 분명해진다.

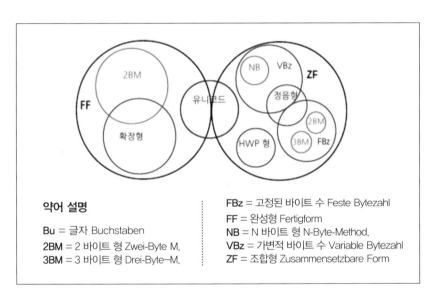

약어 설명

Bu = 글자 Buchstaben
2BM = 2 바이트 형 Zwei-Byte M.
3BM = 3 바이트 형 Drei-Byte-M.

FBz = 고정된 바이트 수 Feste Bytezahl
FF = 완성형 Fertigform
NB = N 바이트 형 N-Byte-Method.
VBz = 가변적 바이트 수 Variable Bytezahl
ZF = 조합형 Zusammensetzbare Form

【그림 29】 집합 이론에 근거한 부호화 방법

---

438 첫ㆍ, 가운뎃ㆍ, 끝소리 글자의 서로 다른 자형학상의 형태(이서체 Allographen)는 《훈민정음》에 근거하지 않고 후에 발달한 것이다. 자세한 설명은 III 1.4 그리고 1.5를 참조.

3.3.4 가변적 바이트 수를 이용한 방식

3.3.4.1 'N 또는 멀티 바이트 형'[439]

개관 이것은 가장 오래된 방법으로 지난 70년대 초부터 대형 컴퓨터나 데스크톱 컴퓨터에[440] 사용되었다. 이 방식은 이른 중세 때 외국어 글자, 즉 한자를 이용해서 한국어를 표기하려는 노력과 같은 인상을 남긴다.

한글의 글자를 결정하기 위해서 오로지 아스키 코드로 표기되는 라틴어 글자를 사용하였다. 소위 한글이 단지 라틴어 글자 위에 덮어씌워졌다. 이같이 아스키 코드로 한글을 표기하는 '꾀'를 위해서 한글 부호의 처음과 끝을 표시하는 명령어를 도입했다. 이것은 동시에 친 키 'Strg N' (아스키 14 = Shift Out) 그리고 'Strg O'(아스키 15 = Shift In)이다.[441]

이 명령의 수행은 단지 해당 그래픽 카드와 특수 소프트웨어가 설치된 상태에서만 가능했다.[442] 'PC 한글 AB'라는 글자열은 아래의 기호를 입력하면 된다.

---

439 변정용의 의견에 동의하면서 널리 쓰이던 'N 바이트 형'이란 용어가 정확하지 않다는 것이다. 왜냐하면 N 바이트는 본래 94n을 의미하기 때문이다. 그래서 그는 대신에 '자모형字母形'이라는 용어를 사용하자고 제안한다.
변정용 1994: 80 오른쪽; 변정용 1996: 7f. 참조.

440 여기서는 주로 애플 컴퓨터가 해당됨.

441 애플 컴퓨터에서는 동일한 명령은 'Strg K' 하고 'Strg A'이었다.

442 여기서 소위 한글 오토마타가 중요한 역할을 하게 된다. 자세한 내용은 III 2.2.1.3 비교.

입력	P	C	ㄴ	^N	^	B	D	A	z	I	^O	ㄴ	A	B
결과	P	C		·		ㅎ	ㅏ	ㄴ	ㄱ	ㅡ	ㄹ		A	B

【표 23】 N 또는 멀티 바이트 형의 작용법

부호화 위에서 언급한 형의 작용법과 부호화를 보다 잘 이해할 수 있기 위해 〈괜찮은 날씨다〉라는 단문으로 또 하나의 예를 들고자 한다.

ㄱ+ㅗ+ㅐ+ㄴ	ㅊ+ㅏ+ㄴ+ㅎ	ㅇ+ㅡ+ㄴ	ㄴ+ㅏ+ㄹ	ㅆ+ㅣ	ㄷ+ㅏ
4 바이트[443]	4 바이트	3 바이트	3 바이트	2 바이트	2 바이트

【표 24】 N 또는 멀티 바이트 형에 한글 다발의 바이트 수에 대한 차이

두 예문에서 보이는대로 원칙적으로 라틴어 글자처럼 한 한글 낱자에 1 바이트씩을 배당한다. 첫 · , 가운뎃 · , 끝소리 글자를 구분하지 않는다.[444]

---

443 이 형을 애플용 워드 프로세서인 '한글 III'에서 찾을 수 있다.
이론적으로 현대 한국어에 한 '음절자'당 6 바이트까지 필요하다. 즉 예를 들어 〈쌌다〉에서 첫 · , 가운뎃 · , 끝소리 글자에 각각 2 개의 글자 조합이 있다. 하지만 실제로는 5 바이트의 '음절자'도 보기 드물다 (전상훈에서 〈괩다〉의 명사형인 〈괩〉을 찾을 수 있다). 이 예에서 두 모음자 조합 뒤에 자음자 조합이 오지 않는다는 김병선의 주장에 의문을 제 기한다.
전상훈 1999: N 바이트 한글 코드에 관한 장; 김병선 1992: 195, 주 3 참조.

444 《훈민정음》에서의 인용 11과 40에 이어, "끝소리에 첫소리를 다시 사용하는 것은" (해례 12b.6)과 더불어 "끝소리(글자)에는 첫소리(글자)를 다시 쓴다"(예의 3b.6)의 내용에 따르면, 기능을 구분해서 부호화 하는 것에 대한 필요성 없다. 오히려 기능 구분 없이 부호화 함이 한글다발 구성 규칙을 충족시킨다는 것을 암시한다 (II 3.4.1 비교). 그러나 이/정에 따르면 실제로 이 부호 구성 방식으로 '풀어쓰기'(II 3.4.1.5 비교)가 행해진다.
이/정 1991: 75 참조.

한글 다발은 적어도 두 개의 글자 (첫·, 가운뎃 소리) 또는 여러 글자로 조합되기 때문에 바이트 수가 차이 난다. 그래서 불특정한 수의 바이트라는 의미에서 'N 바이트'라고 하고 이를 이 부호형의 명칭으로 사용한다.

실제로는 'N 바이트 형'에는 두 개의 부호 체계가 있다. 하나는 (MS–DOS 3.3과 같은) 컴퓨터 운영 체제에 내재되어 있는 아스키 코드이며 다른 하나는 아스키 글자에 한글을 필요에 따라 배열에 놓은 것이다. 두 번째의 배열은 한번만 아니라 여러번 정의한 것이라서 결과적으로 'N 바이트 형'은 여러 가지 상이한 형이 동시에 존재한다. 일부는 자판에서 찾을 수 있는 33개의 글자만을[445] 사용하고 (II 2비교), 'KS 7 비트 N 바이트 코드'으로 한국 표준이 된 형은 소위 채움 문자 fill code를 포함해서 51 개의 자를 가지고 있다.[446] 앞에서 언급한 두 번째 부호 체계의 글자는 다음과 같다.

【표 25】 'N 바이트 형'의 글자 집합 (색으로 표시된 글자 조합은 끝소리 글자로 쓰임)

---

445 애플 CALL 3327에서는 한글과 라틴어 글자가 자판에 있는 위치대로 대응한다. 즉 〈g → ㅎ, k → ㅏ, s → ㄴ, r → ㄱ, m → ㅡ, f → ㄹ〉과 같이 짝 지워진다.
이/정 1991: 74 참조.

446 예를 들어 이 부호형에서 〈ㅙ〉는 하나의 '글자'로 취급되기 때문에 음절 〈꽤〉은 3 바이트로 구성된다.

끝소리 글자로 쓰이는 특수한 자음자 조합을 도입함으로써 'N 바이트 형'의 본래 원칙은 부분적으로 해체되었다. 더구나 여기서 이 형을 두 가지로 분리할 수 있다. 하나는 아스키 문자집합에 근거한 형이며, 다른 하나는 한글 글자 배열과 글자의 조합을 아스키 코드의 확장영역에 배치하는 형이다.

장점과 단점 《훈민정음》의 다발 구성 규칙을 적어도 부분적으로 치키는 것 때문에 간단하다는 장점이 있는 반면에 심각한 단점도 있다. 즉, 아스키 코드의 기초 위에 덮어씌워진 한글은 소팅 sorting과 검색 기능상에 심각한 장애를 초래한다. 예를 들어 오늘날 사용되는 한글로는 다음에 표기된 순서대로, 즉 홍서진 그리고 홍성표 순으로 표기해야 한다. 그러나 아래 표에서 보듯이[447] 위와 정반대의 결과를 나타낸다 (굵은 테두리로 표시한 칸에 주목하기 바람).

한글 '음절자'	홍			성			표	
한글글자 해당 아스키 글자	ㅎ G	ㅗ I	ㅇ W	ㅅ U	ㅓ f	ㅇ W	ㅍ]	ㅛ r
한글글자 해당 아스키 글자	ㅎ G	ㅗ I	ㅇ W	ㅅ U	ㅓ f	ㅈ X	ㅣ I	ㄴ D
한글 '음절자'	홍			서			진	

【표 26】 N 또는 멀티 바이트 형에 잘못된 소팅 기능

---

447 위의 표는 임현모의 예를 가지고 만들었다. 표 자체는 이/정에서 자세히 다루지 않은 '7 비트 N 바이트 형'(KS C 5601–1974)에 근거한다 (KS = Korean Standard).
임현모 1992: 28; 이/정 1991: 74 참조.

다른 또 하나의 단점은 이미 언급되었다. 자음자와 모음자 한 세트밖에 사용하지 못 한 음절 다발의 자형학적인 모습은 수준이 낮았다. 현재의 관점에서 설명을 덧붙이면 그래픽 카드와 모니터 같은 당시의 하드웨어 성능으로는 위의 부호형으로 만들어지는 데이터 량을 처리하기에 역부족이었다. 당시의 그래픽 환경에서 이 부호형은 사용하기에 부적합했다.[448] 그래서 그 당시의 관점에서는 보다 작은 용량을 차지하면서도 제 기능을 하는 다른 방식을 찾는 것이 절실했다.

3.3.4.2 '정음형' 또는 '열린 한글형'

개관 두 명칭을 가진 이 방법은 앞 장에서 설명된 'N 바이트 형'과 달리 표준형으로 사용되지 않았다. 그러나 이 방법은 학자들 사이에서 많이 연구되었고[449] 또 다른 부호형에 비해 보다 많은 관심의 대상이 되었다는 사실에서 그 중요성이 더해가고 있다. 변정용은 이 방법이 한글 창제 원리에 기초하고 있음을 분명하기 위해서 《훈민정음》에서 이름을 따서 '정음형'이라고 명명했다. 이균하는 옛한글뿐만 아니라 외국어 낱말의 어려운 글자 조합을 표기할 수 있다는 사실을 표현하기 위하여 이 방법을 '열린 조합 한글'이라고 했다.

---

448 오늘날 이 'N 바이트 형'은 검색이나 형태소 연구 등에 사용된다는 모양이다.
C ro 2001: 15f.; 정상훈 1999: N 바이트 한글 코드를 다룬 장 참조.

449 변정용 1994; 이균하 1991, 1993, 1993a; 이/홍/정 1992 참조.

부호화 이 방법의 *Mm* 집합은 45개의 글자를 포함한다. 이 글자 집합은 첫 · , 가운뎃 · , 끝소리 글자의 부분 집합으로 나뉘며 각각 17 : 11 : 17 개씩을 포함한다. 이 수치는 《훈민정음》에서와 같이 17 개의 자음 그리고 11 의 모음과 정확하게 일치한다. 이 글자로 현대 한국어 '음절자'를 뿐만 아니라 옛 한국어도 문제없이 표기 가능하다.

평가 이 집합과 부호형으로 자유로운 다발 구성이라는 《훈민정음》의 원칙을 지킬 수 있다. 그러나 문제가 되는 부분은 《훈민정음》의 28 개 글자가 아니라 세 그룹으로 나뉜 45 개 글자가 사용된다는 점이다.[450]

3.3.5 고정된 바이트 수를 이용한 방식: '3 바이트 형'[451]

여기의 '3 바이트 형'에는 두 개의 변이형이 있다. 이 두 변이형은 한글의 전형적인 다발 구조를 바탕으로 하는 부호화가 공통적이다.[452]

부호화 제 1 변이형 각각 한글 다발은 첫 · , 가운뎃 · , 끝소리 글자 3 개 요소로 구성된다. 각 요소에 1 바이트씩 배당된다. 끝소리 글자가 없을 경우

---

450 변정용은 국제 표준 ISO 646을 볼 때 이 부호형이 이전 부호형과 호환성이 크다는 것을 지적한다.

451 이/정에 따르는 개념이다. 변정용은 음절 다발의 첫 · , 가운뎃 · , 끝소리 글자로서의 (정확하진 않지만 이미 널리 퍼진) 의미를 지닌 '자소'에 근거하여 '자소형字素形' 이 옳다고 주장한다 (II 1.2 비교). 이 부호형에 대해서 변정용은 《훈민정음》에서 따온 또 다른 명칭인 '정음형'을 사용한다. 그 이유는 낱글자를 다발로 조합하여 표기하는 한글 창제의 핵심적인 특징을 나타내기 때문이다.
이/정 1991: 75; 변정용 1994: 80 오른쪽, 81 왼쪽.

452 부호 개발자가 이에 대한 의도를 가졌는지를 저자가 알 수 없다.

에는 채움문자 fill byte를 대신 첨가한다.[453] 이 같은 방식으로 다발 하나를 표기하는 데는 항상 3 바이트가 필요하다. 예를 들면 〈가〉: ㄱ+ㅏ+Ø에는 〈강〉: ㄱ+ㅏ+ㅇ 또는 〈광〉: ㄱ+ㅘ+ㅇ처럼 3 바이트가 필요하다.

마지막 예에서 보듯이 이 '3 바이트 형'에는 자음자나 모음자의 결합형이 독립된 부호를 가지는 두 개의 낱자가 결합된 것이 아니라 결합형에 하나의 부호를 부여해서 표기하는 결과를 초래한다.

한국어와 영어 입력 변환은 마찬가지로 아스키 코드 14번과 15번을 이용한다.

부호화 제 2 변이형 변이형 1과의 차이점은 비트를 이용한 '세밀한 부호화 Feincodierung'에서 찾을 수 있다. 각 다발 요소에 '자기'의 바이트가 배당되지만 각 바이트는 영어 아니면 한국어 그리고 다발에서의 위치 등의 정보도 가지고 있다. 이 정보는 총 8 비트중의 처음 3 비트에 담겨 있다. 나머지 5 비트에는 순수 글자를 정의하는데 쓰인다. 수학적으로 5 비트로는 각각 32(2⁵) 개의 상이한 글자를 함수할 수 있다. 그래서 이론적으로는 음절자적 다발의 각 위치(초, 중, 종)에 각각 32 개의 상이한 글자를 넣을 수 있다.

보다 자세히 살펴보면 처음 3 비트는 다음과 같이 결정된다. MSB(최상위 비트

---

453 비슷한 표현으로는 'dummy byte' 또는 'gap'이 쓰인다.

첫눈에 채움 바이트가 사용됨은 《훈민정음》에서 찾을 수 있는 현상과 비교된다. 《훈민정음》에는 무성의 〈ㅇ〉은 종성 비음으로 쓰이는 〈ㆁ〉과 구별된다. 즉, 무성의 〈ㅇ〉은 '불완전한' 음절 다발의 끝에 붙일 필요가 없다는 점이 언급되어 있다 (II 3.4.1, 특히 인용 54 비교): "또한 ㅇ 소리는 약하고 비어 있다. 그리고 가운뎃소리만으로도 완성된 음절을 이룰 수 있으므로 이 자를 끝소리로 반드시 표기할 필요는 없다." (해례 22a.8 - 22b.1).

Most Significant Bit)라고 알려진 첫 번째 비트에는 언어에 대한 정보가 놓인다. 즉 영어 (라틴어) = 0이 한국어 = 1이다. 다음 두 개의 비트에는 위치에 대한 정보가 주워진다. 즉 00 = 첫소리 글자, 01 = 가운뎃소리 글자 그리고 10 = 끝소리 글자를 나타낸다. '음절자'에 대한 위 설명을 그래픽으로 나타내면 다음과 같다.

【표 27】 '3 바이트 형' (변이형 2)

북한에서도 이 부호형은 '한바이트부호계'란 이름으로 알려져 있다.[454] 북한에서는 19 개의 첫소리, 21 가운뎃소리, 그리고 27 개의 끝소리 글자 즉 (하나의 채움문자 fill code를 포함해서) 총 68 자로 11,172 [19 x 21 x (27+1)] 자를 표기할 수 있다.[455]

장점과 단점 이 함수 방법은 한글 음절의 표기를 위해 필요한 바이트 수를 명확히 고정하여서 내부 작업 수행을 간편하게 할 수 있다는 장점이 있다. 특히 변이형 2에서 부가적인 정보를 추가함으로써 이 장점은 더욱 돋보이

---

[454] 해당 이진수가 함께 명시된 부호표 영역에 대한 자세한 사항은 처음 두 북한의 논문을 참조. 남한 학자들이 북한 학자들과 교류를 통해 알게 된 북한에서 사용하는 부호 방식은 남한에서 큰 관심을 불러 일으켰다. 이에 대해서는 김경석 등의 논문에 잘 나타나 있다.
김/김 1996: 161; 김명규 1996 (마찬가지로 김명규 1994); 김경석 1999: 121 - 223.

[455] 특이하게도 첫 · , 가운뎃 · , 끝소리 글자 수는 2 바이트 형과 일치한다 (아래 III 3.3.6과 비교).

게 되었다.[456]

추가적으로 채움 바이트를 사용함으로써 데이터 량이 많아지는 단점이 나타난다. 사실상 'N 바이트 형'의 경우에는 평균적으로 한 다발에 배당된 바이트 수가 2.3 바이트다.[457]

또한 PC 환경에서는 비디오 램과 모니터 상의 표시가 1:1로 대응해야 하기 때문에 3 바이트 한글의 크기는 영문의 3 자의 크기와 같게 된다. 이 같은 이유로 글자의 모양이 기형적으로 나타나서 화면 표기상에 애로점이 나타났다. 그래서 남한뿐만 아니라 북한에서도[458] 이 부호형은 큰 반향을 불러일으키지 못했다.[459]

3.3.6 2 바이트 형

3.3.6.1 '8 비트 2 바이트/조합형'

개관 80년대 중반부터 사실상 표준형으로 자리 잡은 이 방법에는 새로운

---

456 변정용은 기본 구조와 자음 – 모음 – 자음의 순서만으로도 쉽게 추가 정보가 전달되기 때문에 이 같은 부가 정보를 따로 기록함이 큰 이점을 준다고 보지 않는다.
변정용 1994: 84f. 참조.

457 이 수치는 남, 북한 모두 일치한다.
변정용 1994: 85; 김/김 1996: 152; 이/정 1991: 73 참조.

458 김/김 1996: 152 참조.

459 한국어를 처리하는 초창기 워드 프로세서인 '텔레비디 Televideo'가 이 부호형을 바탕으로 한 전형적인 모델이다. 북한에서는 '창덕'이라는 워드 프로세서가 널리 사용되었다. 이 '창덕'은 앞의 '텔레비디오'와 마찬가지로 DOS를 바탕으로 하였지만 실제 사용 시에 보다 진보되고 안정된 성능을 나타냈다.

방식이 도입되었다.[460] 즉, 부후 체계의 한 배정 단위는 각각의 낱글자가 아니라 각 '음절자'였다. 그런데 '음절자' 하나에는 1 바이트가 아니라 2 바이트가 배당된다. 그리고 첫 번째 비트인 MSB를 제외한 나머지 비트를 첫, 가운뎃, 끝소리 글자에 배분한다. 즉 16 비트 중 15 비트를 낱글자나 겹글자에 배분하면 첫·, 가운뎃·, 끝소리 글자가 각각 5 비트씩을 가지게 된다. 이를 조합하면 표기하고자 하는 '음절자'가 나타난다.

이 방식은 위의 '3 바이트 형'처럼 자음자나 모음자의 결합형 즉 겹글자가 하나의 새로운 '기호'로 취급되는 결과를 초래한다.

수학적으로 이 방법은 각 5 비트 단위에 2^5 = 32 개의 상이한 자를 표기할 수 있다. 실제로는 이 체계에서 최고 19 개의 첫소리 글자, 21 개의 가운뎃 소리 글자 그리고 27 개의 끝소리 글자만을 표기하기 때문에 앞의 산술적인 수치에는 미치지 못한다.[461] 이 기호 집합의 67 개의 낱자를 살펴보면 다음과 같다.

---

460 이 부호형은 1987년 도입된 KS C 5601-1987 (8 비트 2 바이트 완성형)과 더불어 KS C 5601-1992란 명칭으로 표준이 되었다 (III 3.3.6.2 비교).

461 국내에서 물론 이 빈 공간을 그냥 방치하지 않았다 (이 때 이 빈자리에 다른 부호로 채운 것이 다른 응용 프로그램과 충돌을 일으켰다는 사실이 이 빈자리에 대한 이 부호형 개발자들의 기쁨을 반감시켰다). 이 빈자리를 적절하게 채우고 사용하기 위해서 많은 노력이 경주되었는데 특히 그 빈자리를 옛한글 글자에 배당하고자 했다. 이 많은 노력들 중에서 두드러진 프로그램을 꼽자면 허큘리스 카드와 작동하는 NKP.COM 프로그램을 들 수 있다. 이 프로그램은 그나마 옛한글의 네 글자 조합을 새롭게 추가할 수 있었다. 보다 급진적인 양상은 OCHP.COM 프로그램에서 볼 수 있는데, 이 프로그램에서는 MSB가 0으로 정의된 원래 영어를 위해 배당된 영역도 사용하고 있다. 이로서 훨씬 많은 공간을 확보할 수 있었지만 ISO 2022 표준과 일치하지 않는 결과가 나타났다.
서정수 1995: 10; 김병선 1992: 216-274 참조.

첫소리 글자
〈ㄱ, ㄲ, ㄴ, ㄷ, ㄸ, ㄹ, ㅁ, ㅂ, ㅃ, ㅅ, ㅆ, ㅇ, ㅈ, ㅉ, ㅊ, ㅋ, ㅌ, ㅍ, ㅎ〉
가운뎃소리 글자
〈ㅏ, ㅐ, ㅑ, ㅒ, ㅓ, ㅔ, ㅕ, ㅖ, ㅗ, ㅘ, ㅙ, ㅚ, ㅛ, ㅜ, ㅝ, ㅞ, ㅟ, ㅠ, ㅡ, ㅢ, ㅣ〉
끝소리 글자
〈ㄱ, ㄲ, ㄳ, ㄴ, ㄵ, ㄶ, ㄷ, ㄹ, ㄺ, ㄻ, ㄼ, ㄽ, ㄾ, ㄿ, ㅀ, ㅁ, ㅂ, ㅄ, ㅅ, ㅆ, ㅇ, ㅈ, ㅊ, ㅋ, ㅌ, ㅍ, ㅎ〉

【표 28】 '8 비트 2 바이트 / 조합형'의 글자 집합

앞에서 언급한 2 바이트의 첫 번째 비트인 'MSB'에는 특수한 기능이 부여된다. 이는 한국어와 영어를 인식하게 하는 기능이다: 0 = 영어, 1 = 한국어. 어떻게 작용하는 지는 아래의 표로 잘 알 수 있다.

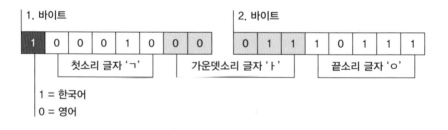

【표 29】 '8 비트 2 바이트 / 조합형'의 비트 배분

이 방법은 한국어 환경에서 영어 프로그램을 사용할 때 충돌이 일어나지 않는다. 그러나 1로 되어 있는 'MSB'를 통해 아스키 코드의 확장 영역을 사용하는 언어, 예를 들어 특수 글자를 포함하는 독일어와 같은 환경에서는

충돌이 당연하게 발생한다.

여기 고려해야 할 것은 이 '2 바이트 형'은 내부 부호로만 사용 가능하다는 사실이다. 다음 표 맨 오른쪽 칸이 보여주듯이 그렇지 않을 경우에는 이 2 바이트를 각각 본래 주워진 부호로 읽고 표기하게 된다.[462]

한국어	바이트 번호	다발구조	내부부호		외부부호	ASCII-해당
최	1		MSB	1	C2 H	T (선 글자)
		첫소리 글자	5 비트	10000		
	2	가운뎃 소리글자	2 비트	10010		
			3 비트		41 H	A
		끝소리 글자	5 비트	00001		

【표 30】 '8 비트 2 바이트/조합형'의 내부와 외부 부호의 관계 (노란 표시 = 화면표기)

위의 '2 바이트 형'은 80년대 초에 대형 컴퓨터 용으로 한국 IBM에서 개발됐다. 80년대 중반부터는 IBM 호환기종이 널리 유포됨에 따라 이 방법이 PC에 사용되었다. 따라서 한국 IBM, 삼보, 큐닉스, 현대, 쌍용 등 한국 전자회사들이 상용 조합형常用 組合形[463]이라는 이름이 있는 공통 부호를 사용하게 되었고 또 이로 인해 사실상 표준형 Quasistandard이 생기게 되었다. 이는 MS-DOS 3.20이[464] 이 부호형에 근거하였다는 사실에서 크게 영향을

462　김병선 1992: 204도 참조.

463　그 외에도 삼보 또는 KSSM (Korean Standard Specification Model)코드라고도 알려져 있다.

464　4.01 버전부터는 국내 표준으로 결정된 '완성형'(II 4 비교)이 사용되었다.

받았다. 그러나 다른 대형 전자회사인 삼성과 금성은 이 부호형을 따르지

않고 독자적인 부호형을 가지고 있었다.[465]

3.3.6.2 '8 비트 2 바이트/완성형'

개관 80년대 일련의 회사들이 사용한 '8 비트 2 바이트/완성형'에도 본래는

집합 Mc의 구성에 통일된 규칙이 없었다. 그래서 부호형 상호 간에 호환성

이 결여되어 있었다. 이를 자세히 설명하기 위해서는 1987년 한국 표준이

된 KS C5601-1987 버전을 살펴보겠다.[466]

부호화 부호화에 아예 처음부터 한국어와 라틴어 자모 그리고 ?, *, +, \

과 같은 특수문자를 서로 정확하게 분리하기 위해서 한국어 자모를 아스

키 확장영역 내에서 두 글자로, 즉 2 바이트로 정의된다. 이 확장영역은 정

확히 말해서 아스키 161 ~ 254 해당하며 94 x 94, 즉 8,836 자를 포함한

다. 애초부터 이 작은 개수로는 옛글은 말할 필요도 없이 현대 한국어를 완

전히 표기하기도 불가능하다. 따라서 글자 선정에 있어서 우선 중모음 〈ㅐ,

ㅑ, ㅘ〉 뒤에 겹받침이 오는 경우가 있지만[467] 실제로 드물다는 점을 감안해

---

465 아래에 언급되는 '한글 도깨비'등과 같은 회사 자체 제품에만 호환되던 몇몇 부호형에 대한 설
명은 임현모 1992: 24-26에서 찾아볼 수 있다.

466 이에 상응하는 북한의 표준은 KPS 9566-1993 또는 9566-1997 (KP는 북한에 대한 인터넷
국가 기호이다).
위 두 표준 부호와 상호간의 차이점에 대한 자세한 내용은 김경석 1999: 209-218; Lunde 1999:
115f. 참조.

467 〈되었다 〉 됐다〉라는 축소형은 비교적 흔한 것이다.

서 줄이면 8,873 자가[468] 된다. 이 8,873 자로는 적어도 현대 한국어의 경우에는 M_c와 M_m을 어느 정도로 일치시킬 수 있다.

그러나 특히 한자도 사용하기 위해서는 M_c에의 한글 공간이 더 좁아지게되었다. 결국 한글 부호표 상에는 2,350 자리를 한글에, 4,888 자리를 한자에 그리고 1,128 자리를 특수 문자나 사용자 정의 문자에 배당하였다.

한글에 해당하는 2,350이란 수치는 사용 빈도수에 따라 결정되었다. 놀랍게도 이 같은 개수의 글자로 현대 한국어의 99.99%를 표현해 낼 수 있다고 하지만, 동시에 2,350 대 11,172와 같은 극심한 불균형에서 볼 수 있듯이 현대 한국어 '음절자'의 79%를 전혀 표기해 낼 수 없는 결과를 초래하기도 한다.[469]

첫 번째 바이트		두버째 바이트 A1 FE
	A1 – AC	특수 문자 (1128자)
	B0 C8	가각간... 한글 '음절자' (2350자) ...힘힛힝
	CA	伽佳假... 한자(4888자)[470] … 悑 羲詰
	FD – FE	

【표 31】 표준화된 '8 비트 2 바이트/완성형' 부호표

---

468 이/정 1991: 78.

469 김병선 1992: 209; 김경석 1995: 112 참조.

470 주목할 점은 유니코드에서는 한자가 부수와 획수에 따라 배열되지만 여기서는 한국어 발음, 즉 한글 자모순에 따라 한자가 배열되어 있다.

장점과 단점 우선 이 방법의 가장 큰 장점을 말할 것 같으면 자형학 상에서 최선의 해결책을 제공한다는 점이다. 부호화 차원에는 아스키 확장 영역을 사용하므로 라틴어 자모와 겹치는 위험성이 없어진다. 그리고 다음 장에서 설명되듯이 이 완성형은 국제 규격을 지원하고 있다. 즉, 아스키 확장 영역 중의 80H - 9FH(기호 128~159 번호, 독일의 움라우트도 포함되어 있음)는 사용하지 않는다.

물론 위에서 언급한 확장 영역은 그래픽인 선 기호와 또 특수 문자인 'β' 도 포함한다. 한국의 프로그램 환경에서는 표나 어떤 특수 문자를 담고 있는 텍스트에는 겹친 부호 때문에 갑자기 해당 위치에 한글이나 한자가 나타나곤 한다.

이 부호형으로 한국어 성명의 99.99%를 표기할 수 있다고 하지만, 8,000개의 '음절자'의 부족함은 아쉽게도 많은 분야에 나타난다. 문학이나 논문에서 방언을 표기하고자 할 때에 그렇고 학교 국어 교과서에도 위와 같은 경우를 접할 수 있다.[471]

이런 '깨진 음절자'의 현상에 대한 몇 가지 예는 다음과 같다. 낱말 〈옷〉을 소리 나는 대로 적으면 [옫]이 된다. 이를 '8 비트 2 바이트/완성형'로 표기하면 [오ㄷ]이라는 불만스러운 결과가 나타난다. 그 외에도 영어의 Jeep를 표기할 때 '찦차'가 되어야 할 것이 '찌ㅍ차'가 된다던가 Pepsicola를 표기할 때 '펲시 콜라'대신에 '페ㅍ시 콜라'가 되는 식이다.[472] 이 단점을 보완하기 위해서 사용자

---

471 김병선 1992: 212f. 참조.

472 이 외에도 많은 다른 예들은 김병선 1992: 211f. ; 홍윤표 1995: 27 - 29 참조.

가 나름대로 없는 '음절자'를 만들어서 넣을 수 있는 영역을 남겨두었다.[473]

이 외에 소프트웨어와 관련된 단점은 메모리를 크게 요구하는 것이다. 16 포인트 큰 완성형 '음절자' 하나는 주기억장치에서 32 바이트의 공간을 차지 하므로 그 당시의 운영 체제에서 거의 넘어 설 수 없는 640 KB 의 한계선 에 쉽게 육박했다. ('음절자'의 수를 줄이는 필요성은 기술적 한계때문이었다. 한자 및 특수 문 자를 뺀 단지 11,172의 한글 '음절자'만으로도 약 360 KB의 램을 차지했다.[474])

사실상 완성형 '음절자'를 사용함은 훨씬 더 까다롭고 주기억장치의 공간 을 보다 많이 요구한다. 이 문제의 이유는 수 많은 한글 '음절자'를 비교적 적은 수의 키가 있는 자판의 글자를 하나씩 입력해서 불러낼 수 없기 때문 이다. 이를 해결하기 위해서 해당 프로그램(소위 오토마타, III 2.2.1.3 비교)이 주기 억장치에 추가적으로 깔려야 한다. 이 프로그램은 한글 자모를 임시적으로 조합형으로 합치고 난 뒤에 폰트 집합에서 해당 완성형 '음절자'를 찾아내며 이를 화면상에 띄운다.[475] (폰트에서 해당 글자를 찾아내지 못할 경우에는 위에서 말한 '깨 진 음절자' 현상이 나타난다.) 여기서 다시 주목해야 할 점은 완성형은 중간 부호가 필요한 조합형과의 조화 속에서만 제기능을 발휘할 수 있다는 것이다. (데이 터 전송에도 마찬가지로 부호 변환이 필요하다.)

---

473 본 논문의 독일어 원본 작성 때에 적당한 폰트가 없으므로 《훈민정음》에 기록된 한글 자모음자 의 원형을 표기하기 위해 이 기능을 사용해야 했다. 현재는 이런 폰트를 무료로 인터네스에서 따운 받고 사용할 수 있게 되었다.

474 임현모 1992: 32 참조.

475 화면 출력 때에 이 과정을 볼 수 있다. 스페이스 키가 안 누른 상태이면 음절 다발에 각 글자를 위치 상관없이 다시 지울 수 있다. 스페이스 기를 친 후에 '음절자' 완전해지며 지울 때 그 전체 가 지우게 된다.

'음절자'가 표기될 때까지 필요한 이 비효율적인 과정(자판에서 입력 → 중간 코드 → 본래 코드)은 시스템 체제 내에서 데이터 처리 속도의 둔화를 일으키기 쉽다. 또 이 데이터를 인쇄할 때는 프린터기가 같은 부호로 작동할 경우를 제외하고 위의 전 과정을 거꾸로 되 밟아야 가능하다.

위에서 언급한 적잖은 단점에 또한 소팅 기능의 장애도 추가된다. 이미 언급한 대로 '음절자'의 부족으로 인해 생기는 틈은 해당 폰트 처리 프로그램으로 어느 정도 메울 수 있다. 그러나 이 '음절자'가 소팅 시에 올바른 자모순으로 정렬되지 않는다. 예를 들어 아무런 의미가 없는 그리고 정규 기호 집합 속에 포함되지 않는 〈넋〉과 같은 자는 소팅 시에 정규 기호 집합의 마지막 원소인 〈힝〉[476]의 뒤에 위치한다.

지금까지 설명한 장점과 단점을 위에서 언급한 매직 삼각형 입각에서 재평하면, 이 방법은 자형학적 측면에서는 아주 만족스러운 결과를 보이지만 다발 구성 규칙과 다발의 총수에 대한 측면을 무시하는 결과가 드러나고 있다.

3.3.6.3 '7 비트 2 바이트/완성형'

개관 이 부호화 방식은 특이하고 재미있는 해결책을 제시하였다. 이 부호 형은 소위 세운상가世運商街에서[477] 나온 한글 카드(허큘리스식)에 사용되었다. 이

---

476 최명긔 1993: 11 이외 참조.

477 청계천 상가淸溪川商街라고도 불리는 이 곳은 이따금 한국의 실리콘 밸리 Silicon Valley라고도 불렸다. 이 곳에 입주한 작은 컴퓨터 회사들의 한국 컴퓨터 산업에 있어서 어떤 역할을 했는지에 대해서는 서현진 1997: 208 - 214 참조.

부호형은 7 비트만을 사용하기 때문에 아스키 코드와 구분할 수 없다.

부호화 이 부호형의 원리는 라틴어 자모에서 찾아 보기 힘든 소문자와 대문자 / 특수 문자, 그리고 두 특수 문자의 조합을 한글 부호하는 데에 이용하는 것이다. 예를 들어 'dB'는 〈늦〉이[478] 되며, 'vM'은 〈솓〉에 해당되며, '};'은 〈파〉라고 읽혔다.

이 아스키 코드의 결합 방법을 구체적으로 보자면, 여섯 개의 특수 문자 (_, ^,⎸, ⎸, ⎸,~)와 a ~ z의 소문자를 사용된다. 첫 번째 바이트가 특수 문자인 경우에는 두 번째 바이트로 쓰일 수 있는 자는 '!' (아스키 33)에서 '~' (아스키 126)까지 94자가 쓰일 수 있다. 첫 번째 바이트가 소문자일 경우에는 두 번째 바이트로 '@' (아스키 64)에서 '_' (아스키 95)까지, 즉 주로 대문자가 사용된다.

이로서 1,382 개의 완성형 '음절자'가 구성된다.[479] 이 개수는 주로 성명이나 주소 등의 정보를 처리하는 데는 별다른 무리가 없다. 그러나 일반 워드 프로세싱으로 쓰기에는 그 한계가 분명히 드러난다. 이 완성형으로는 일상적으로 쓰이는 〈삯〉, 〈닭〉, 또는 〈뒷〉 등의 '음절자'를 표현할 수 없다.

장점과 단점 이 부호형은 7 비트 기초 아스키 코드만 사용하기에 영문 프로그램과 문제 없이 함께 작동하는 장점이 있다. 달리 표현하자면, 이 부호형은 아스키 확장 영역인 아스키 128~255에 있는 문자 집합을 사용하지 않

---

478 유명한 데이터베이스 프로그램인 dBase는 이 부호 방식으로 '늦ase'로 표기하게 됐다.

479 이 부호형에 대한 전체적인 부호표는 이/정 1991: 541 – 548에서 찾아 볼 수 있다.

는 일반 텍스트에서 충돌을 일으키지 않다. 그래서 선 문자나, 그림자와 같은 그래픽 문자가 깨지지 않고 유지된다.[480]

한글 카드에서 사용된 위의 '7 비트 2 바이트/완성형'의 부호화 방식의 안정성에 불구하고 성공적이지 못했다. 첫째 까닭으로는 표기 가능한 '음절자'의 개수가 한정된 것이며, 그리고 둘째 까닭으로는 같은 부호화 방식을 이용하면서도 아스키 기호와 한글 '음절자'의 함수는 각 한글카드 제조업체들 나름으로 결정하여 Mc의 구조상에 다양성을 일으키게 되었다. 따라서 같은 부호형으로 쓰인 텍스트들 상호간에 호환성은 결여되어 있었다.

완성형에서 전형적으로 나타나듯이 이 '7 비트 2 바이트/완성형'도 위의 매직 삼각형에 자형학적 측면은 긍정적으로 평가할 수 있다. 그러나 음절다발의 총수나 다발 구성 규칙은 전혀 만족스럽지 못다.

3.3.6.4 'HWP형'

누구나 다 알다시피 HWP는 'Han'gǔl Word Processor'의 준말이며, 또한 국내에서 광범위하게 사용되는 파일 확장자명이다.[481] 버전 2(1992년)부터는 이 HWP형이 앞의 방법들과 같은 2 바이트 형이긴 하지만 자세히 보면 다른 2 바이트 형과 큰 차이점 하나가 보이고 있다. 이 HWP형에는 위에서

---

480 이와 반대되는 내용은 III 4.2와 비교.

481 이 프로그램은 '아래 아 한글' 이름으로 많이 알려져 있지만 변정용 교수는 '아래 아' 보다 《훈민정음》의 내용에 의하면 '하늘 아'라는 말이 더 적당하다고 면담에 주장했다. 이 의견에 동의한다.
이 프로그램의 장점은 꼭 한글 운영 체제뿐만 아니라 다른 운영 체제, 예 독일어 운영 체제에서도 전혀 문제없이 작동하는데 있다.

언급한 MSB가 라틴어 글자와 한글을 구분하는 기능으로 쓰이지 않다. 그 대신 2 바이트 전체를 활용하여 2^8 x 2^8 = 65,536 개의 기호를 부호화할 수 있다. 이 기호중에 현대 한국어에 11,172 개, 그리고 옛한글에 13,628 개의 음절 다발이 조합형으로 배당된다.

이 방식에 Mc 집합은 두 기준에 의해 구성된다. 구체적으로 말하면 자소 집합이 확장 되어 있으며 동시에 이 자소들은 첫 · , 가운뎃 · , 끝소리 글자로서의 기능에 따라 분류된다. 따라서 Mc는 (3개의 채움 문자를 포함해서) 88 개의 기호로 구성되어 있다.[482]

이 HWP형은 MSB가 없는 2 바이트를 사용한다는 점에서 아래에 언급될 유니코드 부호형을 상기시킨다. 그리고 사실상 이 HWP형은 3.0 b버전부터 라틴어, 키릴, 그리스와 기타 문자에 대해서 유니코드의 부호형을 받아들이고 있다.[483]

3.3.7 '확장 완성형'

'확장/통합 완성형擴張/統合 完成形'은 한국 마이크로 소프트사가 한글 윈도우 95의 도입과 함께 소개하였다. 이 형은 한마디로 어정쩡한 해결책을 제시한다. 즉, 위에서 언급한 '8 비트 2 바이트/완성형'의 2,350 개의 '음절자'를 받아들이고 현대 한국어를 표현하는데 추가적으로 필요한 8,822 개의 '음절

---

482 부호표는 한글 3.0b 1995: 505 참조.

483 한글 3.0b 1995: 504 참조.

자'는 부호표에 비어 있는 공간에 넣었다. 이렇게 함으로써 지금까지 표준으로 알려진 부호화와 이에 상응하는 부호 구성 방식을 유지한 상태에서 윈도우 95를 통해 11,172 개의 완성형 '음절자'를 표기할 수 있게 되었다.

그러나 금방 확장 완성형의 결함이 드러난다. 이 8,822 개의 '음절자'를 빈 공간에 넣인 원칙은 자모순 아니라 무작위로 배열되었다. 일반 사용자들이 소팅이나 검색 기능을 사용하고자 할 때 많은 어려움을 겪는다.[484]

3.3.8 유니코드의 제 부호형

개관 기본적으로 전세계의 모든 문자를 부호화 시키려는 목적을 가진 이 부호형의 방식들을 자세히 설명하려면 본 논문의 범위를 넘칠 것이다.[485] 원래 유니코드는 그 지구적인 의의를 가지고 각 글자를 4 바이트로 정의할 계획이었다.[486] 이 4 바이트로 해당 기호들을 다시 불러 낼 수 있게끔 상이한 여러 그룹과 차원으로 나누어 배정한다. 각 차원은 256 x 256 즉 65,256개의 셀로 구성되고 각각의 셀 속에 하나의 기호가 부호화 된다. 맨 처음 나오

---

484 한국 마이크로소프트사가 이렇게 완벽하지 못한 제품을 도입한 이유는 이 회사의 소식통에 따르면 당시의 한국 정부와 마찰이 있었기 때문이었다. 그 당시 정부는 한국 마이크로소프트사가 이미 더 이상 쓸모가 없는 1987년의 표준 코드(KS C 5601-1987)를 계속 사용해야 한다는 의견을 관철시켰다.
정보 처리 분야, 특히 행정 전산망 부문에서 한국 정부의 정책적 목표에 대한 개관은 서현진 1997: 281-305에 잘 설명되어 있다.

485 보다 자세한 내용은 WHISTLER/DAVIS 2001을 참조.

486 한국 표준 KS C 5700 - 1995(KS X 1005-1)은 국제 표준 ISO/IEC 10646-1에 해당한다. 이 표준은 북한도 공식적으로 지지하고 있다. 그러나 1999년 개정안에는 80 개의 특수 문자를 추가할 것과 'Hangul'을 'Korean'으로 대체할 것을 요구하였다.
김경석 1999: 14f. ; 390f. 참조.

는 차원은 **BMP**(Basic Multilingual Plane)를 부른다. 바로 이 차원에 다른 문자들과 더불어 한글이 정의되어 있다.

유니코드(버전 2.0 또는 3.0)의 **BMP** 코드표를 보면 한글이 여러 곳에 흩어져 있음을 알 수 있다.

① U+1100 – U+11F9: 'Hangul Jamo'

② U+3130 – U+318E: 'Compatibility Jamo'

③ U+AC00 – U+D7A3: 'Hangul syllabes'

유니코드/조합형 ① 범주는 총 238 개의 정규 기호를 포함하며 첫 · , 가운뎃 · , 끝소리 글자와 두 개의 채움 기호로 나뉘어져 있다. 이 238 자는 조합형의 특성을 살려 현대 한국어뿐만 아니라 소멸된 글자나 일반적으로는 잘 쓰이지 않는 글자 조합을 표기하는데에 쓰인다.

여기서 설명하는 조합형은 위에서 언급한 '8 비트 2 바이트/조합형'(3.3.6.1 비교)과는 아무 연관이 없다. 전자인 유니코드 조합형의 경우는 기호 차원에서 부호화가 이뤄지며 후자인 '8 비트 2 바이트/조합형'의 경우는 '음절자' 차원에서 부호화가 진행된다. 마찬가지로 'N 바이트형'도 여기 설명되는 조합형과 단지 부분적인 공통점을 가진다. 즉, 부호화가 기호 차원에서 이뤄진다는 공통점이 있는 반면에, 본 장의 조합형은 첫 · , 가운뎃 · , 끝소리 글자로 분리되고 'N 바이트형'의 경우는 단지 낱글자가 분리되는 차이점도 나타난다.

유니코드/완성형 ② 범주에 속하는 94 개의 'Compatibility Jamo'는 그 형태와 수자 그리고 순서가 이미 KSC 5601–1987의 규범 아래에 도입된 '8 비트 2 바이트/완성형'과 일치한다. (주의해야 될 점은 이 글자들은 조합하기 위한 것이 아니다.)

③ 범주는 가장 많은 11,172 자를 포함하며 유니코드 방식의 자모순으로 완벽하게 나열할 수 있다.

장점과 단점 소위 유니코드 내에 조합형과 완성형이 (2 바이트를 기본으로 하면서도 내부와 외부 부호 사이의 차이가 없이) 동시에 존재한다는 사실에 주목할 만 하다.

조합형과 완성형이 동시에 존재함은 국내 문헌에서 언급한 바대로 묘한 상황을 연출해 낸다.[487] 예를 들면, '음절자' 〈값〉은 완성형(U+AC12)로 나타낼 수 있고 동시에 조합형인 ㄱ(U+1100) + ㅏ(U+1161) + ㅂ(U+1107) + ㅅ(U+1109) 으로도 나타낼 수 있게 된다.

3.3.9 《훈민정음》 원리에 의거한 여러 부호형에 대한 비평

지금까지의 설명에 대한 결론을 맺으면서 언급한 부호형을 도표로 나타내며 처음에 언급한 기준(일대일의 대응성와 음절 다발 구성 규칙, 한 마디로 훈민정음 체계와의 일치)에 비추어 본다. 이 훈민정음 체계와의 일치는 직접적으로 음절 다발 구성 규칙에서 파생되는 하위 기준들, 즉 한글에 본래 주워진 28 글자와 이

---

487 전상훈 1999: '유니코드 일반적인 구조와 한글 처리 원리'를 다룬 장 참조.

로 만들 수 있는 약 400억 개의 음절 다발을 통해 명백히 드러난다.[488]

　표에 언급되지 않은 것은 정의로 달성하는 모든 부호화 방식의 일대일 대응성이라는 보다 근원적인 기준이다. 글자의 순서도 마찬가지로 표에 나타내지 않았다. 왜냐하면, 《훈민정음》의 철학·우주론적 원리에 기초하는 자모순서와의 일치는 밝혀진바와 같이 아예 고려되어 있지 않기 때문이다. 더나아가 여기 소개된 다양한 부호화 방식에는 통일적인 글자 배열이 부재함을 알 수 있다.

　추가적 기준으로 이 표에는 본 논문에서 짧게 다룬, 운영 체제와 맞물려 있는가 하는 문제에[489] 대한 답을 실어 놓았다. 여기서 주변기기와 본체 사이의 데이터 흐름의 효율성을 찾아 낼 수 있다.

488　문헌(서정수, 전상훈 등등)에도 비슷한 목록들을 찾을 수 있다. 옛 한글 표기와 같은 여기서 기재된 요구는 결국 《훈민정음》에 씌어 있는 음절 다발 구성 규칙에 근거한다.
　서정수 1995: 71f., 72 주 42; 전상훈 1999: KS완성형 코드의 문제점; 변정용 1994: 84; 오/최/박 1995: 11 - 13.

489　전상훈 1999: '한글 코드별 효율성 비교 검토'이라는 표를 참조.

기준 부호화	기본자	표기 가능한 음절자[490]	음절 다발 구성방식			자형학적 측면	OS 내장
			이차원성	구조적 불변성	자유로운 다발 구성		
N 바이트 (각 7 비트로 구성)	33 52	5,320?	(與)	與	否	불만족함	(與) 否
N 바이트 (각 8 비트로 구성)	52	11,172	(與)	與	否	불만족함	否
정음형	45	390억	與	與	與	(중간)	?
3 바이트	57	11,172	與	與	否	중간	?
8 비트 2 바이트 조합형	68	11,172	與	與	否	중간	否
8 비트 2 바이트 완성형	–	2,350	與	與	否	與	?
7 비트 2 바이트 완성형	–	1,382	與	與	否	?	否
2 바이트 HWP	88	11,172 13,628	與	與	否	(與)	否
확장/통합 완성형	–	2,350 + 8,822	與	與	否	與	否
2 (4) 바이트 유니코드	240 94 11,172	493,020	與 與	與 與	(與) 否	(與) 與	(與) 否

【표 32】 부호화 구성 평가

---

490 II 3.4.3 비교.

평가 위의 표에서 보듯이 단지 하나의 부호 구성 방법만이 유일하게 중요한 기준인 이차원성, 구조적 불변성 및 자유로운 다발 구성을, 한 마디로 다발 구성 규칙을 충족시킨다. 그러나 이 방법도 한가지 측면에서는 《훈민정음》에 부합하지 않는다. 즉, 기본 글자의 수가 인용 1과 이와 관련된 다른 인용문에서 정한 28 글자를 훨씬 상회한다.

여기서 간과하지 못 할 점은 이런 다양한 부호 방식들에 필요한 부호 변환 프로그램이다.[491] 그러나 이들 하나씩 소개하는 것은 본 논문의 목적을 벗어날 수 있으며, 동시에 이미 진행된 상황을 누그러뜨릴 수는 있으나 문제를 완전히 해결할 수 없는 것이라서 자세한 언급은 피한다.

3.4 《훈민정음》 원리에 따른 한글 부호화를 위한 제안: '음양 부호형'

다음은 한글의 철학 · 우주론적 원리를 수용하는 부호 구성 방법을 고안해 본다. 이 작업의 근간에는 본 논문에서 밝혀낸 자모 체계(II 3.3 비교)가 놓이게 되는데, 이 자모 체계는 음양, 오행, 위수 등의 특정 성질이 내재되어 있다.

먼저 설명되어야 할 것은 이 제안이 비트와 바이트 단위(8 Bit = 1 Byte)를 가진 2진법 부호를[492] 다루어야 하는 점이다. 근본적 호환성을 위해 16 개의 열(0 - 15)과 16 개의 행(0 - 15)으로 짜여진 부호표에 의해 확장 아스키의 부호화 규범이 고려

---

491 C ro 2001 : 45 - 167 그리고 변환표 Umrechnungstabellen 등을 참조.

492 ROHLING/MAY 1999 : 196f. 참조.

된다. 반면에 부호표의 글자 배치에 관해서는 이 제안은 이상적인 형에만 국한시키고, 의도적으로 이미 알려진 표준 부호형에 맞추는 것은 피하도록 한다.[493]

한글의 자모 체계에서는 자음과 모음을 분리시킨다. 또한 특히 글자를 자형학적으로 모아 음절 다발로 표기하는 측면에서, 즉 정사각형인 '명당'의 9개 칸에 위치시킬 때 위에서 언급한 자모의 분리를 부호화에 접목시킴이 결정적인 강점으로 작용한다. 자모 분리는 단지 비트 위치 8에 놓여있는 MSB를 0이나 1에 맞춤으로써 실행된다. 부호화는 다음과 같다.

				b8	0	0	0	0	0	0	0	0	1	1	1	1	1	1	1	1	HEX
				b7	0	0	0	0	1	1	1	1	0	0	0	0	1	1	1	1	
				b6	0	0	1	1	0	0	1	1	0	0	1	1	0	0	1	1	
				b5	0	1	0	1	0	1	0	1	0	1	0	1	0	1	0	1	
b4	b3	b2	b1		00	01	02	03	04	05	06	07	08	09	10	11	12	13	14	15	
0	0	0	0	00								•	ㅎ	ㅁ							0
0	0	0	1	01								ㅡ	ㆆ								1
0	0	1	0	02								ㅣ	ㅇ								2
0	0	1	1	03								ㅗ	ㅋ								3
0	1	0	0	04								ㅏ	ㄱ								4
0	1	0	1	05								ㅜ	ㆁ								5
0	1	1	0	06								ㅓ	ㅌ								6
0	1	1	1	07								ㅛ	ㄷ								7
1	0	0	0	08								ㅑ	ㄴ								8
1	0	0	1	09								ㅠ	ㄹ								9
1	0	1	0	10								ㅕ	ㅊ								A
1	0	1	1	11									ㅈ								B
1	1	0	0	12									ㅅ								C
1	1	0	1	13									ㅿ								D
1	1	1	0	14									ㅍ								E
1	1	1	1	15									ㅂ								F
	HEX				0	1	2	3	4	5	6	7	8	9	A	B	C	D	E	F	

【표 33】《훈민정음》 원리에 의거한 한글의 부호화 = '음양부호형'

---

493 이는 부호의 길이가 항상 일정하고, 또 잉여 부호 redundanter Code아님(실질적으로 부호화된 조합의 수가 부호화가 가능한 조합 총수에 미치지 못한 경우)을 의미한다.

오행, 위수, 열림/닫힘 등의 성질을 일부러 부호화에 접목시킬 필요는 없어 보인다. 왜냐하면, 위의 글자 배열이 이 모든 특성을 내포하고 있고, 더구나 이 모든 특성을 참작하지 않고는 이 배열이 만들어질 수 없었기 때문이다. 다시 말해 이 같은 특성은 항상 부호표에 영향을 주며 부호화되는 문자 분석 시에도 필수적이다.

프로그램용으로 자주 사용하기 때문에 위의 부호화 과정에서 11 자의 모음은 배열 번호 112에서 122까지로 하고 17 자의 자음은 배열 번호 128에서 144로 매겨 놓았음을 밝힌다.

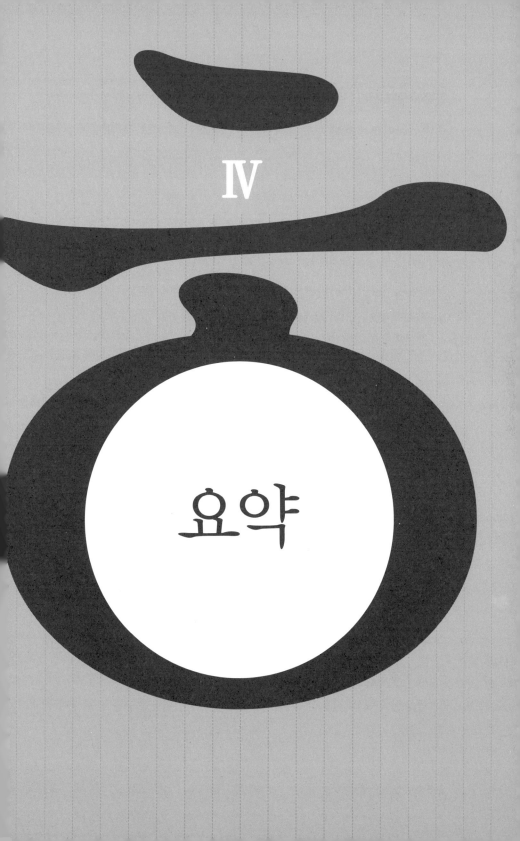

IV

요약

현황과 문제 제기 1996년 유니코드 2.0의 도입 이후 비학문적인 차원에서 현대 한국어의 수요를 겨우 충족시키는 11,172 개의 한글 '음절자'를 컴퓨터로 표현할 수 있게 되었다. 이것은 2,350 개 '음절자'만이 사용 가능했던 그리 오래되지 않은 과거에 비하면 뚜렷한 발전이라고 할 수 있다. 그러나 과거뿐 아니라 현재에도 각 '음절자'의 양을 사용 가능 하도록 처리하고 중간 단계를 거쳐 개개의 '음절자'를 재현하기 위해서는 여전히 소프트웨어 및 하드웨어적 부담이 요구되는 기술적 문제들이 존재하고 있다.

발전에도 불구하고 학술적 분석이 포함된 한글 문자의 활용에 대한 근본적인 제한으로 결정적인 단점이 유지하고 있다. 왜냐하면 사람이 직접 손으로 쓸 때 한글 자모 28 자만 이용해 원래 무려 398억 개에 이르는 음절 다발을 쓸 수 있기 때문이다. 자동 정보처리에서의 전반적인 제약은 문자의 최소 단위는 근본적으로 글자가 아니라 '음절자'이라는 것이다. 이 '음절자'는 '음절자적인 가짜 다발'이며 여러 글자로 구성되어 있는 다발로 그럴싸하게 보이게 하는 것뿐이다.

여기서 간략히 언급한 근본적인 문제는 부호화, 자형학, 모니터와 프린터에서의 재현 등등에 여러 가지 부정적인 영향을 끼치고 있는데, 현황에 대한 대략적인 설명으로 충분하다고 본다.

현재까지 한글에 대한 주로 한국어로 쓰여진 연구논문들을 살펴 보면 두 개의 학자 진영이 존재한다는 것을 알 수 있다. 첫 번째 학자 진영은 1446년에 반포된 한글의 시초인 《훈민정음》과 포함된 철학·우주론적 원리에 몰두하며 반면 두 번째 학자 진영은 대부분 언어학자와 정보학자들로 구성되어 있는데, 이들은 한글의 학문적, 이론적 기반의 존재를 사실상 완전히 무시한다.

한글의 기능체계는 한글의 창제자인 세종대왕 (1397~1450, 재위 기간 1418~1450) 과 그의 학자 팀이 조선왕조 (1392~1910) 초기에 국가 통치 세계관이었던 성리학의 철학·우주론적 원리에 근거를 두고 정의되었으나 이러한 사실은 자동 정보학 분야의 한글 적용에 있어서 전혀 고려 되지 않았다.

그 이유는 여러 가지로 생각해 볼 수 있다. 하나는 한글의 철학·우주 론적 원리에 입각하여 설명된 《훈민정음》의 주요 부인 〈해례〉가 1940년에서야 재발견된 것이다. 다른 하나는 시적인 운문체로 작성된 부분을 포함하는 텍스트와 그 내용이 난해하여 그 안에 내재된 학문적, 이론적 토대를 전혀 인식하지 못하였던 것이다. 더 나아가 《훈민정음》의 주요 부분이 발견된 직후인 1950년대에는 다음과 같은 의견이 생겨났다. 즉 《훈민정음》의 〈해례〉는 새로이 창제된 문자에 대한 명백한 비판을 약화시키기 위해 추후에 단지 추가된 것일 뿐이라는 의견이었다. 다시 말해, 정당화 목적을 위해 작성된 것이고 그리하여 역사적인 원전으로써는 가치가 없다는 주장이었다.

한국에서 이 문제점에 대한 학문적 논쟁은 지난 몇 년 전부터 끝난 것으로 보인다. 성리학이 그 당시 유일한 권위 있는 세계관이었고 《훈민정음》의 추후성에 대해서는 오직 제한된 의미에서만 언급할 수 있다는 것이 지적된다. 그럼에도 불구하고 본 책에서는 이 추후성의 문제점에 대해 자세히 다루었다. 왜냐하면, 서구의 한국학 학계에서는 어떤 이유에서인지는 모르나 종종 이 의견이 고수되고 있기 때문이다. 한글의 철학·우주론적 원리를 위한 공인된 첫 번째 문헌으로써의 《훈민정음》의 유용성을 제시하기 위한 모든 적절한 이유들이 근거 없는 것으로 증명 된다 할지라도 역사적 사실은 간과할 수 없을 것이다. 즉, 이러한 원리를 바탕으로 한 한글은 오직 정당화 목적을 위해 쓰였든 아니든, 지난 550년간 사용되고 있고 그의 효율성이 입증되었다는 것이다.

그래서 본 책은 역사적 문헌으로써의 《훈민정음》의 우수함에 대해 전혀 의심하지 않는다. 《훈민정음》의 서지학적 상황은 다행히도 명백하고 복잡하지 않다.

결과적으로 다음과 같은 논제를 정한다. 즉, 한글과 자동 정보처리에서 한글의 적용 문제에 대한 열쇠는 실제적으로 성리학의 철학·우주론적 원리에서 찾을 수 있다는 것이다. 이 논제가 잘못된 것이 아니라는 확신은 중대한 공통점을 통해 뒷받침된다. 성리학의 철학·우주론적 원리와 자동정보처리 두 영역은 같은 이진법 체계에서 기인한다는 것이다.

이러한 공통점이 단순히 우연에 필적하지 않는다는 것은 본 책의 전체 연구를 통해 제시되었다. 성리학의 철학·우주론적 원리에 기반을 두고, 또한 전통적 한의학의 토대로 묘사되는 《훈민정음》의 공리적 체계는 어려움 없이 자동 정보처리 분야의 여러 가지 인간 기계 인터페이스에 옮기고 사용될 수 있다.

그외에 개개의 분야에서는 예를 들어 추이적 관계의 원리에 입각하는, 자판 배열의 해결을 위해 근본적인 기여를 하는 유추들이 있다.

본 책 제 1 부에서 서술한 접근 방식에 따라 다음과 같은 결과가 도출되었다.

개념 정리 문자, 기호, 상징, 글자, 자소, 음소, 음절, 음절자 등등의 산만한 전문용어의 사용을 고려할 때, 이는 본 책에 이러한 개념들을 명확하게 하는 것은 하나의 정리 의무로 본다. 이것은 여러 언어 사이에서 뿐만 아니라 동일한 언어 내에서도 적용된다. 즉, 본 책에서 다루어지고 있는 독일어와 한국어 간에도, 그리고 각각 언어 내에서도 주의 하지 않으면 안 된다. 한국어에서는 50년 넘게 지속되어온 분단 상태때문에, 특히 정서법이나 전문용어의 경우에 남북한 협력의 부족으로 인해 상황이 복잡하다.[494]

개념의 정리는 추구하는 연구 목적을 위해 확실한 출발점을 가능케 할 뿐 아니라, 추가적으로 앞으로 전문용어 체계화를 위한 기본 자료를 마련할 수 있는 부가적 목적도 수행한다 (주해서, VI 2.2 비교).[495]

이러한 맥락에서 볼 때 본 책은 엉켜있는 개념들을 어느 정도 푸는 데에 도움이 되리라 믿는다. 여기서 예로 부호화라는 장을 들 수 있다 (III 3 비교). 가능하다면 내용은 필자가 직접 도안한 표로 보완되었다.

문자 유형학별 분류 위에 언급한 용어들, 즉 기호, 문자, 문자 유형학 등등과 관련된 조사는 문자 유형 체계에 한글을 편입시키는 문제와 바로 연결시킨다. 각각 한글 글자들이 사실상 음절자 아닌 음절 다발로 좌우 + 상하

---

494 남한의 국립국어원에서 최근에 편찬해 낸 사전 《표준국어대사전》에 북한의 낱말을 실어 놓은 것은 새롭고 특이할 만한 사실이다.
《표준국어대사전》 1999 참조.

495 Arntz/Picht 1995 에서 의미하는 바를 따른다.

/ 병렬 + 수직적, 즉 이차원적으로 조합되기 때문에 체계적인 분류 시도가 몇 가지가 있는데 모든 경우에 해결하지 못 한 잔재가 남는다. 페터 아이젠베르크가 소개한 여러 문자 구성 차원을 포괄하는 전체론적 분류 모델은 소위 메타 차원을 도입할 수 있는 새로운 가능성을 연다. 이 메타 차원은 나머지 모든 차원, 즉 자소, 자소 – 음소 대응관계, 형태소의 차원을 포괄하는 것이다.

한글의 메타 차원 이 메타 차원에 관한 연구는 본 책의 핵심으로 이어진다. 이는 한글의 분류에 대한 설명을 위해 새로운 기준을 마련할 뿐 아니라, 특히 본 연구를 위해 한글의 구조 형성 규칙에 정확히 맞는 설명 모델을 제공한다.

한글의 창제자인 세종대왕과 그의 학자 팀은 《훈민정음》의 중심 부분인 〈해례본〉에 입문하는 설명으로, 한글은 자의적인 것이 아니고 오히려 정반대로 자연이 주고 그의 원리를 따르는 것이라고 강조한다 (인용문 3).

> 하늘과 땅의 도道는 음양과 오행뿐이다. 시작과 끝 사이에 태극이 있고 움직임과 고요함 뒤에 음양이 갖추어진다. 하늘과 땅 사이에 존재하는 모든 생명이 어찌 음양을 떠나 존재하리요. 그러므로 사람의 말소리에도 음양의 이치가 있는데 다만 사람이 이를 살피지 않았을 따름이다. 이제 [훈민]정음을 만든 것도 처음부터 총명과 노력에서 얻어진 것이 아니라 다만 그 말소리에 있는 이치를 밝혔을 뿐이다. 이치는 둘이 아니며 하늘과 땅, 신과 귀

신, 즉 우주에 따르는 원칙을 사용하는 것 이외에는 아무 것도 아니다 (해례 5a,3-5b.2).

다른 차원이 메타 차원에 반영된다거나 다른 말로 표현해 거기서 각각 철학·우주론적 기반을 얻는다는 것은 흥미로우면서도 중요한 사실이다. 우선 오행과 대응하는 음소와 자소가 있다. 이 제 1 차원과 융합되어 제 2 차원, 즉 자소 - 음소 - 대응관계도 역시 대자연이 주는 것이다. 제 3 차원에서 비로서야 사람이 활동을 개시한다. 그의 자유로운 의지에 따라 한글 글자를 조합할 수 있지만 사람 역시 우주의 한 부분으로 우주의 규칙 밖에 속하지 않기 때문에 문자는 우주의 원칙, 즉 철학·우주론적 원칙을 따라, 음양의 변화를 반영하는 음절 다발로 형성된다.

차원 구분의 필요성 의심할 여지 없이 모든 차원은 떼어 놓을 수 없이 하나의 전체를 형성하지만 각 차원 내의 유효한 원칙들을 이해하려면, 우선 차원을 서로 간에 엄격히 구분해야 한다. 바로 이점이 한국 문헌 에서는 고려되지 않았고 궁극적으로 문자의 적용 문제에 대한 원인으로 돌릴 수 있다. 왜냐하면 제 3 차원에서 이루어진 완전한 '음절자' 또는 조합 글자에 대한 집합만 제공되지만 그 하위에 있는 제 1과 제 2의 차원에서의 문자 character집합은 아예 무시되기 때문이다. 이 상황을 다른 말로 좀 더 구체화하기 위해 전자는 인간에 의하여 만든 글자이며 후자는 자연이 주는 글자이다. 자동 정보처리에 한글을 제대로 쓰고자 하면 방법이 하나밖에 없다

는 결론이 따른다. 이 방법은 부호화가 자연의 차원, 즉 자소의 차원, 제 1
과 제 2 차원에서만 실행될 수 있다는 것을 의미한다. 음절 다발을 자유롭
게 조합하는 것은 자형학의 차원, 즉 제 3 차원에서만 가능하다. 이 방법으
로만 한글 문자의 모든 표현 가능성을 실현할 수 있다.

성리학적 근본 개념 개개 차원의 원칙들을 부각하기 위한 구체적인 과제는
다음과 같은 방법으로 착수된다. 우선 성리학의 근본 개념들을 이해할 필요
가 있다. 이 근본 개념들은 중국의 성리학 문헌들을 참고 하여 해당되는 주
요한 유럽 문헌들도 많은 도움을 주었다 (예 GRANET 1971). 중국 문헌 중에는
주돈이의《태극도설》과 주희의 해설이 가장 중심 간행물이다. 이 중국 원본
에 나오는 성리학의 근본 개념 (태극, 오행, 삼재, 위수)은 곳곳에 같은 말로 그대
로《훈민정음》에도 재발견할 수 있다. 이것은 성리학 원칙이 한글에 정확히
정착됐다는 사실로 보아야 한다.

이러한 성리학 원리들과 관련된 인식을 요약하자면, 이미 언급한 바 대로
한글 글자의 생김과 형성은 오행의 순환, 즉 물, 나무, 불, 금속, 땅과 일치
한다는 것이다. 이 순환은 소위 위수와 음양의 상호작용과 연결된다. 오행
은 삼재, 하늘, 땅, 사람 속에서 고유한 특징을 갖고 있기 때문에, 한글의 자
소 역시 우주를 대표하는 폭 넓은 관계 조직의 통합적인 integrativ요소로
나타난다.

대자연의 한글 자모 이미 이러한 기본 인식은 자동 정보처리에서 실제 적

으로 적용될 수 있다. 즉, 이 인식으로 한글 28 자모의 순서에 대한 근본적인 중요한 문제를 해결할 수 있다. 《훈민정음》의 내용에 따르면 이 순서는 반드시 대자연에 의하여 생기는 것이다. 여기서는 매우 정교한 사고 과정의 결과만이 재현되지만 음양오행의 원칙들은 처음에만 단순하다는 인상을 주지만 깊이 파고들수록 복잡해진다. 자판 배열에 대한 장에서도 이러한 인상을 받게 된다 (III 2 비교). 결과는 다음과 같다.

1	2	3	4	5	6	7	8	9	10	11
·	ㅡ	ㅣ	ㅗ	ㅏ	ㅜ	ㅓ	ㅛ	ㅑ	ㅠ	ㅕ

12	13	14	15	16	17	18	19	20	21	22	23	24	25	26	27	28
ㆆ	ㅎ	ㅇ	ㅋ	ㄱ	ㆁ	ㅌ	ㄷ	ㄴ	ㄹ	ㅊ	ㅈ	ㅅ	ㅿ	ㅍ	ㅂ	ㅁ

위의 자모 체계는 한글 원리의 견지에서 볼 때, 이미 한눈에 보아도 의미가 있다. 왜냐하면, 이 자모 체계가 삼재를 의미하는 하늘, 땅, 사람과 동일시되는 글자로 시작되고 이 글자들로부터 나머지의 글자들이 유래 되기 때문이다.

자모 순서의 적용 세종대왕이 〈예의〉에서 세운 자모 체계가 철학·우주론적 원리에 기초하고 있다는 것이 연구 진행 중에 밝혀지게 되었다. 완벽하지 않기 때문에, 자모 순서를 토대로 한 기타 적용 분야(자형학, 부호화)에서 이상적인 형태(위 표 비교)가 출발 자료로 선택되었다.

이러한 자모 체계에서 또 다른 사용효과를 알아낼 수 있다. 현재 한글 자모에서는, 원래 존재하고 있었던 4 개의 글자가 없다. (위 표 참조) 이 4 개의 글자가 일상 생활에서 사라졌다 하더라도, 언어학에는 이 글자들이 매우 중요하다. 한글 자모 순서에 그 글자가 현재까지 논란이 되고 있지만, 위의 표는 명백한 해결을 제시하고 있다.

음절 다발의 차원 이 다음 차원에서 사람이 자소를 음절 다발로 모으면 자소들이 음양의 상호적인 증감과 연관되는 추가적인 기능과 특성을 얻게 된다. 이러한 기능에 근거하여 자소들은 우주적 관계 조직에 속한 다섯 가지 위치를 차지하게 되는데, 즉 왼쪽, 위쪽, 오른쪽, 아래 그리고 중앙으로 묘사되는 위치이다. 여기서도 철학 · 우주론적 의미에서 한글 음절이 갖는 최고의 의미가 명확해지는데, 바로 한글의 음절을 더욱 정교하게 표현할 수 있는 도식화 측면에서이다.

한글의 구상적 특성 《훈민정음》이 구상에 대한 규칙에 이름을 부여하였다. 이는 성음법, 부서법, 병서법 그리고 연서법이다. 이러한 규칙들로 인해 철학 · 우주론적 원리에 입각한 한글의 구상적 특성이 표현될 수 있다.

- 이원성 (위 비교)
- 구조적 불변성

이 구조적 불변성에 따라 음절 다발의 패턴이 언제나 CV(C) 형태를 가져야 한다.

- 자유로운 다발 형성

  이는 근본적으로 첫 3 개의 자소로 자유롭게 조합되며 중간과 끝 부분에도 가능하여 전체적으로 9 개의 자소로 구성된 다발을 형성할 수 있다. 즉, CCC VVV CCC 형태이다.

이러한 세 가지 구상적 특성들은 작지만 효과적인 도구를 의미한다. 이 도구로 《훈민정음》을 따르는 부호화 방식의 유용성 등등을 검토할 수 있다. 더 나아가 소위 '풀어쓰기'는 수 많은 지지자들로 더불어 더욱 많은 수의 변형을 낳게 되었는데 이 풀어쓰기 방식이 급진적으로 모든 끝소리 글자를 절단하면서 첫소리 글자와 가운뎃소리 글자와 같이 나란히 배치시키면서 이원성의 특성을 버린다는 사실을 쉽게 밝힐 수 있다.

이러한 개선과 간소화 제안들은 더 나아가 종종 구조적 불변성과 자유로운 다발 형성을 포기하기도 한다. 그러한 '쓰기 혁명'은 원래 한글의 철학·우주론적 이념에 대한 무지의 표현으로 평가될 수 밖에 없다. 결국 현재의 한글 쓰기 방식은 자유로운 다발 형성의 특성을 무시하고 그것으로 인해 한글에 원래 내재한 유연성을 포기한다는 것이 밝혀지게 된다. 그러나 이 도구는 음소적 또는 형태 음소적 쓰기 방식이 옳은지에 대한 질문의 측면에서 보면 적합하지 않다. 이 질문은 《훈민정음》 편찬 당시에도 설명되지 않았을 것이다. 세종대왕은 분명히 형태 음소적 쓰기 방법의 추종자들에 속했다.

적용 패러다임으로써의 철학·우주론적 원리 세 가지 특성들은 자동 정보처리에서 한글의 철학·우주론적 원리의 적용에 기여하는 본 책의 규모가 큰 장을 시종일관 꿰뚫고 있다. 이 장들은 자형학, 자판을 통한 한글 글자의 입력, 부호화 방법을 주제로 삼고 있다. 모든 장은 먼저 각각의 현재 상태를 조명하는데 이 내용을 여기서 자세히 반복할 필요는 없지만 지워지지 않은 인상은 지금까지의 해결 방안은 복잡하고 번거롭다는 것뿐이다. 인정하건대 이러한 상태는 몇 한국 학자들로 하여금 새로운 해결 방안을 모색하도록 자극했다. 그러나 필자가 아는 바, 이 방안은 자연과학적, 수학적인 방향으로만 나아가고, 철학·우주론적 방향으로는 절대 접근하지 않고 있다. 여기서 반박의 여지가 없는 한글의 과학성이 성리학의 전체적 세계관과 일관성 있게 고려되어야 한다는 점이 간과되어 있다.

자형학에서의 해결 방안: '명당'의 패턴 자형학 분야에서 새로운 해결 접근을 위해 문자 구조적으로 효력이 있는 기타 차원들을 포괄하는 메타 차원 모델이 다시 요구된다. 언급했다시피, 사람은 제 3 차원에서야 활동을 개시하고 그의 의지에 따라 글자들을 음절 다발로 합치는데, 이는 다시 철학·우주론적 원리에 예속되어 있다. 특히 쓰기에 숙달된 사람은 마음의 눈에 특정한 패턴을 갖고 있는데, 이 패턴은 음절 다발을 올바르 게 모으는데에 효과적이다. 사람이 전통적인 방식으로 손과 붓으로 한글을 쓰듯이 이를 컴퓨터로 쓰고자 한다면, 컴퓨터에도 해당되는 패턴을 제공해야 한다. 이 목적으로 소우주로써의 한글 음절의 상징적 의미에서 비롯한다면 그저 작은 걸음에 불과하고 '명당' (중국어로 ming tang)이 보여 주는 패턴을 만나게 된다. 이 '명당'은 9 개의 칸으로 구성된 직사각형 면적을 갖고 있는 전통적이고, 성스러운 건물인데 역시 축소된 형태의 우주를 묘사하고 있다. 한글 다발과 이 '명당' 사이에 유사점을 찾는다는 것은 첫 눈에 대담하다고 할 수 있지만, 한글의 기본 모음인 〈 · ㅡ ㅣ 〉가 삼재인 하늘, 땅, 사람과 대등하다는 것을 생각하면 더욱 이해하기가 쉽다. 또한 〈ㅣ〉와 이 글자의 '음절적 소우주' 내에서의 기능은 사람과 우주 내에서 그의 작동에 대한 상징이다. 결국 하나의 한글 다발은 최대 9 개의 글자까지 가능한데 '명당' 역시 이에 해당하는 9 개의 위수를 포함한 9 개의 면적을 보여준다.

위에서 원칙적인 해결 방안이 간략하게만 설명되었다. 거기에 새 자형학적인 패턴으로 이루어진 다발 형성에 대한 자세한 연구(예 다발의 중심을 정하는 문제)를 여기 요약에 포괄 시킬 여지가 없다.

해당하는 장 (III1 비교) 끝 부분에 다섯 글자까지 음절 다발에 가능한 모든 조합을 정리하여 '명당' 모델이 실용적인 것인지를 보여 주기 위한 것이었다.

자판 배열을 위한 해결 방안 한글 자판 배열을 위한 현재까지의 제안들은 적지 않는데 본 책에서는 이 분야에서의 현재 문제점을 보여 주기 위해 알려진 몇 가지만 다루었다.

어떤 관점에서도 만족할 수 있는 한글의 자판 배열은 오늘날까지 발견 되지 못 했다. 본 책에서 제시한 해결 방안은 빈도수와 이를 따르는 오른손 및 왼손의 강하고 약한 손가락과의 글자 분류에 기반한 것이 아니다. 오히려 한글에 적당한 자판 배열의 토대로 다시 철학·우주론적 원리를 이용한다. 기본 생각은 추이적 관계 분야에서 나온 위에 언급한 유추에 기인한다. 한글 글자와 오행은 서로 연관이 있다는 것이 사실이며 또한 오행과 다섯 손가락 역시 서로 연관이 있기 때문에, 한글 글자는 다섯 손가락과 연결될 수 있다. 수많은 개별 문제 끝에 철학·우주론적 원리에 일치한 자판 배열이 나왔다. 실제적인 적용은 아직 실행되지 않고 있지만, 이미 한눈에 보아도 관습적인 자판 배열의 문제는 근본적으로 해결되었음을 알 수 있다. 즉, 전체 시스템은 실제적으로 가장 빈번히 사용되는 한글 자모의 기본 글자들이 자판의 기준선을 차지하게 되므로 일관성이 있다.

부호화를 위한 해결 방안 한글의 부호화라는 주제와 처음 마주하면 매우 혼란스럽다는 인상이 남는다. 단편한 집합론적 원칙의 응용으로 일단 일정한 질서가 이루어진다. 이 질서에 의하여 현재의 부호화 방법과 한글의 세 특성(이원성, 구조적 불변성, 자유로운 다발 형성)을 대조하면 조사된 10 가지 부호화 방법 중에서 오직 한 방법만이 한글의 특성을 희미하게 반영하고 있다는 결과가 나온다.

위와 반대하여 본 책에서 제시된 부호화 제안은 매우 간단하고 일목 요연하다. 이 제안은 위에서 언급한 자모 체계에 의하여 철학·우주론적 원리를 고려하면서 모든 글자의 요인(음양, 오행, 위수 등)들이 유지되어 학문적 목적에 사용될 수 있다.

메타 차원 모델을 다시 연관시켜 부호화는 현재까지는 늘 제 3 차원에서 만 실행되었는데, 제 1 혹은 제 2 차원에서 이루어져야 한다. 《훈민정음》에서 표현된 이 공리적 원칙은 지금까지 주목을 받지 못 했다. 그러나 《훈민정음》의 언어로 말하자면 오직 그렇게만 해서 사람에게 '명당'이라는 자형학적 패턴에 의하여 현재까지 컴퓨터에서 거부된 채 머물러 있던 한글의 무제한적인 형성 가능성을 줄 수 있다.

본 책 맨 마지막 단락에 와서 《훈민정음》의 철학·우주론적 원리가 한글의 자동 정보 처리에 패러다임으로 사용될 수 있는 데에 의심의 여지가 없다. 물론 이런 결론으로 끝을 맺는 동시에 자형학과 표준화 분야에 종사하는 전문가들의 작업이 시작되어야 한다.

V

참고문헌
·
부록

1. 참고문헌
1.1 원전

동국정운. 신숙주 외, 『동국정운』, 6 권, [1448]. [영인본] WKKC, 1.

박종국 1976. 박종국, 『훈민정음』, 서울: 정음사, 1976 (정음문고 111).

박지홍 1990. 박지홍 [역], 「국역 훈민정음 = Hunmin-jŏng.ŭm Haerye (A Korean Translation)』, UH, 367 - 395.

삼운성휘. 홍계휘, 『삼운성휘』, 3 권, [1751]; [발췌 영인본] KCS, 4, 117 - 133.

석보상절. 수양대군 [이유], 『석보상절』, 24 권 (?), [1449]. [영인본] WKKC, 3.

세종어제훈민정음. 세종, 『세종어제훈민정음』, [1459]. [영인본] 『글꼴 1999』, 348 - 378.

소학언해. 『소학언해』, 최숙생 [역], 6 권, [1518, 1587, 1744]; [영인본] WKKC, 12.

어윤적 1909. 어윤적, 「국문연구」, 『국문연구의정안』, [한성/서울]: 1909, 53a - 90a; [영 인본] YHMT, 3.10/1986, 67 - 247.

언문지. 유희, 『언문지』, 1 권, [1824]; [영인본] KCS, 4, 135 - 137.

용비어천가. 정인지 외, 『용비어천가』, 10권, [1445]; [영인본] WKKC, 6.

[원본]. 「훈민정음 원본과 언해본의 여러 소장본」, 『글꼴 1999』, 250 - 474.

월인천강지곡. 세종 (?), 『월인천강지곡』, 3권, 1449; [영인본] WKKC, 11.

이정호 1972. 이정호, 『해설 역주 훈민정음 (= Hun-Min-Jeong-Eum. 'Right Sounds to Educate the People' Explanation and Translation』, 서울: 보진재, 1972.

자류주석. 정윤용, 『자류주석』, 2 권, [1856]. [영인본] 서울: 건국대학교출판부, 1974.

정병욱 1980. 정병욱, 『시조문학사전』, 서울: 신구문화사, 1980.

조규태 2000. 조규태, 『번역하고 풀이한 훈민정음』, 서울: 한국문화사, 2000.

진언집. 설은, 『진언집』, 1 권, [1569]. [영인본] 서울: 국립중앙도서관, 1974.

한글맞춤법통일안. 『한글맞춤법통일안: 조선어철자법통일안』, 조선어학회 [편], 경성: 1933.

훈몽자회. 최세진, 『훈몽자회』, 3 권, [1527]; [영인본] WKKC, 6.

훈민정음. 세종 외, 『훈민정음』, 1 권, [1446];
[Photoprint]: a) [영인본] 조선어학회 [편], 서울: 1946;
　　　　　　 b) [사진본] [원본]: 251 – 316; 강신항 2003: 576 – 511; 기타.
[국역]: 조규태 2000; 박지홍 1990; 박종국 1976; 이정호 1972; 기타.
[유럽언어역]: Shin Sangsun 1990; Franz/Itschert 1980; 이정호 1972; 기타.

훈민정음도해. 신경준, 『훈민정음도해』, 1 권, [1750]; [영인본] WKKC, 13.

Cai. Cai Chen, *Hungfan huangji neipian*, XD, 24 – 25 권 (SKCS, V.122).

Einheitsübersetzung der Heiligen Schrift. Die Bibel: Gesamtausgabe, 2 판, Stuttgart: 1980.

Franz/Itschert1980. Wolfgang Franz, Reiner Itschert [역], *Hun min jŏng ŭm: Die Richtigen Laute zur Unterweisung des Volkes (1446)*, Herbert Zachert [ed.], Wiesbaden: 1980.

SCTS. 정인지 외, 『세종장헌대왕실록』, 163 권, 1454; [영인본 및 국역] 세종대왕 기념사업회 [편], 30 권, [서울: 1968~1975].

Shao. Shao Yung, Huangji jingshi-shu, XD, 7 – 13 권 (SKCS, V. 119 – 120).

Shin Sangsun 1990. Shin Sang-Soon [역], 「Hunmin-jŏng.ŭm Haerye」, UH, 1 – 35.

Sima. Sima Guang (Ssu-ma Kuang), *Qieyun zhizhang-tu*, 2 권 + 1 권 부록, [11세기] (TSCC I.401).

Zhou. Zhou Dunyi, *Zhou Lian-xi-ji*, 2 권, (TSCC , I. 557 – 558).

1.1.1 표준

표준 DIN 2137 – 2 (1995). 「DIN 2137 – 2 (1995) Tastaturen」, Deutsches Institut für Normung [저], 『Zeichenvorräte und Codierung für den Text-und Datenaustausch: Normen (DIN-Taschenbuch 210)』, 3 판, 베를린: 1997, 11 – 29.

표준 KS C 5601 – 1987. KS C 5601 – 1987 Multible-byte Graphic Charakter Set.

표준 KS C 5715 – 1982. KS C 5715 – 1982 Keybord Layout for Information Processing.

표준 KPS 9566-93 / 9566-97. DPRK Standard KPS 9566-93 / -97 Multible-byte Graphic Charakter Set.

1.2 일반문헌

1.2.1 동양 언어로 쓰인 문헌[496]

['98 한글글꼴]. 「'98 한글 글꼴 목록 및 글꼴 보기」, 『글꼴 1998』, 221-440.

[C로 2001]. 『C로 구현한 한글 코드 시스템 프로그래밍 가이드』, 한국어정보처리연구소 著, 서울: 골드, 2001.

강/변 1996. 강진곤, 변정용, 「언어정보처리에 기반한 한글 코드의 효율성 평가 = An Effectiveness Evaluation of Hangul code systems based on Language Information Processing」, 『한국정보과학회 학술발표논문집』, 23,1A/1996, 953-956.

강규선 2001. 강규선, 『훈민정음연구』, 서울: 보고사, 2001.

강신항 1963. 강신항, 「〈훈민정음〉 해례 이론과 〈성리대전〉과의 연관성」, 『국어국문학』, 26/1963, 177-185.

강신항 1967. 강신항, 『운해 훈민정음 연구』, 서울: 한국연구원, 1976.

강신항 1991. 강신항 외, 「한글」, HMMT, XXIV, 138-154.

강신항 1991a. 강신항, [「ㅇ」], HMMT, XVIII, 840.

강신항 1992. 강신항, 「개화기의 훈민정음 연구」, HK, 125-141.

강신항 2003. 강신항, 『훈민정음 연구』, 수정증보 7판, 서울: 성균관대학교 출판부, 2003.

강영민 1996. 강영민, 「건반에서 조선글 자소 배렬」, CPKL, Seoul: 1996, 192-197.

강창석 1996. 강창석, 「한글의 제자 원리와 글자꼴」, 『새국어생활』, 6,2/1996, 19-35.

고영근 1984. 고영근, 「한글의 유래에 대하여」, 김민수 외 [저], 『국어와 민족 문화』, 서울: 집문당, 1984, 278-286.

공병우 1989. 공병우, 『나는 내 식대로 살아왔다』, 서울: 대원사, 1989.

---

496 동양 저자에 관한 참고 문헌은 IV 1.2.2에도 찾을 수 있다.

곽동열 1997. 곽동열, 『주역과 한의학』, 서울: 성보사, 1997.

국어학사전 1995. 『국어학사전』, 한글학회 [저], 서울: 1995.

권오성 1991. 권오성, 「한글학회」, HMMT, XXIV, 161 - 163.

권재선 1996. 권재선, 『국문자론』, 대구: 우골탑, 1996.

권종성 1994. 권종성, 『조선어 정보처리』, 평양: 과학백과사전 총합출판사, 1994.

권혁철 1994. 권혁철, 「한글 및 한국어 정보처리의 현황」, 『정보과학회지』, 12.8/1994, 3 - 16.

김/김 1996. 김정국, 김경호, 「우리 글 한 바이트 부호계의 리용에서 제기 되는 문제와 그 해결 방법」, CPKL, 152 - 162.

김경석 1992. 김경석, 「한글 전산화의 입장에서 살펴본 남북한 한글 맞춤법의 차잇점과 그 통일 방안 (1): 한글 가나다순」, 『한글』, 215/1992, 147 - 205.

김경석 1993. 김경석, 「한글 전산화의 관점에서 살펴본 한글 가로 풀어쓰기」, 『한글』, 222/1993, 221 - 269.

김경석 1994. 김경석, 「앞으로의 한글 부호계 국제표준화 추진 방향 연구」, 『연변 국제학술회의 1994.8.3 ~ 6』, (2), 99 - 102.

김경석 1995. 김경석, 『컴퓨터 속의 한글 이야기: 유니코드 소개와 남북 한글 코드 통일을 위하여』, 서울: 영진출판사, 1995.

김경석 1999. 김경석, 『컴퓨터 속의 한글 이야기: 유니코드 3.0 및 ISO/IEC 10646 소개, 둘째 보따리』, 부산: 부산대학출판부, 1999.

김명규 1994. 김명규, 「정보 교환용 조선 글자 부호의 표준안에 대하여」, 『남북 학술 교류 발표논문짚』, 서울: 통일원, 1994, 792 - 807.

김명규 1996. 김명규, 「정보 교환용 조선 글자 부호의 표준안에 대하여」, CPKL, 131 - 141.

김민수 1972. 김민수, 『신국어학사』, 4판, 서울: 일조각, 1972.

김민수 1991. 김민수, 『북한의 조선어 연구사: 1945~1990, 제 4 권: 사료문헌, 참고문헌, 연편, 총색인』, 서울: 녹진, 1991.

김민수 1991a. 김민수, 「주시경」, HMMT, XX, 835.

김민수 1997. 김민수 외, 『외국인의 한글 연구』, 서울: 대학사, 1997.

김병선 1992. 김병선, 『국어와 컴퓨터』, 서울: 한실, 1992.

김병선 1993. 김병선, 『컴퓨터 자판 옛 자모 배열 연구』, [서울]: 1993 (국립 국어연구원 보고서).

김병선 1994. 김병선, 『한글 문화 및 국어 정보 처리를 위한 문서처리기의 기능에 대한 연구』, 서울 1994.

김슬옹 2019. 김슬옹, 『세종학과 융합인문학: 세종대왕 즉위 600돌 기념 출판』, 파주: 보고사, 2019.

김영만 1987. 김영만, 「훈민정음 자형의 원형과 생성 체계 연구」, 『국어국문학 논총: 장태진 박사 회갑 기념』, 서울: 삼영사, 1987, 43 - 70.

김영희 1991. 김영희, 「큰 사전」, HMMT, XXII, 851 - 852.

김윤경 1954. 김윤경, 『한국문자 급 어학사』, 4 판, 서울: 동국문화사, 1954.

김윤식/김현 1977. 김윤식, 김현, 『한국문학사』, 중판, 서울: 민음사, 1977.

김정수 1989. 김정수, 「한글 풀어쓰기 운동」, 『국어생활』, 18/1989, 30 - 50.

김정수 1992. 김정수, 「새로운 글씨체 한글 기우려 풀어쓰기」, 『등불』, 5/1995, 79 - 85.

김정수 1994. 김정수, 『한글의 역사와 미래』, 중판, 서울: 열화당, 1994.

김정수 1994a. 김정수, 『옛 한글의 음절 조사연구』, 서울: 한국 출판 연구소, 1994.

김진평 1999. 김진평, 『한글의 글자 표현』, 2판, 서울: 미진사, 1999.

김창호 1992. 김창호, 「컴퓨터의 한글 운영체제 개발과 과제」, 『정보산업』, 9/1992 (125), 16 - 21.

김창훈 1994. 김창훈, 「무한 경쟁 시대의 한글 정보화 정책과 의지가 없다」, 『경영과 컴퓨터』, 10/1994, 145 - 148.

김춘회 1989. 김춘회, 「현행 KS 완성형 한글 코드의 문제점: 교육용 컴퓨터에서 완성형 한글은 안된다」, 『국어생활』, 18/1989, 63 - 89.

김혜숙 1994. 김혜숙, 「끝 없는 관심과 개발 의지 절실」, 『경영과 컴퓨터』, 10/1994, 130 - 133.

김홍규 1991. 김홍규, 「한글 옛 글자의 전산 처리 방안」, 『한글 코드와 자판에 관한 기초 연구』, 서울:

1991, 87 - 158. (문화부 최종 연구 보고서).

문효근 1993. 문효근, 「〈훈민정음〉 제자원리」, 『세종학연구』, 8/1993, 3 - 282.

남/김 1990. 남기심, 김하수, 「북한의 문화어」, 고영근 [저], 『북한의 말과 글』, 3 판, 서울: 을유문화사, 1990, 81 - 99 (북한의 인식, 7).

남풍현 1991. 남풍현, 「이두」, HMMT, XVII, 776 - 780.

력사사전 1971. 『력사사전』, 사회과학 출판사 력사 편집부 [편], [평양]: 1971.

렴종률 1982. 렴종률, 「〈훈민정음〉에 대하여」, 평양: 길일성 종합대학출판사, 1982.

림덕선 1994. 림덕선, 「조선 글자 형성 자동체와 글자 형성 자리 기를 구하는 알고리틈」, 『전자공학』, 1994/4, 10 - 12.

박병채 1967. 박병채, 「한국 문자 발달사」, 『한국문화사대계, V: 언어문학사』, 서울: 고대민족 문화 연구소 출판부, 1967, 415 - 485.

박병천 1997. 박병천 외, 『통합 체계로서의 한글 폰트 개발에 관한 기초 연구: 삼성 폰트 개발에 대한 방향 제안』, [서울:] 홍익대학교 산업디자인 연구소, 1997.

박병천 1998. 박병천, 「'98 한글 글끌 개발의 현황과 실태: 국내 글꼴 개발 업체를 대상으로」, 『글꼴 1998』, 7 - 52.

박병천 2000. 박병천, 「월인석보의 한글 글꼴 분석과 기초적 개발 방안: 월인 석보 권 1, 2의 큰 문자를 중심으로」, 『글꼴 2000』, 199 - 248.

박병천 2000a. 박병천, 『조선 초기 한글 판본체 연구』, 서울: 일지사, 2000.

박은식 1994. 박은식, 「윈도우즈 속의 한글」, 『마이크로소프트웨어』, 6/1994, 226 - 237.

박종국 1998. 박종국, 「간행의 말씀」, 『글꼴 1998』, 1 - 3.

박지홍 1987. 박지홍, 『풀이한 훈민정음: 연구주석』, 2 판, 서울: 과학사, 1987.

박지홍 1996. 박지홍, 「정음 창제와 세종의 엄청난 노력」, 『한글 새소식』, 291/1996, 4 - 6.

박찬모 1994. 박찬모, 『남북한 정보과학 비교연구 = A Comparative Study on Computer Science between South and North Korea』, 서울: 1994 (한국과학기술단체 총연합회 보고서).

박찬모 1994a. 박찬모, 「북한의 정보과학 및 전자공학」, 『과학과 기술』, 296/1994, 58 - 61.

박찬모 1996. 박찬모, 「전문가 상호 왕래로 남북 정보기술 교류를 앞당기자」, 『등불』, 10/1996, 5 - 8.

박현철 1990. 박현철, 「소프트웨어 한글 성능 평가」, 『마이크로소프트웨어』, 11/1990, ?.

박흥호 1992. 박흥호, 「한글 자판에 대한 기초연구」, 『한글 코드와 자판에 관한 기초연구』, 서울: 1992, 160 - 271 (문화부 최종 연구보고서).

박흥호 2003. 박흥호, 「세벌식 390 배열에 대하여」, http://members.direct.co.kr/~paero3/sebŏl90_hopark.htm [2003.08.21].

반/허 2018. 반재원/허정윤, 『훈민정음 창제원리와 기능성한글: 한글창제원리와 옛글자 살려 쓰기』, 서울: 역락, 2018.

방정현 1948. 방정현, 『훈민정음 통사』, 서울: 일성당 서점, 1948.

변/임 1991. 변정용, 임해철, 「훈민정음의 창제원리와 한글 부호계의 제정원리 연구 = A Study on the Principle of Hunminjŏngŭm Creation and the Principle of Hangul-Code Regulation)」, 『인간과 기계와 언어: 제 3회 한글 및 한국어 정보처리 학술발표 논문집』, [서울:] 1991, 155 - 158.

변정용 1994. 변정용, 「훈민정음 원리의 공학화에 기반한 한글 부호계의 발전 방향」, 『정보과학회지』, 12.8/1994, 72 - 88.

변정용 1996. 변정용, 「훈민정음 원리에 따르는 우리 글 코드 제정 방안」, 『96코리언 컴퓨터처리 국제학술대회 발표 논문집』, 제 3 권, 서울: 1996, ?; (동시: wwwcs.dongguk. ac.kr/~byunjy/ [1999.10.12]).

변정용 1997. 변정용, 『한글 정보처리를 위한 표준 입력 라이브러리 연구』, 서울: 1997 (동시: wwwk.dongguk.ac.kr/~byunjy/KLE/ [1999.10.12]).

변정용 2002. 변정용, 「남북한의 한글 부호」, 홍윤표 [저], 『한국어 정보화』, 서울: 태학사, 2002, 985 - 1001.

서정수 1995. 서정수, 「남북한 한글 코드 비교 조사 및 통일 방안 기초 연구」, [서울]: 1995 (문체교육부 보고서).

서현진 1995. 서현지, 「정보화 단계 남한과 5년이상 격차: 북한의 〈정보처리〉 현주소 1: 프롤로그」, CS, 1995.10.13, ?.

서현진 1995a. 서현지, 「고유어 발굴 〈표준안〉 도출 〈및 그림〉: 북한의 〈정보처리〉 현주소 2: 컴퓨터

용어」, CS, 1995.10.14.

서현진 1995b. 서현지, 「〈이십륙 + 오타건〉 기본틀 〈표준안〉 도출: 북한의 〈정보처리〉 현주소 3: 키보드 자판 배열」, CS, 1995.10.18, ?.

서현진 1995c. 서현지, 「음절 배열 체계 통일이 〈과제〉: 북한의 〈정보처리〉 현주소 4: 조선글 자모순」, CS, 1995.10.19, ?.

서현진 1995d. 서현지, 「조합형 〈ISO코드〉 채택 희망: 북한의 〈정보처리〉 현주소 5: 코드 시스템」, CS, 1995.10.20, ?.

서현진 1995e. 서현지, 「〈민족도 하나, 한글도 하나〉 공감대: 북한의 〈정보처리〉 현주소 6: 남북한 단일안의 전망과 방향」, CS, 1995.10.25, ?.

서현진 1997. 서현지, 『한국컴퓨터사』, 서울: 전자신문사, 1997.

손보기 1982. 손보기, 『한국의 고활자』, 2 판, 서울: 보진재, 1982.

송현 1985. 송현, 『한글자형학』, 서울: 1985.

송현 1990. 송현, 『한글을 기계로 옳게 쓰기』, 2 판, 서울: 대원사, 1990.

시/최 2018. 시정곤/최경봉, 『한글과 과학문명』, 파주: 들녘, 2018.

신/감/안 2002. 시평훈, 김성재, 안상규, 「마이크로소프트 Word 2002에서의 옛 한글 구현」, 『국어연구 자료구축』, 1/2002, 120 – 152.

신/신 1975. 신기철, 신용철, 『새 우리말 큰 사전』, 2 판, 서울: 삼성 출판사, 1975.

신동의학사전 2003. 『신동의학사전』, 서울: 여강 출판사, 2003 (평양 1988, 저작권계약에 의하여 출판).

신상순: IV 1.1 Shin Sangsun 비교.

신창순 1990. 신창순, 「훈민정음 연구 문헌목록」, 『정신문화연구』, 38/1990 (13.1), 213 – 229.

안마태 2002. 안마태, 「숫자로 견주어 본 여러 자판의 성능 비교」, www.ahnmatae.across.co.kr [2003.06].

안마태 2003. 안마태, 「컴퓨터에서의 과학적 한글 사용 방법: 다국어 처리를 위한 한글

양왕성 1995. 양왕성, 「유니코드와 한글 통합형 코드」, 『마이크로소프트웨어』, 7/1995 (141), 204 - 206.

어윤적 1909. 어윤적, 「국문연구」, 『국문연구 의정안』, [한성]: 1909, 64a - 65b (별표 3 종) = 역대 한국 문법 대계, 서울: 탑출판사, 3.10/1986, 67 - 247.

연구논저목록 1998. 한국 글꼴 개발원 [편], 『글꼴 1998』, 480 - 503.

연세 한국어 사전 1998. 『연세 한국어 사전』, 연세 대학교 언어 정보 개발 연구원 [편], 서울: 두산동아, 1998.

오/최/박 1995. 오길록, 최기선, 박세영, 『한글공학』, 2 판, 서울: 대영사, 1995.

우리말 전산 용어 사전 1995. 『우리말 전산 용어 사전』, 국어정보학회 [엮음], 서울: 정음문화사, 1995.

유목상 1990. 유목상, 「북한의 맞춤법」, 고영근 [편], 『북한의 말과 글』, 3 판, 서울: 을유문화사, 1990, 42 - 80.

유창균 1966. 유창균, 「〈상형이자방고전〉에 대하여」, 『진단학보』, 29.30/1966, ?.

유창균 1991. 유창균, 「동국정운」, HMMT, VII, 177 - 179.

유태상 1994. 유태상, 『컴퓨터 한글자판에서 연타가 타자 속도에 미치는 영향에 관한 연구』, 서울: 한양대학교 대학원, 1994.

유태우 1998. 유태우, 『수지침 입문 강좌』, 서울: 음양 맥진 출판사, 1998.

윤사순 1991. 윤사순, 「성리학」, HMMT, XVII, 431 - 438.

이/안1999. 이희승, 안병희, 『한글맞춤법 강의』, 2 판, 서울: 신구문화사, 1999.

이/정 1991. 이준희, 정내권, 『컴퓨터 속의 한글』, 서울: 정보시대, 1991.

이/홍/정 1992. 이균하, 홍정준, 정성택, 「한글의 자유로운 표현을 위한 열린 조합 알고리즘」, 『등불』, 5/1992, 38 - 45.

이강수 1993. 이강수, 『컴퓨터를 이용한 한글 조각 시스템 개발에 관한 연구』, [광주]: 전남대학교 대학원, 1993.

이광호 1991. 이광호, 「문자 훈민정음의 놀리성」, 『국어의 이해와 인식』, 서울: 한국문화사, 1991, 649 - 662.

이균하 1991. 이균하, 「한글의 열린 조합과 이를 위한 오토마타」, 『인간과 기계와 언어: 제 3 회 한글 및 한국어 정보처리 학술 발표 논문집』, 1991, 159 - 167.

이근수 1997. 이근수, 『개정판 훈민정음 신연구』, 서울: 보고사, 1997.

이근수 1997a. 이근수, 「훈민정음 연구 업적」, 『개정판 훈민정음 신연구』, 서울: 보고사, 1997, 375 - 387.

이기문 1985. 이기문, 『훈몽자회연구』, 3 판, 서울: 서울대학교 출판부, 1985.

이기문 1991. 이기문, 「국문연구소」, HMMT, III, 641 - 642.

이기문 1991a. 이기문, 「국문연구소」, HMMT, XXV, 694.

이기문 1996. 이기문, 「현대적 관점에서 본 한글」, 『새국어생활』, 6.2/1996, 3 - 18.

이기성 1996. 이기성, 「전자공학에서 본 컴퓨터와 한글」, 『새국어생활』, 6.2/1996, 138 - 154.

이기성 1999. 이기성, 「활자의 변천과 글꼴 인쇄에 관한 기초 연구: 아나로그 폰트에서 디지털 폰트로」, 『글꼴 1999』, 135 - 249.

이만영 1996. 이만영, [「자판 분과」], 국어정보학회 [편], 『등불』, 10/1996, 25 - 29.

이병근 1991. 이병근, 「한글맞춤법」, in: HMMT, XXIV, 155 - 158.

이사봉 1991. 이사봉, 「음양론」, HMMT, XVII, 479 - 480.

이상수 1996. 이상수, 「〈자판 통일은 분단 극복 첫 거름〉」, 『한겨레신문』, 1996.8.22, ?; [영인본] 『등불』, 10/1996, 60.

이상은 1974. 이상은, 『한한대자전』, 9 판, 서울: 민중서관, 1974.

이성구 1998. 이성구, 『훈민정음연구』, 서울: 애플기획, 1998 (영인본).

이숭녕 1981. 이숭녕, 「최만리 연구」, 『세종대왕의 학문과 사상: 학자들과 그 업적』, 서울: 아세아문화사, 1981, 211 - 239.

이숭녕 1991. 이숭녕, 「최만리」, HMMT, XXII, 424.

이익섭 1991. 이익섭, 「문자」, HMMT, VIII, 425 - 430.

이정호 1972: Ⅳ 1.1 비교.

이정호 1990. 이정호, 『훈민정음의 구조 원리: 그 역학적 연구』, 4 판, 서울: 아세아문화사, 1900.

이준희 1991. 이준희, 「한글 코드에 관한 연구」, 『한글 코드와 자판에 관한 기초 연구』, 서울: 1991, 1 - 85 (문화부 최종 연구 보고서).

임원선 1994. 임원선, 「문자 처리의 자유 경쟁 고려한 철저한 준비 필요」, 『경영과 컴퓨터』, 10/1994, 124 - 129.

임원선 1994a. 임원선, 「국제 표준 문자 코드, 위기인가 기회인가」, 『마이크로 소프트웨어』, 4/1994 (126), 150 - 154.

임현모 1992. 임현모, 『컴퓨터와 한글의 만남』, 서울: 정보문화사, 1992.

자모 조합 극대화를 제안하며」, www.ahnmatae.across.co.kr [2003.06.17].

장봉선 1989. 장봉선, 『한글 풀어쓰기 교본』, 서울: 한풀 문화사, 1989.

전/허 1991. 전혜봉, 허영선, 「인쇄」, HMMT, XVIII, 489 - 508.

전상훈 1992. 전상훈, 「두벌식과 세벌식 자판 비교」, 『마이크로 소프트웨어』, 7/1992 (105), 250 - 257.

전상훈 1999. 전상훈, 「한글 및 한국어 정보 처리 코드 (한국어 정보 처리의 과제) 」, www.klipl.com/ info/hgcode/hgcd_rpt.html [2003.04.15].

전영욱 1994. 전영욱, 「한글 표현 자유로운 표준 기술 개발 시습」, 『경영과 컴퓨터』, 10/1994, 140 - 144.

정인상 1996. 정인상, 「국어학에서 본 컴퓨터와 한글」, 『새국어생활』, 6.2/1996, 155 - 164.

정희성 1989. 정희성, 「수학적 구조로 본 훈민정음의 창제 원리」, 『89년도 한글날 기념 학술대회 발표 논문집』, [서울]: 1989, 174 - 176.

정희성 1994. 정희성, 「훈민정음의 창제 원리를 위한 과학 이론의 성립」, 『한글』, 224/1994, 193 - 222.

정희성 1996. 정희성, 「한글 입력 키보드의 생산성 평가를 위한 기술」, CPKL, 198 - 219.

정희성 2001. 정희성, 「컴퓨터 자판 표준화 연구」, [서울]: 2001 (다운로드 파일: http://hklab.hihome. com/mono/keyboard01.hwp) [2003.08.11].

조규태 2000. IV 1.1 비교.

조규태 2000a. 조규태, 「여린 비읍에 대하여」, 조규태 2000, 115 - 143.

조석조 2003. 조석조, 「디지털 시대 폰트란」, http://typomedia.co.kr/library/2byteF/12ptstreet/index. html [2003.01.22].

조선말대사전 1992. 『조선말 대사전 』, 2 권, [평양]: 사회과학 출판사, 1992.

조양석 1994. 조양석, 「미래 지향 시각으로 남북통일 대비한 기준 마련해야」, 『경영과 컴퓨터』 10/1994, 134 - 139.

조재수 1991. 조재수, 「북한/문화/언어, 문자」, HMMT, X, 435 - 436.

중앙백과사전 1998. 『Eureka: 중앙백과사전』, 홍석현 저, 서울: 중앙일보사, 1998.

진용옥 1991. 진용옥, 「한글 정보공학적 특질과 자판 문제」, 『등불』 4/1991, 5 - 16.

진용옥 1995. 진용옥, 「한글정보화에 관한 남북 학술 교류」, 『남북한 한글 정보처리 통일과 한글 문화 의 세계화: 한국어 정보화 국제학술대회 (1995.11.02.~03.)』, 서울: 1995, 1 - 6.

진용옥 1996. 진용옥, 「컴퓨터용어 남북통일안 연구」, 『컴퓨터 처리분야 남북한 언어 동질화 방안 연 구』, 서울: 1996, 83 - 164 (문화 체육부 연구 보고서).

진용옥 1996a. 진용옥, [「자판분과」], 국어정보학회 저, 『등불』, 10/1996, 21 - 24.

최/이/박 1996. 최형인, 이성진, 박경환, 「훈민정음 해례본 글꼴의 기하학적 구성에 관한 기초 연구」, 『새국어생활』, 6.2/1996, 36 - 64.

최기선 1993. 최기선, 「북한의 정보 관리 정산화 성과 분석」, 『분한 문화 연구』, 1/1993 (12), 160 - 168.

최명긔 1993. 최명긔, 『컴퓨터에 이용되고 있는 한글 부호계에 관한 연구』, 부산: 동아대학교 교육대학 원, 1993.

최준호 1999. 최준호, 「오픈소스 윤익수에서의 한글구현」, www.kr.freebds.org/~cjh/freetime/oss-hangul/pse199904 (동시에: 『프로그램 세계』, 4/1999. ?

최창귀 1993. 최창귀, 『컴퓨터 이용되고 있는 한글 부호계에 관한 연구』, 서울: 동아대 교육 대학원, 1993.

최철룡 1989. 최철룡, 「한글 도깨비: 한글 카드를 대신하는 소프트웨어」, 『마이크로 소프트웨어』

4/1989, 60 – 89.

최현배 1983. 최현배, 『글자의 혁명』, 서울: 정음 문화사, 1983.

컴퓨터용어사전 1993. 『컴퓨터용어사전 = English-Korean computer dictionary』, 전산관련용어편찬위원회 (엮음), 서울: 성안당, 1993.

큰 사전 1947~1957. 『큰 사전』, 6 권, 한글학회 [저], 서울: 을유문화사, 1947~1957.

표준국어대사전 1999. 『표준국어대사전』, 3 권, 국립국어연구원 [저], 서울: 두산동아, 1999.

하원호 1991. 하원호, 「어윤적」, HMMT, XV, 9.

한재준 2000. [한재준], 『한글글꼴용어사전: Korea Font Dictionary』, 세종기념사업회 / 한글 글꼴 개발원 저, 서울: 2000.

한태동 1998. 한태동, 『세종대의 음성학: 음성 음운 음악의 집대성』, 서울: 연세대학교출판부, 1998.

한태동 2003. 한태동, 『세종대의 음성학』, 서울: 연세대학교출판부, 2003. (한태동 선집; 4)

한/강 1991. 한동원, 강신항, 「자모」, HMMT, XVIII, 864 – 870.

[한글 3.0 b] 1995. 『한글 3.0 b: 사용자 안내서』, 서울: 한글과 컴퓨터 1995.

한글의 위기와 세계화 2003. 『한글의 위기와 세계화』, 세종대왕기념사업회 저, 서울: 2003 (557 돌 한글날 기념 득별 전시).

허/박 1971. 허웅, 박지홍, 『국어국문학사전』, 서울: 일지사, 1971.

허/김/최 1996. 허주, 김용률, 최영철, 「계산기 관련 용어의 표준화에서 제기되는 몇 가지 문제」, CPKL, 225 – 243.

홍이섭 1995. 홍이섭, 『세종대왕』, 7 판, 서울: 세종대왕기념사업회 1995.

홍윤표 1991. 홍윤표 외, 「한글 옛글자의 컴퓨터 처리 방안에 대한 연구」, 『한국어 전산학』, 1/1991, 1 – 84.

홍윤표 1995. 홍윤표, 『한글 코드에 관한 연구』, 서울: 국립국어연구원, 1995.

홍윤표 1996. 홍윤표, 「컴퓨터 부호계 한글 자모순 남북한 공동안 연구」, 『컴퓨터 처리 분야 남북한 언어 동질화 방안 연구』, 1 – 79.

홍윤표 1998. 홍윤표, 「한글 자형의 변천사」, 「글꼴 1998」, 89 - 219.

HUWE 2000. Huwe. A., 「본래의 한글 자모 체계」, 「한국어 교육」, 11,2/2000, 239 - 258.

ZHENG CAN 1971. Zheng Can, *Dingzheng yijing lai zhutujie*, Taipei: 1971.

1.2.2 서양 언어로 쓰인 문헌

AN PYŎNGHI 1997. Ahn Pyong-Hi, "The Principles Underlying the Invention of the Korean Alphabet", in: TKA, 89 - 105.

ARNTZ/PICHT 1995. Reiner Arntz, Heribert Picht, *Einführung in die Terminologiearbeit*, 제3판, Hildesheim: 1995.

BAUER 1974. Wolfgang Bauer, *China und die Hoffnung auf Glück*, München: 1974.

BERGENHOLTZ/MUGDAN 1989. Henning Bergenholtz, Joachim Mugdan, "Korpusproblematik in der Computerlinguistk: Konstruktionsprinzipien und Repräsentativität", in: HSK 4, 1989, 141 - 149.

BOHN 1998. Hermann G. Bohn, *Die Rezeption des <Zhouyi> in der Chinesischen Philosophie, von den Anfängen bis zur Song-Dynastie*, München: 1998.

BOHN/FLIK 1999. W.F. Bohn, T. Flik, "Zeichen- und Zahlendarstellungen", in: IH, 167 - 190.

BREUER 1995. Hans Breuer, *dtv-Atlas zur Informatik. Tafeln und Texte*, München: 1995.

Brockhaus Die Enzyklopädie Digital. Mannheim: 2002.

BUSSMANN 1983. Hadumod Bußmann, *Lexikon der Sprachwissenschaft*, Stuttgart: 1983.

CAPRA 1997. Fritjof Capra, *Das Tao der Physik. Die Konvergenz von westlicher Wissenschaft und östlicher Philosophie*, 17판, Bern: 1997.

CHUNG 1991. Won L. Chung, "Hangeul and Computing", in: Mair, Victor H./Liu Yongquan [ed.], *Characters and Computers*, Amsterdam: 1991, 146 - 179.

COHEN 1998. Michael E. Cohen, "Texts and Fonts In a Cross-platform Multi-lingual World", 1998. in: www.humnet.ucla.edu/hcf/news/archive/textandfonts.pdf [2005.06.19].

CL. *Computer Lexikon. Mit Fachwörterbuch (deutsch–englisch/englisch – deutsch)*, Microsoft Press Deutschland [ed.], Unterschleißheim: 2001.

COULMAS 1992. Florian Coulmas, "Writing Systems", in: *International ecyclopedia of linguistics*, New York: 1992, 253 – 257.

COULMAS 1996. Florian Coulmas, "Typology of Writing Systems", in: Hartmut Günther, Otto Ludwig [ed.], SuS (HSK 10,2), Berlin: 1996, 1380 – 1387.

DEFRANCIS 1989. John DeFrancis, *Visible Speech: The Diverse Oneness of Writing Systems*, Honolulu: 1989.

DEMBOWSKI 1998. Klaus Dembowski, *PC-Werkstatt: Kompakt, komplett, kompetent*, Haar bei München: 1998.

DEUCHLER 2000. "Martina Deuchler, Han'gŭl oder Nationalbewußtsein. Kleine Sozialgeschichte der großen Schrift", in: *du: Die Zeitschrift der Kultur*, 4/2000 (705), 32 – 33.

DIZDAR 1999. Dilek Dizdar, "Skopostheorie", in: Mary Snell-Hornby [ed.], *Handbuch Translation*, 2 판, Tübingen: 1999, 104 – 107.

EB. The New Encyclopaedia Britannica, 15판, Chicago: 2002.

EBERHARD 1933; Wolfram Eberhard, "Beiträge zur kosmologischen Spekulation Chinas in der Han-Zeit", in: *Baessler-Archiv*, 16/1933, 1 – 100.

ECKARDT 1930. Andreas Eckardt, *Koreanische Musik*, Tokyo: 1930.

ECKARDT 1965. Andre[as] Eckardt, *Philosophie der Schrift*, Heidelberg: 1965.

ECO 1977. Umberto Eco, *Zeichen: Einführung in einen Begriff und seine Geschichte*, Frankfurt/M: 1977 (edition suhrkamp, 895).

EISENBERG 1996. Peter Eisenberg, "Sprachsystem und Schriftsystem", in: Hartmut Günther, Otto Ludwig [ed.], SuS (HSK, 10,2), Berlin, 1368 – 1380.

EISENBERG 1998. Peter Eisenberg, *Grundriß der deutschen Grammatik*, Vol. 1: Das Wort, Stuttgart: 1998.

FEIFEL 1967. Eugen Feifel, *Geschichte der chinesischen Literatur: Mit Berücksichtigung ihres geisteswissenschaftlichen Hintergrundes*, 3판, Hildesheim : 1967.

FRIEDRICH 1966. *Geschichte der Schrift: Unter besonderer Berücksichtigung ihrer geistigen Entwicklung*, Heidelberg : 1966.

FORKE 1927. Alfred Forke, *Die Gedankenwelt des chinesischen Kulturkreises*, München : 1927.

FORKE 1938. Alfred Forke, *Geschichte der neueren chinesischen Philosophie*, Hamburg : 1938.

FRANZ/ITSCHERT 1980. IV 1.1 비교.

FUNG YU-LAN 1952. Fang Yu-Lan, *A History of Chinese Philosophy, Vol. 1: The Period of the Philosophers*, Derk Bodde [역], Princeton : 1952.

FUNG YU-LAN 1953. Fang Yu-Lan, *A History of Chinese Philosophy*, Vol. 2 : The Period of Classical Learning, Derk Bodde [역], Princeton : 1953.

GEISER 1990. Georg Geiser, *Mensch-Maschine-Kommuniktation*, München : 1990.

GRANET 1971. Marcel Granet, *Das chinesische Denken: Inhalt Form Charakter*, Manfred Porkert [ed.], 2판, München : 1971.

GÜNTHER 1988. Hartmut Günther, *Schriftliche Sprache: Strukturen geschriebener Wörter und ihre Verarbeitung beim Lesen*, Tübingen : 1988 (Konzepte der Sprach-u. Literaturwiss., 40).

HAARMANN 1990. Harald Haarmann, *Universalgeschichte der Schrift*, Frankfurt/M : 1990.

HAENISCH 1969. Erich Haenisch, *Lehrgang der klassischen chinesischen Schriftsprache*, 제2권 : Ergänzungsband, 6판, Leipzig : 1969.

HEJTMANEK 1992. Milan Hejtmanek, "Chiphyŏnjŏn", in : Young-Key Kim-Renaud [ed.], *King Sejong the Great.The Light of Fifteeth Century Korea*, Washington DC : 1992, 21 – 24.

HESS 2002 : Wolfgang Hess, "Computerlinguistik und akustische Mensch-Maschine-Kommunikation", in : Gerd Willée et al. [ed.], *Computerlinguistik: Was geht, was kommt? (Computational Linguistics: Achievements and Perspectives)*, Festschrift Winfried Lenders, Sankt Augustin : 2002, 143 – 148.

HUWE 1985. Albrecht Huwe, "Hyŏrüi nu : Das erste moderne Prosastück Koreas und seine Stellung in der koreanischen Literaturgeschichte", in : *Pigyo munhwa yŏn'gu (= Journal of Comparative Culture)*, 4/1985, 145 – 293.

Huwe 2000: IV 2.1 비교.

Huwe 2000a. Albrecht Huwe. "Das eigentliche Han'gŭl-Alphabet: Über das alphabetische System der koreanischen Schrift nach den philosophischen Prinzipien des Hunmin chŏngŭm", in: *Orientierungen*, 2/2000, 30 - 64.

Kang Man-Gil 1977. "The Historical Significance of the Invention of Han'gŭl", in: *Korea Journal*, 17.10/1977, 47 - 54.

Karlgren 1975. Bernhard Karlgren, *Schrift und Sprache der Chinesen*, Berlin: 1975.

Karow 1992. Peter Karow, *Digitale Schriften: Darstellung und Formate*, Berlin: 1992.

Kautz 2002. Ulrich Kautz, *Handbuch Didaktik des Übersetzens und Dolmetschens*, 2판, München: 2002.

Kim Byongik: Kim Pyŏngik 비교.

Kim Ilsŏng 1984. Kim Ilsŏng, "Einige Fragen zur Entwicklung der koreanischen Sprache", in: *Werke*, 18권: Jan. 1964 - Dez. 64, Pyŏngyang: 1984, 14 - 27.

Kim Ilsŏng 1984a. Kim Ilsŏng, "Über die Pflege der nationalen Besonderheiten der koreanischen Sprache", in: Werke, 20권: Nov. 1965 - Dez. 1966, Pyŏngyang: 1984, 307 - 325.

Kim Kyongsok 1999. Kim Kyongsok, "A new proposal for a standard Hangul (or Korean script) code", in: *Computer Standards & Interfaces*, 20/1999, 243 - 257.

Kim Pyŏngik 1999. Kim Byongik, *Grenzerfahrungen: Die koreanische Literatur der Gegenwart*, Bielefeld: 1999.

Kim-Renaud 1992. Young-Key Kim-Renaud, *King Sejong the Great: The Light of Fifteeth Century Korea*, Washington: 1992.

Kim-Renaud 1997. Young-Key Kim-Renaud, "The Phonological Analysis Reflected in the Korean Writing System", in: TKA, 161 - 192.

Kindermann 1994. Gottfried-Karl Kindermann, *Der Aufstieg Koreas in die Weltpolitik*, München: 1994.

King 1997. Ross King, "Experimentation with Han'gŭl in Russia and the USSR, 1914 - 1937", in:

TKA, 219 – 261.

KNIFFKA 1990. Hannes Kniffka (ed.), *Texte zur Theorie und Praxis forensischer Lingustik*, Tübingen: 1990 (Linguistische Arbeiten, 249).

KOHRT 1985. Manfred Kohrt, *Problemgeschichte des Graphembegriffs und des frühen Phonembegriffs*, Tübingen: 1985.

KOLLER 2001. Werner Koller, *Einführung in die Übersetzungswissenschaft*, 6판, Wiebelsheim: 2001.

KRASHEN 1984: Stephen D. Krashen, *Writing. Research, Theory, and Applications*, Oxford: 1984.

KUBIN 2001. Wolfgang Kubin, *Die Stimme des Schattens: Kunst und Handwerk des Übersetzens*, München: 2001.

KUBNY 1995. Manfred Kubny, *Qi, Lebenskraftkonzepte in China: Definitionen, Theorien und Grundlagen*, Heidelberg: 1995.

LACHNER 1989. Anton Lachner, "Die Rechtschreibregeln der chinesischen Lautumschrift I", in: CC, 3/1989, 25 – 48.

LACHNER 1990. Michael Lackner, "Die 'Verplanung' des Denkens am Beispiel der t'u", in: Helwig Schmidt-Glinzter [ed.], *Lebenswelt und Weltanschauung im frühneuzeitlichen China*, Stuttgart: 1990, 133 – 156 (Münchner Ostasiatische Studien, 49).

LACKNER 2000. Michael Lackner, "Was Millionen Wörter nicht sagen können: Diagramme zur Visualisierung klassischer Texte im China des 13. bis 14. Jahrhunderts", in: Roland Posner [ed.], *Zeitschrift für Semiotik*, 22.2/2000, 209 – 237.

LEDYARD 1998. Gari K. Ledyard, *The Korean Language Reform of 1446*, Seoul: Shin'gu munhwasa, 1998 (Kungnip kugŏ yŏn'gu ch'ongsŏ, 2).

LEE, HYUN BOK 1999. Lee Hyun Bok, "Korean", in: *Handbook of the International Phonetic Association: A guide to the use of the International Phonetic Alphabet*, Cambridge: 1999, 120 – 123.

LEE, JEONG HO: IV 1.1. 이정호 비교.

LEE, KI-MOON: Yi Kimun 비교.

LEE, KIYONG 1994. Lee Kiyong, "Hangul, the Korean Writing System, and Its Computational

Treatment", in: Ges. f. Linguistische Datenverarbeitung [ed.], *LDV-Forum*, 11.2/1994, 26 – 43.

LEE, PETER H. 1993. Peter H. Lee, [ed.], *Sourcebook of Korean Civilization*, Vol. 1: From Early Times to the Sixteenth Century, New York: 1993.

LEE, SANG-OAK: Yi Sangok 비교.

LENDERS 1989. Winfried Lenders, "Segmentierung in der Computerlinguistik", in: CIC, 159 – 166.

LENDERS/WILLÉE 1998: Winfried Lenders, Gerd Willée, *Linguistische Datenverarbeitung*, Opladen: 1998.

LEWIN/KIM 1976. Bruno Lewin, Tschong Dae Kim, *Einführung in die koreanische Sprache*, Heilbronn: 1976.

LUNDE 1999. Ken Lunde, *CJKV: Information Processing*, Sebastopol: 1999.

MARTIN 1949. Ernst Martin, *Die Schreibmaschinen und ihre Entwicklungsgeschichte*, Aachen: 1949.

MATTHEWS 1931. Robert H. Matthews, *Chinese – English Dictionary*, Shanghai: 1931.

McCUNE/REISCHAUER 1939. George McCune, Edwin O. M. Reischauer, "The Romanization of the Korean Language", in: *Transactions of the Korea Branch of the Royal Asiatic Society*, 29/1939, 1 – 55.

MESSMER 1997. Hans-Peter Messmer, *PC-Handbuch. Aufbau, Funktionsweise, Programmierung*, 4. Aufl., Bonn: 1997.

MLS 1993. Helmut Glück [ed.], *Metzler Lexikon Sprache*, Stuttgart: 1993.

MOST 1987 – 89. Karl-Heinz Most, *Raffinierte IC's. Vielseitig einsetzbar. Zukunft auf Quadrat-Millimetern*, 2 권, Stuttgart: 1987 – 89.

NEEDHAM 1956. Joseph Needham, *Science and Civilisation in China*, Vol. 2: History of Scientific Thougth, Cambridge: 1956.

NEEDHAM 1959. Joseph Needham, *Science and Civilisation in China*, Vol. 3: Mathematics and the Sciences of the Heavens and the Earth, Cambridge: 1959.

PAK CHONG-HONG 1983. Pak Chong-Hong, "Historical Review of Korean Confucianisms", in: *Main Currents of Korean Thougt*, Seoul: Sisa yongosa, 1983, 60 – 81.

Piirainen 1989. Ilpo Tapani Piirainen, "Computergestützte Verfahren zur graphematischen Beschreibung von Sprache", in: ClC, 167 – 175.

Porkert 1973. Manfred Porkert, *Die theoretischen Grundlagen der chinesischen Medizin: Das Entsprechungssystem*, Wiesbaden: 1973, (Münchner Ostasiatische Studien, 5).

Porkert 1991. Manfred Porkert, *Die Theoretischen Grundlagen der chinesischen Medizin*, 3. Aufl., Basel: 1991.

Provine 1974. Robert C. Provine, "Sejong and the Preservation of Chinese Ritual Melodies", in: *Korea Journal*, 14. 2/1974, 34 – 39.

Reiss/Vermeer 1991. Katharina Reiss, Hans. J. Vermeer, *Grundlegung einer allgemeinen Translationstheorie*, 2. Aufl., Tübingen: 1991.

Rohling/May 1999. H. Rohling, T. May, "Informations-und Codierungstheorie", in: IH, 191 – 215.

Romanisation 1961. "Romanization of Korean According to McCune-Reischauer System", in: *Transactions of the Korea Branch of the Royal Asiatic Society*, 38/1961, 119 – 128.

Rosen 1974. Staffan Rosen, *A Study on Tones and Tonemarks in Middle Korean*, Stockholm: 1974.

Rutt 1996. Richard Rutt, *The Book of Changes (Zhouyi), A Bronze Age Document*, Richmond: 1996.

Sampson 1985. Geoffrey Sampson, *Writing Systems: An linguistic introduction*, Stanford: 1985.

Sasse/An 2002. Werner Sasse, An Jung-Hee, *Der Mond gespiegelt in Tausend Flüssen. Das Leben des Buddha Gautama in Verse gesetzt im Jahre 1447 von König Sejong*, Seoul: Sohaksa 2002.

Searle 1999. Steven J. Searle, "A Brief History of Charakter Codes in North America, Europe, and East Asia", in: http://tronweb.super – nova.co.jp/characcodehist.html [2003.06.23].

Shamir/Rappoport 1999. Ariel Shamir, Ari Rappoport, "Compacting oriental fonts by optimizing parametric elements", in: *The Visual Computer*, 15/1999, 302 – 318.

Shin Sangsun 1990, IV 1.1 비교.

Simpson 1994. J.M.Y. Simpson, "Writing Systems: Principles and Typology", in: *The encyclopedia of language and linguistics*, Oxford: 1994, 5052 – 5061.

SMILJANIC 2003. Mirko Smiljanic, "Mit Gedanken Computer steuern: Berliner Forscher arbeiten an einem Brain-Computer-Interface", in: www.dradio.de/cgi‐bin/es/neu‐forschak/28332.html [2003.08.14].

SOHN HO-MIN 1997. Sohn Ho-Min, "Orthographic Divergence in South and North Korea. Toward a Unified Spelling System", in: TKA, 193‐217.

SOHN HO-MIN 1999. Sohn Ho-Min, *The Korean Language*, Cambridge: 1999.

SOOTHILL 1952. William Edward Soothill, *The Hall of Light: A Study of Early Chinese Kingship*, New York: 1952.

VENNEMANN 1982: Theo Vennemann, "Zur Silbenstruktur der deutschen Standardsprache", in: Theo Venneman [ed.], *Silben, Segmente, Akzente*, Tübingen: 1982, 261‐305.

WALK 1996. Hans Walk, *Lexikon Electronic Publishing: Text und Bildherstellung mit dem Computer*, Itzehoe: 1996 (Lexikon der gesamten grafischen Technik, 2,2).

WEDE 2000. Susanne Wede, *Typographische Kultur. Eine zeichentheoretische und kulturgeschichtliche Studie zur Typographie und ihrer Entwicklung*, Tübingen: 2000 (Studien u. Texte zur Sozialgeschichte d. Literatur, 69).

WHISTLER/DAVIS 2001. Ken Whistler, Mark Davis, Charakter Encoding Model (Unicode Technical Report # 17), in: http://www.unicode.org/unicode/reports/tr17/ [2003.06.04.].

WILHELM 1924. Richard Wilhelm, *I Ging: Das Buch der Wandlungen* (2 Vol.), Jena: 1924.

WOTHKE 1989. Klaus Wothke, "Computergestützte Verfahren zur phonologischen Beschreibung", CIC, 175‐188.

YI CHŎNGHO 1972, IV 1.1. 이정호 1972 비교

YI KIMUN 1977. Lee Ki-Moon, *Geschichte der koreanischen Sprache*, Bruno Lewin [ed.], Wiesbaden: 1977.

YI SANGŎK 1997. Lee Sang-Oak, "Graphical Ingenuity in the Korean Writing System: With New Reference to Calligraphy", in: TKA, 107‐116.

ZIPP 1981. P. von Zipp et al., "Untersuchung zur ergonomischen Gestaltung von Tastaturen", in: *Zentralblatt für Arbeitsmedizin, Arbeitsschutz, Prophylaxe und Ergonomie*, 31/1981, 326‐330.

2. 〈훈민정음〉 인용문 일람 (원어 및 역어)

인용문 번호	《훈민정음》 원본	한국어 번역	독일어 번역
II.1 문자 유형학적인 개념들			
[01] 해례 18b.1b.1	正音之字只卄八.	정음은 단지 28 글자뿐이다.	Die Richtigen Laute haben nur 28 Buchstaben.
[02] 서문 32a.6-8b.1	無所用而不備, 無所往而不達. 雖風聲鶴唳, 鷄鳴狗吠, 皆可得而書矣.	이 문자는 어디서나 아무 문제 없이 사용할 수 있다. 바람소리나, 두루미 울음 소리, 수탉의 홰치는 소리, 개 짖는 소리 등과 같은 모든 소리를 이 문자로 전혀 무리 없이 표현해 낼 수 있는 것이다.	Diese Schrift ist überall erfolgreich einsetzbar. Selbst die Stimmen des Windes, die Rufe der Kra- niche, das Krähen der Hähne oder das Bellen der Hunde, alles vermag man mit dieser Schrift unein- geschränkt wiederzugeben.
II.3.2 한글의 철학 · 우주론적인 바탕			
[03] 해례 5a.3-5b..2	天地之道, 一陰陽五行而已. 坤復之間爲太極, 而動靜之後爲陰陽. 凡有生類在天地之間者. 捨陰陽而何之. 故人之聲音, 皆有陰陽之理, 顧人不察耳. 今正音之作, 初非智營而力索, 但因其聲音而極其理而已. 理旣不二, 則何得不與天地鬼神同其用也.	하늘과 땅의 도道는 음양과 오행뿐이다道는 음양과 오행뿐이다는 음양과 오행뿐이다. 시작과 끝 사이에 태극이 있고 움직임과 고요함 뒤에 음양이 갖추어진다. 하늘과 땅 사이에 존재하는 모든 생명이 어찌 음양을 떠나 존재하리요. 그러므로 사람의 말소리에도道는 음양과 오행뿐이다 음양의 이치가 있는데 다만 사람이 이를 살피지 않았을 따름 이다. 이제 [훈민]정음을 만든 것도道는 음양과 오행뿐이다 처음부터 총명과 노력에서 얻어진 것이 아니라 다만 그 말소리에 있는 이치를 밝혔을 뿐이다. 이치는 둘이 아니며 하늘과 땅, 신과 귀신, 즉 우주에 따르는 원칙을 사용하는 것 이외에는 아무 것도道는 음양과 오행뿐이다 아니다.	Der Weg von Himmel und Erde ist identisch mit Yin und Yang sowie den Fünf heit oder Kraft, es wurde lediglich das diesen Lau- ten innewohnende Gesetz ergründet. Und da es außer dem einen kein zweites Gesetz gibt, besteht keine andere Wahl, als das gleiche Gesetz anzu- wenden, dem auch Himmel und Erde, Dämonen und Gottheiten unterworfen sind. Wandlungsphasen. Zwischen Anfang und Ende ist das Urprinzip, und nach Bewegung und Ruhe ist Yin und Yang. Alles Leben zwischen Himmel und Erde ist unvorstell- bar ohne Yin und Yang. Deswegen herrscht auch in den Lauten der menschlichen Sprache das Ge- setz von Yin und Yang, was allerdings noch nicht untersucht wurde. Die Erstellung der ›Richtigen Laute‹ war von Anfang an keine Sache der Weis-
[04] 해례 6a.4-5	夫人之有聲本於五行.	사람의 말소리는 오행에 근본을 두고 있다.	Die Sprachlaute der Menschen haben ihren Ur- sprung in den Fünf Wandlungsphasen.
[05] 해례 24b.3	初中終三聲, 合而成字	첫 · , 가운뎃 · , 끝소리는 서로 결합하여 하나의 음절(다발)을 이룬다.	Anfangs-, Mittel- und Endlaut bilden zusammen- gesetzt eine Silbe.
[06] 서문 31b.8b-32a.1	三極之義, 二氣之妙, 莫不該括.	[글자는] 그 자체로 천, 지, 인 삼재와 음양 이기의 오묘한 의미를 지닌다. 이는 예외 없이 모든 글자에 다 해당된다.	[Die Buchstaben] tragen in sich die Bedeutung der Drei Mächte, Himmel, Erde, Mensch, sowie das Geheimnis der Zwei Kräfte [Fluiden], Yin und Yang, und zwar alle ohne Ausnahme.

[07] 해례 7a.7-8	是則初聲之中, 自有陰陽五行 方位之數也。	이는 첫소리 자체 내에 음양, 오행, 위수가 있음을 뜻한다.	Dies drückt aus, dass es unter den Anfangslauten von selbst Yin und Yang, Fünf Wandlungsphasen und Positionszahlen gibt.
[08] 해례 11a.8- 11b.1	是則中聲之中, 亦自有陰陽五 行方位之數也。	마찬가지로 가운데소리도 음양, 오행, 위수를 가지고 있다.	Es ist so, dass in den Mittellauten Yin und Yang, die Fünf Wandlungsphasen und die Zahl der Position enthalten sind.
[09] 해례 12a.3- 12b.6	以初中終合成之字言之。亦有 動靜互根陰陽交變之義焉。動者, 天也。靜者, 地也。兼乎動靜者, 人也。 [...] 初聲有發動之義, 天之事也。 終聲有止定之義, 地之事也。 中聲承初之生, 接終之成, 人 之事也。盖字韻之要, 在於中聲, 初終合而成音。 亦猶天地生成萬物, 而其財成輔 相則必賴乎人也。	첫소리와 가운데소리, 끝소리를 합하여 이루어지는 음절에 대해 말하면, 이는 움직임과 멈춤은 서로 근본이 되고 음과 양이 서로 바뀜을 뜻한다. 움직임은 하늘이요 멈춤은 땅이니 움직임과 멈춤 두 가지를 겸한 것은 사람이다. [...] 첫소리는 움직이는 역할을 하니 하늘의 일이고, 끝소리는 이 움직임을 멈추게 하니 땅의 일이다. 가운데소리는 첫소리가 생겨나는 것에 이어 끝소리가 완성되도록 하니 사람의 일이다. 한 음절의 핵심은 가운데소리에 있는 바, 첫소리와 끝소리는 가운데 소리와 결합하여 음을 완성한다. 이는 천지가 만물을 생성하는 것과 비교할 수 있다. 그러나 이렇게 만들어진 만물의 가치를 완전히 알려면 사람이 비로소 이 만물을 돌보고 힘써야만 한다.	Im Folgenden einige Worte zu der Zusammensetzung von Anfangs-, Mittel- und Endlauten zu Silben. Dieser Punkt bedeutet auch, dass Bewegung und Ruhe zum gegenseitigen Ursprung werden, und dass sich Yin und Yang abwechseln. Bewegung ist Himmel, Ruhe ist Erde. Der Mensch umfasst beides, Bewegung und Ruhe. [...] Die Anfangslaute haben die Funktion, Bewegung in Gang zu setzen. Dies ist eine Sache des Himmels. Endlaute haben die Funktion, jene Bewegung zu beenden. Dies ist eine Sache der Erde. Die Mittellaute führen das Entstehen der Anfangslaute weiter und leiten zur Vollendung der Endlaute über. Dies ist eine Sache des Menschen. Der Kern einer Silbe besteht im Mittellaut. Mit ihm verbinden sich Anfangs- und Endlaut und machen den Laut vollständig. Zu vergleichen ist dies mit dem Hervorbringen aller Dinge dieser Welt durch Himmel und Erde. Aber um ihren Wert voll auszuschöpfen, muss der Mensch sie in seine Hand nehmen.
[10] 해례 11b.1- 12a.3	以初聲對中聲而言之。陰陽, 天道也。剛柔, 地道也。中聲者, 一深一淺一闔一闢, 是則陰陽分而 五行之氣具焉, 天之用也。 初聲者, 或虛或實或颺或滯或 重若輕, 是則剛柔著而五行之 質成焉, 地之功也。 中聲以深淺闔闢唱之於前。初 聲以五音清濁和之於後, 而爲 初亦爲終。亦可見萬物初生於 地復歸於地也。	가운뎃소리와 대비하여 첫소리에 대해 말하면, 음양은 하늘의 이치이고 단단함과 부드러움은 땅의 이치이다. 가운뎃소리는 깊고 얕으며 닫혀 있거나 열려있다. 이는 음양이 나누어지는 것이고 오행의 기운이 생겨나는 것이니 바로 하늘의 작용이다. 첫소리는 비어 있거나 차 있고, 날리거나 고정되어 있고, 무겁거나 가벼우니, 단단함과 부드러움이 나타나서 오행이 물질로 구현되어 나타난다. 이는 땅의 영향 덕분이다. 먼저 가운뎃소리가 깊거나 얕으며, 닫혀 있거나 열려서 발음된다. 이에 답하여 첫소리가 오음과 청탁으로 만들어지니 첫소리는 끝소리와 같아진다. 이는 다시 만물이 땅에서 나서 다시 땅으로 돌아감을 보임이다.	Im Folgenden einige Worte zu den Anfangslauten in Gegenüberstellung zu den Mittellauten. Yin und Yang sind das Prinzip des Himmels, Härte und Weichheit sind das Prinzip der Erde. Die Mittellaute sind tief, flach, geschlossen oder offen. Das bedeutet eine Trennung von Yin und Yang und die Konkretisierung des Einflusses der Fünf Wandlungsphasen. Dies ist die Wirkung des Himmels. Die Anfangslaute sind leer oder voll, flatternd oder feststehend, schwer oder fast leicht. So entfaltet sich dann Härte und Weichheit. Dabei vollendet sich die Materialisierung der Fünf Wandlungsphasen. Dies geschieht unter dem Einfluss der Erde. Die Mittellaute werden zunächst ausgesprochen, tief, flach, geschlossen oder offen. Die Anfangslaute korrespondieren damit dann in Form der Fünf Lautarten in der klaren oder trüben Färbung, wobei die Anfangs- und Endlaute identisch sind. Es bestätigt sich erneut, alle Dinge entstammen der Erde und kehren später wieder in sie zurück.

[11] 해례 12b.6-8	終聲之復用初聲者, 以其動而 陽者乾也. 靜而陰者亦乾也.	끝소리에 첫소리를 다시 사용하는 것은 움직여서 양이 되는 것에 있고 또한 멈추어서 음이 되는 것에 있다.	Dass man für die End- wieder die Anfangslaute verwendet, liegt sowohl an der Dynamik und dem positiven Yang [der letzteren] als auch der Ruhe und dem positiven Yin [der ersteren].
[12] 해례 13a.1	一元之氣, 周流不窮	시작의 기운은 끝도 없이 돌고 돈다.	Die Energie des Anfangs kreist ohne Ende.
[13] 해례 11a.3	水火未離乎氣	물과 불은 아직 기氣에서 벗어나지 못하고 있다.	Wasser und Feuer sind noch nicht getrennt in den Wirkungskräften [Fluiden, ki].
[14] 해례 6a.6-7a.7	喉邃而潤, 水也. [...] 牙錯而長, 木也. [...] 舌銳而動, 火也. [...] 齒剛而斷, 金也. [...] 脣方而合, 土也. [...] 喉居後而牙次之, [...] 舌齒又次之, [...] 脣居末	목구멍은 깊고 젖어 있다. 이는 [오행에서] 물과 일치한다. [...] 어금니는 단단하고 크다. 이는 [오행에서] 나무와 같다. [...] 혀는 날카롭고 움직이니 [오행에서] 불에 해당한다. [...] 앞니는 강하고 날카로우니 [오행에서] 쇠에 해당한다. [...] 입술은 네모형을 만들어 함께 합쳐진다. [오행에서] 흙이다. [...] 목구멍은 뒤에, 어금니가 따르며, [...] 혀와 앞니가 따르며, […] 입술이 제일 끝에 온다.	Die Kehle ist tief und feucht; dies [entspricht der Wandlungsphase] Wasser. [...] Die Backenzähne sind fest und groß; dies [entspricht der Wandlungsphase] Baum. [...] Die Zunge ist spitz und beweglich; dies [entspricht der Wandlungsphase] Feuer. [...] Die Schneidezähne sind hart und scharf; dies [entspricht dem Wandlungsphase] Metall. [...] Die Lippen stellen ein [stilisiertes] Quadrat dar und gehören zusammen; [ihre Wandlungsphase] ist die Erde. [...] Die Kehle befindet sich hinten, die Backenzähne folgen; [...] Zunge und Schneidezähne folgen [...]. Die Lippen kommen zum Schluss.
[15] 해례 10b.4- 11a.7	ㅗ初生於天, 天一生水之位也. ㅏ次之, 天三生木之位也. ㅜ初生於地, 地二生火之位也. ㅓ次之, 地四生金之位也. ㅛ再生於天, 天七成火之水也. ㅑ次之, 天九成金之數也. ㅠ再生於地, 地六成水之數也. ㅕ次之, 地八成木之數也. 水火[...]闔. 木金[...]闢. ・天五生土之位也. ㅡ地十成土之數也. ㅣ獨無位數者, 蓋以人則無極之眞, 二五之精, 妙合而凝, [...]	ㅗ 는 하늘에서 생긴다. 하늘의 수로는 1이고 물이 생겨나는 자리다. ㅏ는 그 다음이니 하늘의 수로는 3이고 나무가 생겨나는 자리다. ㅜ는 처음으로 땅에서 생겨나니 땅의 수로는 2이고 불이 생겨나는 자리다. ㅓ가 그 다음에 오니 땅의 수로는 4이고 쇠가 생겨나는 자리다. ㅛ는 다시 하늘에서 생긴다. 하늘의 수로는 7이고 불이 생겨나는 자리다. ㅑ가 그 다음이니 하늘의 수로는 9이고 쇠가 생겨나는 자리다. ㅠ는 다시 땅에서 생겨나니 땅의 수로는 6이고 물을 만들어 내는 자리다. ㅕ가 그 다음이니 땅의 수로는 8이고 나무를 만들어 내는 자리다. 물[ㅗ ㅠ]과 불[ㅜ ㅛ]은 [...] 닫힌다. 나무[ㅏ ㅕ]와 쇠[ㅓ ㅑ]는 [...] 열린다. ・는 하늘의 수로는 5이고 흙이 생겨나는 자리다. ㅡ는 땅의 수로는 10이고 흙을 만들어 내는 자리다. ㅣ만 자리도 수도 없다. 이는 사람에 무극이 현실이며, 음양과 오행이 묘하게 얽혀 있기 때문이다. [...]	ㅗ entspringt dem Himmel. Die Himmels[zahl] ist Eins und stellt die Position der Hervorbringung des Wassers dar. ㅏ folgt, die Himmelszahl ist Drei und stellt die Position der Hervorbringung des Baumes dar. ㅜentsteht als erstes aus der Erde. Die Erdzahl ist Zwei und stellt die Position der Hervorbringung des Feuers dar. ㅓ folgt, die Erdzahl ist Vier und stellt die Position der Hervorbringung des Metalls dar. ㅛ entspringt wieder dem Himmel. Die Himmelszahl ist Sieben und stellt die Position der Hervorbringung des Feuers dar. ㅑ folgt, die Himmelszahl ist Neun und stellt die Position der Hervorbringung des Metalls dar. ㅠentspringt wieder der Erde. Die Erdzahl ist Sechs und stellt die Position der Hervorbringung des Wassers dar. ㅕ folgt, die Erdzahl ist Acht und stellt die Position der Hervorbringung des Baumes dar. Wasser [ㅗ ㅠ] und Feuer [ㅜ ㅛ] […] sind geschlossen. Baum [ㅏ ㅕ] und Metall [ㅓ ㅑ] […] sind geöffnet. ・hat die Himmelszahl Fünf, was die Position der Hervorbringung der Erde bedeutet. ㅡ hat die Erdzahl Zehn, was die Position der Hervorbringung der Erde bedeutet. Nur ㅣ allein hat weder Zahl noch Position. Denn im Menschen ist das Urprinzip real, Yin und Yang sowie die Fünf Wandlungsphasen sind [bei ihm] auf geheimnisvolle, feine Weise verwoben […]

[16] 해례 8b,5–9a,1	・[...] 天開於子也. [...] ㅡ [...] 地開於丑也. [...] ㅣ [...] 人生於寅也.	・에서 [...] 첫 두 시간동안 하늘이 열린다. [...] ㅡ에서 그 다음 두 시간동안 땅이 열린다. [...] ㅣ에서 [...] 세 번째 두 시간동안 사람이 창조된다.	Bei・[...] öffnet sich der Himmel zur ersten Doppelstunde. [...] Bei ㅡ [...] öffnet sich die Erde zur zweiten Doppelstunde. [...] Bei ㅣ [...] entsteht der Mensch zur dritten Doppelstunde.
[17] 해례 7a,4–7	喉居後而牙次之, 北東之位也. 舌齒又次之, 南西之位也. 脣居末, 土無定位而寄旺四季之義也.	목구멍은 [맨] 뒤에 있고 어금니가 그 다음에 온다; 목구멍과 어금니는 방위로는 북쪽과 동쪽이다. 혀와 앞니가 그 다음이다. 방위로는 남쪽과 서쪽이다. 입술이 마지막에 온다. 흙(土)은 일정한 자리가 없지만 사계절의 무르익음에 의미를 가진다.	Die Kehle befindet sich [ganz] hinten, die Backenzähne folgen; beiden entsprechen die Himmelsrichtungen Norden und Osten. Zunge und Schneidezähne folgen, mit ihnen stimmen die Himmelsrichtungen Süden und Westen überein. Die Lippen kommen zum Schluss. Die Erde hat keine bestimmte Position, aber ihre Bedeutung liegt in der Ausprägung der vier Jahreszeiten.
[18] 해례 6a,4–6	夫人之有聲本於五行. 故合諸 四時而不悖, 叶之五音而不戾.	사람의 말소리는 음양오행에 근본을 두고 있다. 그런 이유로 의문의 여지도 없이 사람의 말소리는 사계절과도 일치하고 오음과 조화를 이룬다.	Die Sprachlaute der Menschen haben ihren Ursprung in den Fünf Wandlungsphasen. Mit ihnen stimmen darum fraglos auch die vier Jahreszeiten überein und sie harmonisieren mit den Fünf Tönen.
[19] 해례 6a,4–7a,7	夫人之有聲本於五行. 故合諸四 時而不悖, 叶之五音而不戾. 喉邃而潤, 水也. [...] 於時爲 冬, 於音爲羽. 牙錯而長, 木也. [...] 於時爲 春, 於音爲角. 舌銳而動, 火也. [...] 於時爲 夏, 於音爲徵. 齒剛而斷, 金也. [...] 於時爲 秋, 於音爲商. 脣方而合, 土也. [...] 於時爲 季夏. 於音爲宮. [...]喉居後而牙次之, 北東之 位也. 舌齒又次之, 南西之位 也. 脣居末, 土無定位而寄旺四季 之義也.	사람의 말소리는 오행에 근본을 두고 있다. 그런 이유로 의문의 여지도 없이 사람의 말소리는 사계절과도 일치하고 오음과 조화를 이룬다. 목구멍은 깊고 젖어 있다. 이는 [오행에서] 물과 일치한다. [...] 계절로는 겨울과 같고 음악의 소리로는 '우羽'가 된다. 어금니는 단단하고 크다. 이는 [오행에서] 나무와 같다. [...] 계절로는 봄이고 음악의 소리로는 '각角'에 해당한다. 혀는 날카롭고 움직이니 [오행에서] 불에 해당한다. [...] 계절로는 여름과 같고 음악의 소리로는 '치徵'가 된다. 앞니는 강하고 날카로우니 [오행에서] 쇠에 해당한다. [...] 계절로는 가을과 같고 음악의 소리로는 '상商'이 된다. 입술은 네모형을 만들어 함께 합쳐진다. [오행에서] 흙이다. [...] 계절로는 늦여름과 같고 음악의 소리로는 '궁宮'이 된다. [...] 목구멍은 [맨] 뒤에 있고 어금니가 그 다음에 온다. 목구멍과 어금니는 방위로는 북쪽과 동쪽이다. 혀와 앞니가 그 다음이다. 방위로는 남쪽과 서쪽이다. 입술이 마지막에 온다. 흙은 일정한 자리가 없지만 사계절의 무르익음에 의미를 가진다.	Die Sprachlaute der Menschen haben ihren Ursprung in den Fünf Wandlungsphasen. Mit ihnen stimmen darum fraglos auch die vier Jahreszeiten überein und sie harmonisieren mit den Fünf Tönen. Die Kehle ist tief und feucht; dies [entspricht der Wandlungsphase] Wasser. [...] Bezüglich der Jahreszeiten kommt es dem Winter gleich, bezüglich der musikalischen Töne dem ›u‹. Die Backenzähne sind fest und groß; dies [entspricht der Wandlungsphase] Baum. [...] Jahreszeitlich handelt es sich um das Frühjahr, musikalisch um den Ton ›kak‹. Die Zunge ist spitz und beweglich; dies [entspricht der Wandlungsphase] Feuer. [...] Unter den Jahreszeiten stimmt es überein mit dem Sommer, und der passende Ton lautet ›ching‹. Die Schneidezähne sind hart und scharf; dies [entspricht der Wandlungsphasen] Metall. [...] Im Einklang dazu steht der Herbst als Jahreszeit beziehungsweise ›sang‹ als musikalischer Ton. Die Lippen stellen ein [stilisiertes] Quadrat dar und gehören zusammen; [ihre Wandlungsphase] ist die Erde. [...] Zu ihr gehören die Jahreszeit Spätherbst und der Ton ›kung‹. [...] Die Kehle befindet sich [ganz] hinten, die Backenzähne folgen; beiden entsprechen die Positionen Norden und Osten. Zunge und Schneidezähne folgen, mit ihnen stimmen die Positionen Süden und Westen überein. Die Lippen kommen zum Schluss. Die Erde hat keine bestimmte Position, aber ihre Bedeutung liegt in der Ausprägung der vier Jahreszeiten.

‖ 3.3 한글 자모 체계

[20] 해례 5b.3	初聲凡十七字.	첫소리는 모두 열 일곱 자이다.	Es gibt insgesamt 17 Anfangslaute [-zeichen].
[21] 해례 8b.5	中聲凡十一字.	가운뎃소리는 모두 열 한 자이다.	Die Mittellaute [Vokale] umfassen elf Buchstaben
[22] 해례 14b.2	五行五音無不協.	오행과 오음은 언제나 서로 분리되어 있지 않다.	Die Fünf Wandlungsphasen und die Fünf Laute sind nie voneinander getrennt.
[23] 해례 7a.8 - 7b.4	又以聲音清濁而言之.ㄱㄷㅂㅈ ㅅㆆ,爲全淸. ㅋㅌㅍㅊㅎ, 爲次淸. ㄲㄸㅃㅉㅆㆅ,爲全濁. ㆁㄴㅁㅇㄹㅿ,爲不淸不濁.	또 소리의 맑음과 흐림을 말하자면, ㄱ. ㄷ. ㅂ. ㅈ. ㅅ. ㆆ은 전청全淸이 되고, ㅋ. ㅌ. ㅍ. ㅊ. ㅎ은 차청次淸이 되고, ㄲ. ㄸ. ㅃ. ㅉ. ㅆ. ㆅ은 전탁全濁이 되고, ㆁ. ㄴ. ㅁ. ㅇ. ㄹ. ㅿ은 불청불탁不淸不濁이 된다.	Nun noch ein Wort zum klaren und getrübten Charakter der Laute. ㄱ, ㄷ, ㅂ, ㅈ, ㅅ, ㆆ sind völlig klar. ㅋ, ㅌ, ㅍ, ㅊ, ㅎ werden als folgend klar bezeichnet. ㄲ, ㄸ, ㅃ, ㅉ, ㅆ, ㆅ gehören zu den vollkommen getrübten Lauten, wohingegen ㆁ, ㄴ, ㅁ, ㅇ, ㄹ, ㅿ den Lauten zugeordnet werden können, die weder klar noch getrübt sind.
[24] 해례 5b.6 - 6a.4	ㅋ比ㄱ,聲出稍厲,故加畫. ㄴ而ㄷ,ㄷ而ㅌ,ㅁ而ㅂ, ㅂ而ㅍ,ㅅ而ㅈ,ㅈ而ㅊ,ㅇ而ㆆ, ㆆ而ㅎ,其因聲加畫之義皆同, 而唯ㆁ爲異.半舌音ㄹ,半齒音ㅿ, 亦象舌齒之形而異其體, 無加畫之義焉.	ㅋ은 ㄱ보다 소리가 좀 세므로획수 하나를 추가하였다. ㄴ에서 ㄷ. ㄷ에서 ㅌ. ㅁ에서 ㅂ. ㅂ에서 ㅍ. ㅅ에서 ㅈ. ㅈ에서 ㅊ. ㅇ에서 ㆆ. ㆆ에서 ㅎ이 됨도 위와 같은 이치이나, 오직 ㆁ만 다르다. 반혓소리자 ㄹ과. 반잇소리자 ㅿ도 또한 (발음시의) 혀와 이의 모양을 따르나, 이들은 다른 체제에 속하므로 획을 더함은 아무 의미가 없다.	ㅋ wird im Vergleich zu ㄱ etwas härter ausgesprochen. Deswegen erhält dieses Zeichen einen zusätzlichen Strich. Das gleiche gilt für ㄴ und ㄷ. ㄷ und ㅌ, ㅁ und ㅂ und ㅍ, ㅅ und ㅈ, ㅈ und ㅊ und ㅇ und ㆆ sowie ㆆ und ㅎ. Nur ㆁ stellt eine Ausnahme dar. Die jeweilige Gestalt der Zeichen des Halbzungenlauts ㄹ und des Halbzahnlauts ㅿ leitet sich gleichermaßen von dem Bild der [bei der Lautbildung beteiligten] Zähne beziehungsweise der Zunge ab. Doch macht es keinen Sinn, Striche hinzuzufügen, da sie einem anderen System zugehören.
[25] 해례 13b.4	因聲之屬每加畫.	소리가 거세어짐에 따라 획을 하나씩 더하였다.	Mit zunehmender Härte der Laute wird ein Strich hinzugefügt.
[26] 해례 21b.8 - 22a.2	不淸不濁之字, 其聲不屬 [...] 全淸次淸全濁之字, 其聲爲屬	불청불탁에 속하는 자는 그 소리가 세지 아니하므로 [...] 그 나머지 전청, 차청, 전탁에 속하는 자는 그 소리가 세므로 [...]	Die Zeichen der Kategorie ›nicht klar nicht getrübt‹ sind in ihrer Aussprache nicht hart [...] Die Laute der Zeichen der übrigen Kategorien sind hart.
[27] 해례 7b.4-7	ㄴㅁㅇ,基聲最不屬,故次序 雖在於後,而象形制字則爲之始. ㅅㅈ雖皆爲全濁,而ㅅ比ㅈ,聲不屬, 故亦爲制字之始.	ㄴ. ㅁ. ㅇ은 소리가 가장 부드러워서 그 차례는 뒤에 위치하나 글자를 만듦에 있어서는 시초가 된다. ㅅ과 ㅈ은 비록 다같이 전청이지만, ㅅ은 ㅈ에 비하여 소리가 세지 않으므로 글자를 만들 때는 시초가 된다.	Die Aussprache von ㄴ, ㅁ und ㅇ ist am weichsten, deswegen sind diese Zeichen in der Reihenfolge hinten, obwohl sie bei der Buchstaben-gestaltung am Anfang stehen. Obwohl ㅅ und ㅈ beide der Kategorie ›völlig klar‹ zugehören, ist ㅅ in der Aussprache doch weicher als ㅈ. So ist ㅅ der Ausgangspunkt für die Zeichenbildung.

[28] 해례 14a.7-8	那彌戌欲聲不厲 次序雖後象形始	[ㄴ, ㅁ, ㅿ, ㅇ]소리는 거세지 않아서 그 차례는 비록 뒤에 위치하나, 글자를 만들 때는 시초가 된다.	Die Aussprache von [ㄴ, ㅁ, ㅿ und ㅇ] ist nicht hart, In der Reihenfolge stehen sie zwar am Ende, bei der Zeichengestaltung bilden sie den Ausgangspunkt.
[29] 해례 7b.7-8a.7	唯牙之ㆁ, 雖舌根閉喉聲氣出鼻, 而其聲與ㅇ相似, [...], 今亦取象於喉, 而不爲牙音制字之始. 盖喉屬水而牙屬木, ㆁ雖在牙而與ㅇ相似, 猶木之萌芽生於水而柔軟, 尙多水氣也. ㄱ木之成質, ㅋ木之盛長, ㄲ木之老壯, 故至比乃皆取象於牙也.	오직 어금닛소리의 ㆁ은 비록 혀뿌리가 목구멍을 닫고 소리 기운이 코로 나오나 그 소리는 ㅇ소리와 비슷하므로 [...] 이 자가 목구멍 모양에 근거하여 만들어졌으나 어금닛소리의 글자를 만드는 시초가 되지 않는다. 대개 목구멍은 오행의 물(水)에 속하고 어금니는 오행의 나무(木)에 속한다. ㆁ은 비록 어금니에 속해 있으나 (목구멍소리인) ㅇ과 서로 비슷하다. 이는 마치 나무의 싹이 물에서 나와서 부드럽고 여리며 아직 물 기운이 많음과 같다. ㄱ은 나무가 물질로 구체화된 것이요, ㅋ은 나무가 온전히 성장한 것이며, ㄲ은 나무가 나이를 먹은 것이다. 그러므로 이 모두를 어금니 모양에서 본떠 만들었다.	Bei dem ›molaren‹ Laut ㆁ verschließt die Zungenwurzel die Kehle, und der Luftstrom entweicht somit durch die Nase. Der Laut ähnelt dem von ㅇ. [...] Auch bei diesem Zeichen wurde die Gestalt der Kehle zugrunde gelegt, es ist aber nicht Ausgangspunkt für die Gestaltgebung der ›molaren‹ Zeichen. Die Guturale gehören zur Wandlungsphase Wasser, die ›Molare‹ zur Wandlungsphase Baum. Obwohl ㆁ zu den ›Molaren‹ zu rechnen ist, weist es doch Ähnlichkeit mit dem [guturalen] ㅇ auf. Das ist vergleichbar mit dem Baumkeimling, der aus dem Wasser entsteht, weich und zart ist und hauptsächlich noch aus Wasser besteht. ㄱ entspricht der vollständigen Materialisierung des Baums, ㅋ kommt dem in voller Größe dastehenden Baum gleich, ㄲ stimmt überein mit dem Baum im Alter. Deswegen hat man diese alle als ›Molare‹ gestaltet.
[30] 해례 17a.5-17b.2	且就三聲究至理 自有剛柔與陰陽 中是天用陰陽分 初迺地功剛柔彰 中聲唱之初聲和 天先乎地理自然	또 세 소리(첫-, 가운뎃-, 끝소리)의 이치를 헤아려 보면, 단단함과 부드러움, 그리고 음과 양이 절로 있다. 가운뎃소리는 하늘의 작용으로서 음과 양으로 나뉘고, 첫소리는 땅의 영향으로 단단함과 부드러움을 나타낸다. 가운뎃소리를 낼 때, 첫소리가 따름은 하늘이 땅보다 앞섬이고, 이는 자연의 이치이다.	Untersuchen wir die Gesetze der drei [Anfangs-, Mittel-, End-] Laute, So gibt es Härte und Weichheit sowie Yin und Yang. Die Mittellaute teilen sich unter der Einwirkung des Himmels in Yin und Yang, Die Anfangslaute stehen unter dem Einfluss der Erde und teilen sich in hart und weich. Spricht man die Mittellaute aus, passen sich die Anfangslaute an, Dass [dabei] der Himmel vor der Erde kommt, ist ein naturgegebenes Gesetz.
[31] 해례 11a.8-11b.1	是則中聲之中, 亦自有陰陽五行方位之數也.	이는 가운데 소리에도 역시 음양, 오행 그리고 위수가 내포되어 있다는 의미이다	Es ist so, dass in den Mittellauten Yin und Yang, die Fünf Wandlungsphasen und die Zahl der Position enthalten sind.
[32] 해례 8b.9-9	·[...]形之圓, 象乎天也. ㅡ[...]形之平, 象乎地也. ㅣ[...]形之立, 象乎人也.	· [...] 글자 모양이 둥근 형을 취함은 하늘을 재현해 낸 것이다. ㅡ [...] 글자 모양이 평평함은 땅을 표현해 냄이다. ㅣ [...] 글자 모양이 서 있음은 사람의 모양을 취함이다.	Die Rundheit der Form des Buchstabens · gibt den Himmel wieder. [...] Die Ebenheit des Buchstabens ㅡ spiegelt die Gestalt der Erde wider. [...] Das Aufrechte im Buchstaben ㅣ ist der Haltung des Menschen entlehnt.

[33] 해례 9b.5-7	ㅗㅏㅜㅓ是於天地, 爲初出也. ㅛ ㅑㅠㅕ起於ㅣ而兼乎人, 爲再出也.	ㅗㅏㅜㅓ는 하늘에서 그리고 땅에서 직접 비롯되므로 첫 번째 단계의 생성물이 된다. ㅛㅑㅠㅕ는 ㅣ 즉 사람에서 발원하므로 재출[자]가 된다.	ㅗㅏㅜㅓ beginnen in Himmel oder Erde. Sie sind der erste Kreis [Durchgang]. ㅛㅑㅠㅕ entspringen dem ㅣ und gleichzeitig dem Menschen. Sie sind der zweite Kreis [Durchgang].
[34] 해례 10a.2-3	ㅗㅏㅛㅑ之圓居上與外者, 以基出於天而爲陽也.	ㅗㅏㅛㅑ 글자에 둥근 점이 위와 밖에 놓인 것은 그것이 하늘에서 나와 양陽이 됨을 의미한다.	Die Punkte oben beziehungsweise außen von ㅗㅏㅛㅑ besagen, dass diese [Buchstaben] aus dem Himmel stammen und Yang sind.
[35] 해례 10a.3-5	ㅜㅓㅠㅕ之圓居下與內者, 以其出於地而爲陰也.	ㅜㅓㅠㅕ 글자에 둥근 점이 아래와 안에 놓인 것은 그것이 땅에서 나와 음陰이 됨을 의미한다.	Die Punkte unten beziehungsweise innen von ㅜㅓㅠㅕ besagen, dass diese [Buchstaben] aus der Erde stammen und Yin sind.
[36] 해례 10a.8- 10b.4	取象於天地人而三才之道備矣. 然三才爲萬物之先, 而天又爲 三才之始, 猶 · ㅡㅣ三才爲 八聲之首, · 又爲三字之冠也.	이 (모음자) 모양은 삼재三才의 이치를 갖춘 하늘 · 땅 · 사람에서 본을 취한 것이다. 그런데 삼재는 만물의 으뜸이 되고, 하늘은 또 삼재의 시초가 된다. 이에 따라 · ㅡㅣ 세 글자가 여덟 글자의 우두머리가 되고, ·가 또 세 글자의 으뜸이 된다.	Die Form [der Vokalbuchstaben] wurde Himmel, Erde und Mensch entlehnt, und mit den Prinzipien der Drei Mächte ausgestattet. Diese gehen allen Dingen voran, wobei allerdings der Himmel den Anfang der Drei Mächte darstellt. Parallel dazu sind · ㅡㅣ der ›Kopf‹ der acht Laute und in · ist gleichsam die Krone dieser drei Zeichen zu sehen.
[37] 해례 9a.2	此下八聲, 一闔一闢.	이 아래 여덟 소리는 차례를 바꿔 가며 닫히기도 열리기도 한다.	Diese folgenden acht Laute sind abwechselnd geschlossen und geöffnet.
[38] 해례 21a.2-3	母字之音各有中 須就中聲尋闢闔	각 음절마다 각각 중성이 있다. 모름지기 중성에서는 열림과 닫힘에 주의를 기울여야 할 것이다.	Jede Silbe hat einen Mittellaut. Bei ihnen ist zu beachten, ob sie geöffnet oder geschlossen sind.
[39] 해례 22a.5-6	然ㄱㆁㄷㄴㅂㅁㅅㄹ八字可足用也.	ㄱㆁㄷㄴㅂㅁㅅㄹ 여덟 자만이 [끝소리 글자로 쓰는 데에] 충분하다.	Es genügen also dafür die acht Zeichen ㄱㆁㄷㄴㅂㅁㅅㄹ [zur gleichwertigen Darstellung als Endlaut].
[40] 예의 3b.6	終聲復用初聲.	끝소리(글자)에는 첫소리(글자)를 다시 쓴다.	Für die [Buchstaben der] Endlaute werden wieder die der Anfangslaute verwendet.

‖ 3.4 한글 음절 다발의 구조: 글자 조합의 규칙성

[41] 예의 4a.3-4	凡字必合而成音.	모든 글자는 서로 결합되어 있어야 그 소리(음절)를 완성한다.	Alle Buchstaben müssen miteinander verbunden werden, erst dann vollenden sie die Laute [Silben].
[42] 해례 24b.3	初中終三聲, 合而成字.	첫, 가운데, 끝 세 소리 [글자]가 합쳐져 하나의 (완전한) 음절 [다발]을 이룬다.	Die drei Laute am Anfang, in der Mitte und am Ende bilden zusammengesetzt eine [vollständige] Silbe.
[43] 해례 24b.3-4	初聲或在中聲之上, 或在中聲之左.	첫 소리 [글자]는 가운데 소리 [글자]의 위 편 또는 왼 편에 위치한다.	Manche der Anfangsbuchstaben befinden sich über, manche links von den Mittelbuchstaben.

[44] 해례 24b, 6-8	中聲則圓者橫者在初聲之下, ·一 ㅗㅜㅛㅠ是也. 縱者在初聲之右, ㅣㅏㅓㅑㅕ是也.	·一ㅗㅜㅛㅠ와 같이 둥글고 가로로 쓰인 가운뎃 소리 [글자]는 첫소리 [글자] 아래에 놓인다. ㅣㅏㅓㅑㅕ와 같이 세로로 쓰인 가운뎃 소리 [글자]는 첫소리 [글자]의 오른쪽에 놓인다.	Der runde und die waagrechten der Mittelbuchstaben liegen unter dem Anfangsbuchstaben, das sind also · 一ㅗㅜㅛㅠ. Die senkrechten stehen rechts von ihm, also ㅣㅏㅓㅑㅕ.
[45] 예의 4a,1-3	·一ㅗㅜㅛㅠ, 附書初聲之下, ㅏ ㅓㅑㅕ附書於右.	·一ㅗㅜㅛㅠ는 첫소리 [글자]아래에 쓰고, ㅣㅏㅓㅑ ㅕ는 첫소리 [글자] 오른 편에 쓴다.	·一ㅗㅜㅛㅠ fügt man unter, ㅣㅏ ㅑㅕrechts neben die Anfangslaute.
[46] 해례 25a,2	終聲在初中之下.	끝소리 [글자]는 첫소리와 가운뎃 소리 [글자] 아래에 위치한다.	Die Buchstaben der Endlaute befinden sich unter denen der Anfangs- und Mittellaute.
[47] 해례 25a,3-4	初聲二字三字合用並書	두세 개의 첫소리 [글자]를 함께 쓰려면 나란히 표기한다.	Werden zwei oder drei Buchstaben der Anfangslaute zusammen verwendet, so schreibt man sie nebeneinander.
[48] 해례 25a,8- 25b,1	中聲二字三字合用	가운뎃소리 [글자]는 두세 개가 함께 쓰인다.	Von den Buchstaben der Mittellaute werden zwei oder drei zusammen verwendet.
[49] 해례 25b,2	終聲二字三字合用	끝소시 [글자]는 두세 개가 함께 쓰인다.	Von den Buchstaben der Endlaute werden zwei oder drei zusammen verwendet.
[50] 해례 25b,4-5	其合用並書, 自左而右. 初中終三聲皆同.	합용병서는 왼쪽에서 오른쪽으로 나란히 쓰며, 이는 첫, 가운데, 끝소리 [글자]가 마찬가지이다.	Das Zusammenschreiben geschieht als Nebeneinanderschreiben von links nach rechts. Dies ist bei Anfangs-, Mittel- und Endbuchstaben gleich.
[51] 해례 27b,3-4	初終合用各並書 中亦有合悉自左	여러 개의 첫소리, 끝소리 [글자]를 동시에 쓰려면 나란히 표기한다. 가운뎃 소리 [글자]도 왼쪽에서부터 나란히 덧붙여 쓴다.	Will man mehrere Anfangs- beziehungsweise End[buchstaben] gleichzeitig gebrauchen, dann werden sie nebeneinander geschrieben. Und auch die [Buchstaben] der Mittellaute werden von links beginnend nebeneinander gefügt.
[52] 해례 26b,8- 27a,3	·一起ㅣ聲, 於國語無用. 兒童 之言, 邊野之語, 或有之, 當合 二字而用, 如기긴之類. 其先縱後橫, 與他不同.	·과 一가 ㅣ소리에서 시작되는 것은, 표준말에는 쓰이는 것이 없다. (그러나) 어린이의 말이나 방언에는 혹 그것이 있는데, (이는) 마땅히 두 소리[글자]를 어울려서 써야 할 것이니, 기, 긴 따위와 같다. 그것은 세로된 글자가 가로로 된 글자에 우선한다. 이는 딴 글자와는 같지 아니하다	Laute, bei denen · oder 一 dem ㅣ entspringen, gibt es in der Hochsprache nicht. Allerdings sind sie beim Sprechen der Kinder oder in Dialekten gelegentlich zu hören. Folglich werden die beiden Laute [Buchstaben] miteinander verbunden, wie in 기 und 긴. Hierbei gehen die senkrechten Buchstaben den waagrechten voran. Das ist anders als sonst.
[53] 해례 8b,3-4	○連書脣音之下, 則爲脣輕音者.	○ 자를 입술 소리 [글자] 아래에 쓰면, 이 [글자의] 소리가 유성음이 된다.	Schreibt man ○ unter einen Buchstaben für einen Lippenlaut, dann wird dieser Laut stimmhafter.

[54] 해례 22a,8– 22b,1	且ㅇ聲淡而虛, 不必用於終, 而 中聲可得成音也.	또한 ㅇ 소리는 약하고 비어 있다. 가운뎃소리(글자)만으로도 완성된 음절을 이룰 수 있으므로 이 자를 끝소리로 반드시 표기할 필요는 없다.	Überdies ist der Laut von ㅇ schwach und leer. Man muss ihn nicht unbedingt am Ende schreiben, denn schon mit (den Buchstaben) der Mittellaute kann eine fertige Silbe erstellt werden.
[55] 해례 22a,3–8	所以ㅇ ㄴ ㅁ ㅇ ㄹ ㅿ六字爲平上去聲之終, 而餘皆以八聲之終. 如빗 곶爲梨花, 영의갗爲狐皮, ㅅ字可以通用, 故只用ㅅ字.	그러므로. ㅇ ㄴ ㅁ ㅇ ㄹ ㅿ의 6자는 평성, 상성, 거성을[가진 음절에] 끝소리로 사용되며, 나머지는 모두 입성의 끝소리가 된다. 그러나 (끝소리는) ㄱ ㆁ ㄷ ㄴ ㅂ ㅁ ㅅ ㄹ 의 8자로써 넉넉히 쓸 수 있다. 그래서 빗곶 梨花, 영의갗 狐皮과 같은 낱말에서 다만 ㅅ자만 쓸 수 있다.	Deswegen werden die sechs Buchstaben ㅇ ㄴ ㅁ ㅇ ㄹ ㅿ als Endlaut bei [Silben mit] ebenem, steigendem und fallendem Ton verwendet. Und die restlichen kommen als Endlaut bei eingehendem Ton vor. Es genügen also dafür die acht Zeichen ㄱ ㆁ ㄷ ㄴ ㅂ ㅁ ㅅ ㄹ. So kann man bei Wörtern wie 빗곶, Kirschblüte, und 영 의갗, Fuchsfell, durchgängig nur ㅅ schreiben.

Ⅲ 1. 한글의 자형학

[56] 서문 31b, 6–7	象形而字倣故篆.	글자의 형태를 얻는 것은 옛 중국 전서의 [원칙]과 같다.	Die Gewinnung der Formen für die Buchstaben beruht auf dem gleichen [Prinzip] wie bei der alten chinesischen Siegelschrift.
[57] 해례 5b,2–6a.4	正音二十八字, 各象其形而制 之. 初聲凡十七字, 牙音ㄱ, 象舌根閉喉之形. 舌音ㄴ, 象舌附上腭之形. 脣音ㅁ, 象口形. 齒音ㅅ, 象齒形. 喉音ㅇ, 象喉形. ㅋ比ㄱ, 聲出稍厲, 故加畫. ㄴ而ㄷ, ㄷ而ㅌ, ㅁ而ㅂ, ㅂ而ㅍ, ㅅ而ㅈ, ㅈ而ㅊ, ㅇ而ㆆ, ㆆ而ㅎ, 其因聲加畫之義皆同, 而唯ㆁ爲異. 半舌音ㄹ, 半齒音ㅿ, 亦象舌齒之形而異其體, 無加 畫之義焉.	정음 스물 여덟 자는 각각 그 모양을 본떠 만들었다. […] 이렇게 어금니 소리 ㄱ은 혓 뿌리가 목구멍을 닫는 모양을 본뜨고 혓소리 ㄴ은 혀가 윗잇몸에 붙는 모양을 본뜨고, 입술소리 ㅁ은 입의 모양을 본뜨고, 잇소리 ㅅ은 이의 모양을 본뜨고. 목구멍 소리 ㅇ은 목구멍의 모양을 본떴다. ㅋ은 ㄱ에 비해 소리가 더 강하게 나므로 획을 더하였다. ㄴ과 ㄷ, ㄷ과 ㅌ. ㅁ과 ㅂ과 ㅂ과 ㅌ. ㅅ과 ㅈ. ㅈ과 ㅊ. ㅇ과 ㆆ. ㆆ과 ㅎ에서도 마찬가지로 획이 더하여졌다. ㆁ만이 예외다. 반혓소리 ㄹ, 반잇소리 ㅿ도 마찬가지로 조음할 때 혀와 이의 모양을 본떴으나 다른 체계에 속하기 때문에 가획은 무의미하다.	Die 28 Buchstaben [des Alphabets] der Richtigen Laute erhalten ihre jeweilige Form aus den ihnen zugrundeliegenden Bild. [...] So gibt ㄱ als ›Molarlaut‹ das Bild der Zungenwurzel wieder, die den Rachen verschließt. ㄴ als Zungenlaut zeigt das Bild der Zunge, die [mit der Spitze] an den [vorderen] Gaumen ragt. ㅁ als Lippenlaut spiegelt die Gestalt des Mundes wieder. ㅅ, der Zahnlaut, verkörpert das Bild der Zähne, und ㅇ als Kehllaut das der Öffnung der Luftröhre. ㅋ wird im Vergleich zu ㄱ etwas härter ausgesprochen. Deswegen erhält er einen zusätzlichen Strich. Das gleiche gilt für ㄴ und ㄷ, ㄷ und ㅌ, ㅁ und ㅂ, ㅂ und ㅍ, ㅅ und ㅈ, ㅈ und ㅊ, ㅇ und ㆆ sowie ㆆ und ㅎ. Nur ㆁ stellt eine Ausnahme dar. Die jeweilige Gestalt der Zeichen des Halbzungenlauts ㄹ und des Halbzahnlauts ㅿ leitet sich gleichermaßen von dem Bild der (bei der Lautbildung beteiligten) Zähne beziehungsweise der Zunge ab. Doch macht es keinen Sinn, Striche hinzuzufügen, da sie einem anderen System zugehören.
[58] 해례 10a,8–10b.1	取象於天地人而三才之道備矣.	홀자는 천·지·인의 모양을 본떠 만들었고, 홀자에 삼재의 원칙이 갖추어졌다.	Die Form [der Vokalbuchstaben] wurde Himmel, Erde und Mensch entlehnt, und mit den Prinzipien der Drei Mächte ausgestattet.
[59] 해례 8b,5–7	·[…]形之圓, 象乎天也.	· 은 […] 그 모양의 둥근 것이 하늘을 본뜬 것이다.	Die Rundheit der Form des Buchstabens · gibt den Himmel wieder.

[60] 해례 8b.7 - 8	ㅡ [...] 形之平, 象乎地也.	ㅡ 는 [⋯] 그 모양의 평평한 것이 땅을 본뜬 것이다.	Die Ebenheit der Form des Buchstabens ㅡ gibt die Erde wieder.
[61] 해례 8b.8 - 9a.2	ㅣ [...] 形之立, 象乎人也.	ㅣ [⋯] 는 그 모양의 서 있음이 사람을 본뜬 것이다.	Das Aufrechte der Form des Buchstabens ㅣ gibt den Menschen wieder.

III 2. 한글의 입력: 자판

[62] 해례 12b.6 - 13a.4	終聲之復用初聲者, 以其動而陽者乾也. 靜而陰者亦乾也. 乾實分陰陽而無不君宰也. 一元之氣, 周流不窮, 四時之運, 循環無端, 故貞而復元, 冬而 復春. 初聲之復爲終, 終聲之復爲初, 亦比義也.	끝소리에 첫소리를 다시 사용하는 것은 [후자의] 추진력과 양이 되는 것에 있고 또한 멈추어서 음이 되는 것에 있다. 하늘을 상징하는 건에는 실제로는 음과 양이 똑같은 비중으로 되어 있고 편재하다. 시작의 힘은 끝도 없이 돌고 돈다. 사계절의 변화는 하나의 원과 같다. 마지막 계절이 그래서 첫 계절이 된다; 겨울은 봄에 항복해야 한다. 이는 또한 첫소리가 끝소리가 되며 끝소리가 첫소리가 되는 것과 같음을 뜻한다.	Dass man für die End- wieder die Anfangslaute verwendet, liegt sowohl an der Dynamik und dem positiven Yang [der letzteren] als auch an der Ruhe und dem positiven Yin [der ersteren]. Das Himmels-Trigramm kŏn verkörpert in der Tat zu gleichen Teilen Yin und Yang und es ist allgegenwärtig. Die Energie des Anfangs kreist ohne Ende. Der Wechsel der Jahreszeiten ist wie ein Kreis, die letzte wird so die erste; der Winter weicht dem Frühling. Das bedeutet auch, Anfangslaute werden Endlaute, Endlaute werden Anfangslaute.
[63] 서문 32a.1 - 2	以二十八字而轉換無窮, 簡而要, 精而通.	스물 여덟 글자를 사용하여 무한정 조합이 가능하다. 스물 여덟 글자로 조합하는 것은 단순하고 요긴하며 분명하고 포괄적이다	Mit diesen achtundzwanzig Buchstaben sind unendlich viele Kombinationen möglich, sie sind einfach und zwingend, klar und umfassend.

별도의 인용

II 3.1.2 주석7 예의 1a.5	新制二十八字.	[대왕이 친히] 28자를 가지고 새로운 [문자를] 만들었다.	[Ich, König Sejong,] habe eine neue [Schrift] mit 28 Buchstaben geschaffen.

3. 용어색인[497]

3.1 한국어 – 독일어

한국어 (남)	한국어 (북)	독일어
가변폭 글자체可變幅글자體, 비례 너비 글자比例~		Proportionalschrift
각자병서各自竝書		Reihenschreibung gleicher Konsonanten
거의 표준, 사실상 표준		Quasistandard
겹글자		Buchstabenkombination
고정폭 글자체固定幅글자體		dicktengleiche Schrift → Proportionalschrift
글꼴		Schriftgestalt (Sammelbegriff für Schriftart, -grad u. –stil), Font
글자	문자	Buchstabe
글자 마디		Silbe (graphematisch)
기본기억장치基本記憶裝置		BIOS
끝소리		(Silben-)Endlaut
낱자(형)~字(型)	홑글자	Einzelzeichen(methode)
단어 문자單語文字		Logogramm (Wortzeichen)
단어, 낱말		Lexem

---

497 이 색인은 본 책에 나온 개념들만 고려했다. 더 광범한 색인을 만들기 위해 박병천이 편천한 자세한 용어 색인을 사용해야 한다.

'한국어 (북한)' 칸에 (괄호)로 표시된 개념들은 본 책에서 사용한 북한 논저에서 나온다. 그것은 아래 언급한 저서에 대한 보충이며 공식적으로 정해진 용어가 아닌 것이기 때문에 해당한 저자만 사용하는 용어가 될 가능성이 있을 소 있다.

허/김/최 1996; 박병천 1997; 박병천 2000a 참조.

닿소리		Digraph, auch Doppelkonsonantenbuchstabe
닿자		Konsonantenbuchstabe
도형 문자圖形		Graphikzeichen
두벌식 자판		Zweier-Set-Tastatur
디지털, 수치數値	수자형	Digital
디지털화, 수지화數値化		Digitalisierung
뜻글자		Logographie
뜻글자 → 표의 문자		
메타 문자 → 특수 문자		
모음母音, 홀소리		Vokal
문자文字	글자	Zeichen, Symbol
문자文字, 글자, 글씨		Schrift
문자 종류文字種類		Schrifttyp
문자 집합文字集合		Zeichensatz, -vorrat
문자열文字列	글자렬	Zeichenkette
민글자		Silbe nur aus Anfangs- und Mittelbuchstaben
바이트		Byte
받침		Abschlussbuchstabe (-konsonant) e. Han'gŭl-Silbenclusters
받침닿자		Endbuchstabe (-konsonant) e. Han'gŭl-Syllabogramms
밝혀 적기		Morphophonemische Schreibweise
벌수		Zahl von Sets
변환變換		Konvertierung

병서법竝書法		Reihenschreibungsregel
본문체		Brot-, Textschrift
부서법附書法		Anfügungsregel
부호符號		Code, (Vor-)Zeichen
부호화符號化		Codierung
분철分綴		›abtrennende Orthographie‹ (morpholog. Orthographie-Prinzip)
비트 두값		Bit
삼중음자		Trigraph
상용 조합형常用造合型		Reguläre Zusammensetzbare Form
상형 문자象形文字		Piktogramm
서체書體 → 활자꼴		
성음법成音法		Silbenvollendungsregel
세벌식 자판		Dreier-Set-Tastatur
소리 마디		Silbe (phonetisch)
소리글자 → 표음 문자		
소리마디 글자		Schriftzeichen für eine Silbe, Syllabogramm
연산 속도		Rechengeschwindigkeit
연서법連書法		Verbindungsregel
연철連綴		›hinüberbindende Orthographie‹ (phonetisches Orthographie-Prinzip)
연타連打	련타, 련거퍼 타건	Fingersprung
온자		Silbenzeichen
옹근 글자 → 완성형		

완성형完成型		Fertigform
우리 글	우리 글	›Unsere Schrift‹ (Kompromissausdruck zw. Süd- und Nordkorea) → Koreanische Schrift
운영 체계, OS	연산체계	Betriebssystem
위수位數		Positionszahl
유니코드		Unicode
음소音素, 낱소리		Phonem
음소 문자音素文字, 낱소리글자		Phonemschrift → Alphabetschrift
음절音節		Silbe
음절 단위		Silbeneinheit
음절자音節字	소리마디글자 (자모)	Syllabogramm (Silbenzeichen)
의미분류요소意味分類要素		Determinativ
이서체異書體		Allograph
이스케이프	종단, 탈출	Escape, Abbruch
입력入力	입구	Eingabe
자동틀自動~, 오토마타	자동체	Automat
자모字母		Konsonanten und Vokale
자모字母		Han'gŭl-Grapheme als Anfangs-, Mittel-, Endbuchstaben, eigentl. Konsonanten und Vokale
자모 문자子母文字, 알파벳 문자		Alphabetschriften → Phonemschrift
자소字素	(소리글자 ?)	Graphem
자판字板, 키보드, 글자판, 글쇠판 s.a. 두벌식, 세벌식	건반	Tastatur → Zweier-, Dreier-Set-Tastatur
자판배열配列		Tastaturbelegung, -layout

자형학字形學		Typographie
정보情報, ~처리處理		Daten, ~verarbeitung
정보(과)학情報科學		Informatik
제어 문자制御文字	조종(용)문자	Steuerzeichen
조합형造合型	조립형組立型	Zusammensetzbare Form
종성終聲, 끝소리		Endlaut
중성中聲, 가운뎃소리		Mittellaut
채움 문자~文字, 충전充塡~, 가상假像~	공백기호, 분리기호	Füllzeichen, ~byte
처리處理		Verarbeitung
첫닿자		Anfangsbuchstabe (-konsonant)
첫소리, 초성初聲		Anfangslaut
최상(위)비트	제일웃비트	Höchstwertiges Bit (MSB most significant bit)
커닝, 글자엇물리기		Kerning
커퍼스, 말뭉치		Korpus
컴퓨터	콤퓨터, 계산기	Computer
코드 구성 방법		Codierungsmethode
코드, 부호符號, ~계系		Code, Codesystem
통합한글코드		UHC (United Hangul Code)
특수 문자特殊文字, 메타 문자		Sonderzeichen
폰트, 글꼴	(혼트)	Font
표음 문자表音文字, 소리글자		Phonographie
표의 문자表意文字		Begriffszeichen

한글 공학~工學		techn. (angewandte) Wissenschaft von der Han'gŭl-Schrift
한글, 훈민정음訓民正音	조선 글, 훈민정음	Koreanische Schrift → Unsere Schrift‹
한글과학~科學		Wissenschaft von der koreanischen Schrift
한글 카드		Han'gŭl-Steckkarte
합용병서合用竝書		Reihenschreibung unterschiedlicher Konsonanten
형체소形體素		Graphematische Elementarform (Eisenberg 1373: Grundform)
형태 음소적 밝혀 적기 참조		morphophonemisch
형태소形態素	형태부 (북한의 말과 글, 45)	Morphem
호환성互換性		Kompatibilität
홀자		Vokalbuchstabe
확장문자열擴張文字列		Escape sequence
확장문자擴張		Maskierungszeichen
확장/총합 완성형擴張/統合完成型		Erweiterte Fertigform
활자活字		Letter, (Druck)Type
활자가족活字家族		Schriftfamilie (-gattung, Schnittvariante)
활자꼴, 서체書體		Schriftart (typeface)

3.2 독일어 – 한국어

독일어	한국어 (남)	한국어 (북)
›abtrennende Orthographie‹ (morphologisches Orthographie-Prinzip)	분철分綴	
Allograph	이서체異書體	

Alphabetschriften →Phonemschrift	자모 문자子母文字, 알파벳 문자	
Anfangs-, Mittel-, Endlaut, -buchstabe e. Han'gǔl-Silbe(n-Clusters)	첫·, 가운뎃·, 끝소리 (글자)	
Anfangsbuchstabe (-konsonant) e. Han'gǔl-Silbe(n-Clusters)	첫닿자	
Anfangslaut e. Han'gǔl-Silbe	초성初聲, 첫소리	
Anfügungsregel	부서법附書法	
Automat	자동틀自動~, 오토마타	자동체
Begriffszeichen	표의 문자表意文字	
Betriebssystem	운영 체계, OS	연산체계
BIOS (Basic Input Output System)	기본기억장치基本記憶裝置	
Bit	비트, 두값	
Brot-, Textschrift	본문체	
Buchstabe	글자	문자
Buchstabenkombination	겹글자	
Byte	바이트	
Chiffre		
Chiffrierung		
Code	코드, 부호계符號系	
Codierung	부호화符號化	
Codierungsmethode	코드 구성 방법	
Computer	컴퓨터	콤퓨터, 계산기
Daten, ~verarbeitung	정보情報, ~처리處理	

Determinativ	의미분류요소意味分類要素	
dicktengleiche Schrift, Proportionalschrift도 참조	고정폭 글자체固定幅 글자體	
Digital	디지털, 수치數值	수자형
Digitalisierung	디지털화, 수지화數值化	
Digraph	복자음자	
Dreier-Set-Tastatur	세벌식 자판	
Eingabe	입력入力	입구
Einzelzeichen(methode)	낱자(형)~字(型)	홑글자
Endbuchstabe (-konsonant) e. Han'gŭl-Syllabogramms	받침, 받침닿자	
Endlaut	종성終聲, 끝소리	
Endlaut e. Han'gŭl-Silbe	끝소리	
Erweiterte Fertigform	확장/총합 완성형擴張/統合 完成型	
Escape	이스케이프, 확장擴張	탈출
escape sequence	확장문자열擴張文字列	(종단문자)
Fertigform	완성형完成型	
Fingersprung	연타連打	런타, 런거퍼 타건
Font	폰트, 글꼴	(혼트)
Füllzeichen / ~byte	채움 문자文字 / ~ 바이트, 충전充塡 ~, 가상假像 ~	공백기호 (분리기호)
Graphem	자소字素	(소리글자 ?)
Graphematische Elementarform (EISENBERG 1996: 1373 'Grundform')	형체소形體素	
Graphikzeichen	도형 문자圖形~	
Han'gŭl-Grapheme als Anfangs-, Mittel-, Endbuchstaben, eigentl. nur Konsonanten und Vokale	자모字母	

Han'gǔl-Steckkarten	한글카드	
›hinüberbindende Orthographie‹ (phonetisches Orthographie-Prinzip)	연철連綴	
Höchstwertiges Bit (most significant bit)	최상(위)비트	제일웃비트
Informatik	정보(과)학情報科學	
Kerning	커닝, 글자엇물리기	
Kompatibilität	호환성互換性	
Konsonant	닿소리	
Konsonanten und Vokale	자모字母	
Konsonantenbuchstabe	닿자	
Konvertierung	변환變換	
Koreanische Schrift →›Unsere Schrift‹	한글, 훈민정음訓民正音	조선 글, 훈민정음
Korpus	커퍼스, 말뭉치	
Letter, (Druck)Type	활자活字	
Lexem	단어, 낱말	
Logogramm (Wortzeichen)	단어 문자單語文字	
Logographie	뜻글자	
Makro	매크로	
Mittellaut	중성中聲, 가운뎃소리	
Morphem	형태소形態素	형태부 (북한의 말과 글, 45)
morphophonemisch	형태 음소적形態 音所的	
Morphophonemische Schreibweise	밝혀 적기	

Phonem	음소音素, 낱소리	
Phonemschrift → Alphabetschrift	음소 문자音素文字, 낱소리글자	
Phonographie	표음 문자表音文字, 소리글자	
Piktogramm	상형 문자象形文字	
Positionszahl	위수位數	
Proportionalschrift → dicktengleiche Schrift	가변폭 글자체可變幅 글자體, 비례 너비 글자比例 ~	
Quasistandard	거의 표준, 사실상 표준	
Rebus	리버스	
Rechengeschwindigkeit	연산 속도	
Reguläre Zusammensetzbare Form	상용 조합형常用 造合型	
Reihenschreibung gleicher Konsonanten	각자병서各自竝書	
Reihenschreibung unterschiedlicher Konsonanten	합용병서合用竝書	
Reihenschreibungsregel	병서법竝書法	
Schnittvariante → Schriftfamilie		
Schrift	문자文字, 글자, 글씨	
Schriftart (typeface)	활자꼴, 서체書體	
Schriftdatei → Font		
Schriftfamilie (-gattung, Schnittvariante)	활자가족活字家族	
Schriftgattung → Schriftfamilie		
Schriftgestalt (Sammelbegriff für Schriftart, -grad u. –stil) → Font	글꼴	
Schriftgrad (-größe)		

Schriftgröße → Schriftgrad		
Schriftstil		
Schrifttyp	문자 종류文字種類	
Silbe	음절音節, 소리 마디	
Silbe, die nur aus Anfangs- und Mittelzeichen besteht	민글자	
Silbeneinheit	음절 단위	
Silbenvollendungsregel	성음법成音法	
Silbenzeichen	소리마디 글자, 온자	
Silbenzeichen (graphematisch)	글자 마디	
Silbenzeichen → Syllabogramm		
Sonderzeichen	특수 문자特殊文字, 메타 문자	
Steuerzeichen	제어 문자制御文字	조종(용)문자
Syllabogramm (Silbenzeichen)	음절자音節字	소리마디글자 ? (자모)
Symbol	부호 기호	
Tastatur → Zweier-, Dreier-Set-Tastatur	자판字板, 키보드, 글자판, 글쇠판	건반
Tastaturbelegung, -layout	자판 배열配列	
technische (angewandte) Wissen-schaft von der Han'gŭl-Schrift	한글 공학~工學	
Textschrift → Brotschrift		
Trigraph	삼중음자	
Typographie	자형학字形學	
UHC (United Hangul Code)	통합한글코드	
Unicode	유니코드	

›Unsere Schrift‹ (Kompromissausdruck zw. Süd- und Nordkorea) → Koreanische Schrift	우리 글	우리 글
Verarbeitung	처리處理	
Verbindungsregel	연서법連書法	
Vokal	모음母音, 홀소리	
Vokalbuchstabe	홀자	
Wissenschaft von der koreanischen Schrift	한글과학~科學	
Wortzeichen (Logogramm)	단어문자單語文字	
Zahl von Sets	벌수	
Zeichen	문자文字	글자
Zeichenkette	문자열	글자렬
Zeichensatz, -vorrat	문자 집합文字集合	
Zuordnung, eineindeutige		
Zusammensetzbare Form	조합형造合型	조립형組立型
Zweier-Set-Tastatur	두벌식 자판	

4. 약어 · 표 · 그림일람

4.1 약어일람

ANSI	American National Standard Institute
ASCII	American Standard Code for Information Interchange
CE	Hans-Herbert Schulze, Computer-Enzyklopädie: Lexikon und Fachwörterbuch für Datenverarbeitung und Telekommunikation, 6 권, Reinbeck 1989.
CJK	중국어, 일본어, 한국어 (Chinesisch, Japanisch, Koreanisch)
CL	Computer Lexikon: Mit Fachwörterbuch (deutsch-englisch/englisch-deutsch), Microsoft Press Deutschland (편), Unterschleißheim: 2001.
CLC	István S. Bátori, Winfried Lenders, Wolfgang Putschke (ed.), Computational linguistics: An international handbook on computer oriented language research and applications (Computerlinguistik), Berlin: 1989 (HSK, 4).
CPKL	서정수 [편], 『제2회 '95 컴퓨터 처리 국제 학술 회의 참가 보고서 = Conference Record ICCKL '95: 2nd International Conference on Computer Processing for KOREAN Language』, [동시]: 한국국어정보학회 [편], 『등불』, 9/1996.
CS	전자신문 [Chŏnja shinmun] = Electronic Times, Seoul.
DOS	Disk Operating System
EB	The New Encyclopedia Britannica, 15th ed., Chicago, 2002.
HMMT	『한국민족문화대백과사전』 [Han'guk minjok munhwa taebaekkwa sajŏn], 성남: 1991
HK	『훈민정음과 국어학』 [Hunmin chŏngŭmgwa kugŏhak], [광주]: 전남대학교출판부, 1992.
HSK	Hugo Steger, Herbert Ernst Wiegand [편], Handbücher zur Sprach- und Kommunikationswissenschaft, Berlin.

IH	Peter Rechenberg, Gustav Pomberger [편], Informatik-Handbuch, 2 판, München: 1999.
ISO/IEC	International Organisation for Standardization/International Electrotechnical Commission
KCS	『국어학자료선집』 [Kugŏhak charyo sŏnjip], 국어학회 [편], 5 권, 서울: 1972~1975.
MLS	Helmut Glück [편], Metzler-Lexikon Sprache, Stuttgart: 1993.
RAM	Random Access Memory (Direktzugriffspeicher)
ROM	Read-Only Memory
SCTS	『세종장헌대왕실록』 [Sejong changhŏn taewang sillok]
SKCS	Ssu-k'u chüan-shu chen-pen (Siku quanshu zhenben), Wang Yun-Wu [편], Taipei: V/1974.
SuS	Hartmut Günther, Otto Ludwig [편], Schrift und Schriftlichkeit: Ein interdiszipliäres Handbuch internationaler Forschung, HSK, 10.1-2, Berlin: 1994~1996.
TKA	Young-Key Kim-Renaud [편], The Korean Alphabet: Its History and Structure, Honolulu: 1997.
TSCC	Ts'ung-shu chi-cheng chien-pien (Congshu jicheng jianbian), Wang Yun-Wu [편], Taipei: 1965~1966.
WKKC	『원본국어국문학전집』 [Wŏnbon kugŏ kungmunhak chŏnjip], 서울: 대제각 1985, 1988.
YHMT	김민수, 하동호, 고영근 [편], 『역대한국문법대계 [Yŏktae han'guk munpŏp taegye]』, 102 권, 서울: 탑출판사 1977~1986.
XD	Xingli-daquan, Hu Guang 외 [편], 1415 [영인본] SKCS, V.118-131.
UH	Shin Sang-Soon, Lee Don-Ju, Lee Hwan-Mook [편], Understanding Hunminjŏng.ŭm, Seoul: Hanshin, 1990.

4.2 표일람

4.3 그림일람